앎과 잘 삶을 위한

교육철학 및 교육사

HISTORY AND PHILOSOPHY OF EDUCATION

앎과 잘 삶을 위한 **교육철학 및 교육사**

변호걸 · 심형진 공저

동문사

머리말

최근 4차 산업혁명의 도래로 교육현장이 혁신적으로 변화하고 있다. 인공지능(AI), 클라우드 컴퓨터, 인터넷, 모바일 등의 확산이 이 변화를 추동하는 강력한 힘이다.

자고 나면 지식이 폭발적으로 증가하여 지식을 단순히 암기하던 시대는 이제 끝이 났다. 암기보다는 다양한 지식을 활용하여 새로운 것을 창조해 내는 융복합 지식이 요구되는 시대가 되었다. 그런 까닭에 교육의 목적과 내용 및 방법 등 교육 전반에 걸쳐 일대 혁신을 이루어 내지 않고서는 국가가 요구하는 바람직한 미래 인재를 배출하기 어렵게 되었다.

이뿐만이 아니다. 매우 심각하게 고려해야 할 문제는 학생들의 의식이나 행동 및 사고방식에도 큰 변화가 일어났다는 점이다. 그들이 지향하는 삶의 가치와 태도는 앞 세대와 비교 불가할 정도로 확연히 차이가 난다. 그들은 태어날 때부터 스마트폰, 인터넷과 같은 디지털기기에 둘러싸여 성장한 세대들이다. 이른바 디지털 네이티브(Digital Native) 세대인 것이다.

그들은 자신의 삶의 일정과 모든 생활패턴을 인터넷이나 스마트폰에 의지하며 살아간다. 다양한 SNS 앱으로 타인들과 소통하면서 재미나는 게임에는 시간가는 줄 모른다. 잠시라도 스마트폰 없이는 하루도 살 수 없는 포노 사피엔스(Phono Sapiens)들이다. Z세라 일컫는 그들이 오늘 21세기 교육의 대상이자 주체들이다.

그렇다면 이 가파른 변화의 시대에 오늘의 교육현장은 어떠한가? "19세기 교실에서, 20세기 교사가, 21세기 아이들을 가르친다"는 자조의 말이 결코 헛된 말은 아니라고 본다. 변화의 속도를 기성세대들의 의식과 제도가 뒷받침해 주지 않기 때문이다.

이 같은 시대변화와 조류에 교육철학은 앞으로 정답은 아닐지라도 나아가야 할 방향과 방법을 제시해야만 한다.

인류가 쌓아온 교육의 역사를 되돌아보면, 역사 발전의 큰 변곡점마다 새로운 진보적 교육사상이 대두되어 그 시대의 교육을 이끌어갔다. 근세에는 18세기 계몽주의, 19세기 신인문주의, 20세기 진보주의가 그 대표적인 사상이 되어 교육의 변화를 주도해 왔다. 21세기는 어떤 교육사상이 탄생되어 신인류를 교육하고, 교실혁명을 이루게 될지 그 사상적 귀추가 궁금해지는 오늘이다.

이런 까닭으로 오늘날 한국의 학교현장은 대변혁이라 할 정도로 새로운 교육 모델을 찾기 위해 부단한 노력을 진행하고 있다. 교사가 진행하는 강의 수업을 대신하여 토론이나 발표 수업이 권장되고 있다. 나아가 거꾸로 학습인 플립러닝(Flipped Learning), 블렌디드러닝(Blended Learning), 하브루타 수업 등과 같은 교수학습의 새로운 모델이 교육현장에 점진적으로 도입·적용되고 있다.

또한 미네르바 스쿨과 같은 온라인교육 방식의 대안교육이 그 지평을 넓혀가는 등 초연결시대에서 미래의 학교와 교실은 어떻게 변해야 할 것인가? 동시에 미래사회에 대응하는 교육 전략은 어떤 선택지를 취해야 잘한 선택을 하게 되는 것인가?

우리가 교육의 역사와 철학을 배우는 까닭도 여기에 있다고 생각한다. 교육의 역사를 배우는 까닭은 지난 시대에 인류가 쌓아온 교육적 기록과 성과를 기억하기 위해서가 아니라 지난 역사를 통해 오늘과 내일의 교육을 생각하는 지혜와 통찰을 얻기 위함에 있다. '온고이지신(溫故而知新)'이라는 말이 있듯 지난 역사 속에 미래를 열어가는 새로운 교육적 예지를 얻을 수 있기 때문이다.

수강하는 학생들에게는 수많은 사상가와 제도가 나열되는 교과목이어서 지루하고 어려운 과목이라고 생각된다. 따라서 암기보다는 역사적·사상적 맥락을 이해하는 데 공부의 초점을 맞추고, 많은 질문과 토론 등의 수업 전략이 필요한 과목이다.

이 책은 3부 13장으로 구성되어 있다. 다른 저서와 달리 제1부를 교육사, 교육철학을 왜 배워야 하는지에 대해 알아보고, 전통교육철학과 현대교육철학을 선행적으로 공부하는 데 역점을 둔 구성 방식을 택하였다. 복잡하고 어려운 내용이지만 이를 먼저 배우는 것이 앞서 말한 사상적 맥락을 이해하는 데 도움이 될 수 있다고 판단하였기 때문이다.

제1부는 두 필자가 공동으로 집필하였고, 제2부는 변호걸 교수가, 제3부는 심형진 교수가 각각 집필을 맡았다. 부족한 점이 많기에 독자들의 많은 질정을 바란다.

최근 급변해가는 교육현장을 지켜보면서 가르치는 일이 점점 어려운 일임을 깨닫게 되는 것은 필자들만의 소회는 아닐 것이다. 교수학습과정이 단순히 지식의 전달과정이 아니라 선생과 학생 간의 역동적인 상호작용이라는 점을 전제할 때, 가르치는 방식에 대해 끊임없는 변화와 실험이 요구되기 때문이다.

그렇지만 그럴 때마다 '21세기의 선생'이 되려는 노력을 절대로 포기해서는 안 된다는 다짐을 하게 된다. 100년 전 존 듀이가 말한 명언를 기억하면서….

"학생은 태양이고 다른 것은 행성에 지나지 않는다"(J. Dewey)

2019년 8월

저자 일동

차 례

C O N T E N T S

PART 1

교육사, 교육철학의 기본 이해와 흐름

역사는 과거를 탐구하는 학문으로 과거를 통해 오늘과 내일을 살아가는 지혜를 얻고자 한다. 철학 또한 지혜를 탐구하는 학문이다. 이에 교육철학은 역사교육의 올바른 방향 설정을 위한 지혜를 탐구한다. 따라서 교육사와 교육철학은 교육의 개념, 목적, 교육과정, 조직, 정책 등에 관한 원리 또는 이론과 관련된 문제를 역사적 · 철학적으로 접근하려는 학문이라고 할 수 있다.

1부에서는 교육사와 교육철학은 무엇인가라는 근본적 질문에서 시작하여 서양교육철학 사상을 담았다. 교육철학은 크게 동서양 교육철학과 한국교육철학으로 대별할 수 있지만, 1부에서는 서양교육철학을 중심으로 기술하였다(한국교육철학은 3장 참조). 서양교육철학 부분은 전통 교육철학으로서 이상주의와 실재주의, 프레그머티즘 교육철학을 살펴보고, 현대교육철학인 진보주의를 비롯한 미국의 교육철학(본질주의, 항존주의, 재건주의), 실존주의, 분석철학, 비판철학 그리고 포스트모더니즘, 페미니즘, 생태주의가 지향하고 내포하는 교육철학의 내용과 방향을 차례로 기술하였다.

제1장

교육사, 교육철학이란 무엇인가?

우리가 어떤 것을 공부하려고 할 때 가장 먼저 해야 할 일은 왜 공부하는가, 무엇을 어떻게 공부해야 하는가를 보다 분명히 하는 일일 것이다. 따라서 왜 교육사와 교육철학을 공부해야 하는지에 대한 당위성을 우선 확보하는 일부터 시작해야 한다. 이 장에서는 예비교사로서 우리에게 교육철학과 교육사를 공부한다는 것의 의미는 무엇이며, 무엇을 어떻게 공부해나가야 하는지에 관한 방향에 대해서 알아보고자 한다.

1. 교육사란 무엇인가?

교육의 역사는 인류의 역사와 그 맥을 같이 한다. 즉, 인류가 이 지구상에 존재하면서부터 교육이 시작되었다고 할 수 있다. 교육은 시공을 초월한 보편적인 이론에 의해 이루어지는 것이 아니라, 인간의 사회·문화적인 삶의 세계가 형성되는 역사적 공간 안에서 진행되는 것이다. 교육을 역사적으로 연구하는 것은 무엇을 의미하며 왜 필요한 것일까?

1) 역사의 의미

2세기 초 이집트에서 파피루스로 펴낸 『역사』(왼쪽) / 16세기 초 이탈리아에서 펴낸 『역사』(오른쪽)
출처: 재미있는 탐험 이야기

역사(history)란 무엇인가. 영어 'history'의 어원은 그리스어 'historia'에서 유래하였다. 'historia'는 탐구(inquiry), 조사(investigation)라는 의미로 사용되었고, 이로부터 "탐구하여 알아내다"라는 의미가 유래되었다. 서구 역사의 아버지라 불리는 헤로도토스는 페르시아 전쟁을 조사하고 탐구하여 『역사, Historiae』를 집필하였으며, 투키디데스는 『펠로폰네소스 전쟁사』를 집필하였는데 이로써 역사란 탐구하여 알아낸 바를 기록한 것임을 알게 한다.

한편, 독일어로 역사는 'Geschichte'이다. 이 말은 'geschehen(일어나다, 생기다)'에서 파생되어 "일어났던 일"의 의미를 지닌다. 헤겔에 의하면 "역사라는 단어는 객관적인 측면과 주관적인 측면을 통합하고 있으며, 사건으로서의 역사를 의미할 뿐만 아니라 사건의 설명으로서의 역사를 또한 의미한다"고 하였다. '객관적인 측면'이란 관찰자 또는 보고자의 주관을 통과하지 않은 사건 그 자체를 의미하며, '주관적인 측면'이란 관찰자의 주관에 의해 설명된 사건, 즉 사건에 대한 기록이라는 의미이다.

역사학자 카(E. H. Carr)는 "역사란 역사가와 사실 사이의 부단한 상호작용의 과정이며, 과거와 현재의 끊임없는 대화"라고 언급하였다. 역사가는 현재의 일부이고 사실은 과거에 속하므로 이 상호작용은 또한 현재와 과거와의 상호관계를 포함하고 있다. 역사란 현재를 위한 과거와의 끊임없는 대화인 것이다.

한편 역사란 우리나라의 '통감(通鑑)'을 통해서도 알 수 있듯이 역사는 과거에 있었던 사실을 거울에 반사시켜 오늘에 비쳐보는 학문이라고 할 수 있다. 따라서 역사 연구는 과거의 사건만을 연구하는 것이 아니라, 과거를 근거로 현재를 이해하는 것이며 나아가 미래까지도 알려주는 것이다.

2) 교육사란 무엇인가?

교육의 문제가 우리 삶의 문제라면 거기에는 역사가 반드시 들어 있을 수밖에 없다. 교육의 역사적 이해 없이는 교육이 이루어질 수 없다. 교육의 본질 또한 그 바탕의 모자람과 그릇됨을 비판적으로 성찰하기 위해서, 먼저 어떻게 이러한 교육의 바탕이 마련되었으며 발전되고 변화되었는지 역사적인 과정을 살펴야 한다.

교육사는 교육에 대한 역사, 즉 과거의 교육현상을 역사적으로 구명하고, 그 구명된 사실을 현재의 관점에서 해석하고 기술하는 작업이다. 지나간 시간의 교육에서 있었던 사실을 배우는 것이 교육사 연구가 아니다. 지나간 시대의 교육내용과 의미, 성공과 실패 등을 현재의 눈으로 새롭게 보려고 노력할 때 우리는 오늘날 교육의 위치와 의미, 그리고 그 가능성과 모순 등을 보다 잘 발견할 수 있게 되고, 따라서 보다 나은 방향으로 현재의 교육을 개선해 나갈 수 있을 것이다. 그러므로 우리가 교육사를 연구하는 궁극적인 이유는 과거의 역사적 사실을 연구함으로써 현재의 교육문제를 이해하고, 해결하는 시각을 얻을 수 있기 때문이다.

교육을 역사적으로 연구한다는 것은 무엇을 의미하며 왜 필요한가.

첫째, 오늘의 교육을 바르게 이해하기 위해서이다. 교육을 역사적으로 연구한다는 것은 과거의 어떠한 문화적 상황 속에서 교육이 어떻게 이루어졌는가를 사회적 변동과 교육의 관계를 통해서 분석하고, 왜 그러한 문화적 상황 속에서는 그와 같은 교육이 이루어져야 했던가를 탐색하는 것이다. 그리고 밝혀진 결과를 오늘의 문화적 상황에 비추어 보는 것이다.

둘째, 미래 우리 교육의 선택과 결정에 도움을 제공받기 위해서이다. 교육은 부단히 보다 나은 가치를 추구해 나가는 활동이다. 인간의 삶 또한 희망이라는 원동력에 의해 이끌린다. 현실을 인식하고 과거를 해석하는 목적은 더 나은 미래를 준비하는 데 있다고 해도 과언이 아니다. 이처럼 역사는 과거와 현재와 미래라는 시간의 연속선 위에서 이해되고 해석되는 것이다.

셋째, 교육의 본질을 볼 수 있는 식견과 판단력을 기르기 위해서이다. 교육사는 인류가 축적해 온 교육적 경험의 집성체이다. 우리는 교육의 역사를 통하여 수많은 교육적 이상과 모범을 만나게 되고, 사색의 과정을 통해 교육의 보편성과 특수성과의 조화 속에서 그 본질을 알아가게 된다. 더불어 우리는 교육을 보는 수직적 안목으로서의 교육사와 수평적 안목으로서의 교육철학을 함께 연구함으로써 우리 교육에 대한 정당한 판단력과 예리한 식견을 갖추게 될 것이다.

서양 최초의 철학자 탈레스
출처: Wikipedia

2. 교육철학이란 무엇인가?

1) 철학의 목적과 유형

철학은 영어로 'philosophy'이다. 'philosophy'의 어원은 그리스어 'philosophos'(필로소포스)에서 유래되었다. 'philosophos'는 'philos'(사랑)와 'sophos'(지혜)의 합성어로 곧 '지혜를 향한 사랑'(love of wisdom)을 의미한다. 이 용어는 소크라테스(Socrates)가 소피스트와 결별하면서 자신을 두고 'philosphos'(賢人)라고 지칭하면서 이 용어가 사용되기 시작하였다.

철학은 '지혜를 향한 사랑'을 뜻한다. 이는 자신의 무지를 깨닫고 보다 나은 지혜를 갈망하면서 탐구하고자 노력하는 자세를 의미한다. 즉, 철학은 인간이 알고자 하는 세계 · 인생 · 지식 · 가치 · 논리 등에 관한 근본적인 문제를 연구하여, 인간과 인간의 삶에 대한 가치와 의의를 밝히는 학문이라고 할 수 있다.

철학의 학문적 특성은 다음과 같이 정리할 수 있다.

첫째, 기본원리를 탐구하는 특징을 지닌다. 어떤 사물이나 현상을 이해하고 설명할 수 있는 근본적인 원리를 밝혀내는 데 주된 관심을 가진다.

둘째, 포괄적인 성격을 띠고 있다. 인간존재와 삶을 다양한 요인들로 구성된 종합적인 전체로 보고 그 속에서 일관된 통일성을 발견하여 의미 있는 전체로서 이해하려고 한다.

셋째, 규범적인 특성이다. 이미 발견되고 알려진 사실들을 평가하고 가치를 부여하여 사람으로서 마땅히 행해야 할 규범들을 제시해 준다.

넷째, 비판적이고 분석적인 속성을 지니고 있다. 모호하고 애매한 용어와 관념들을 비판하고 분석함으로써 보다 명확하게 하여 오류와 모순을 줄이고자 한다.

철학의 유형은 사변철학, 규범철학, 분석철학으로 나뉜다. 사변철학은 포괄성을 띤 기본원리, 전체성이나 체계성을 밝히는 데 중점을 두고 사고나 경험의 통일성을 찾으려 한다. 규범철학은 가치나 행동의 판단, 심미적 감상 등에 대한 기준을 세우는 데 비중을 둔 철학으로 바람직한 인간행동의 특성에 대한 준거를 탐구하여 규범을 제시해 준다. 분석철학은 비판적이고 분석적인 기능을 통하여 개념이나 그 의미를 밝히는 데 중점을 둔다.

나아가 철학은 주된 관심사에 따라 실재, 지식, 가치, 논리의 네 가지 영역으로 나뉜다. 궁극적인 실재의 본질을 밝히는 존재론 또는 형이상학, 지식과 앎의 본질을 다루는 인식론, 가치의 본질을 탐구하는 가치론, 올바른 사유방식을 연구하는 논리학 등으로 이루어진다.

(1) 형이상학metaphysics

형이상학(metaphysics)은 그리스어 'metaphysika'를 동양에서 번역할 때, 중국의 고전 『주역』의 계사편에 "形而上學을 道라 하고, 形而下學을 器"라고 한 말에서 그 유래가 찾아진다. '形而下學을 器'는 구체적이고 경험적이며, 눈에 보이는 것을 추구하는 것을 뜻하고, '形而上學을 道'는 추상적이고 이념적이며, 눈에 보이지 않은 것을 탐구하는 학문이라고 말한다.

형이상학은 근본적으로 실재(reality)를 탐구의 대상으로 삼고 있다. 실재란 인식 주체로부터 독립하여 객관적으로 존재한다는 것을 말하는 것으로 가령 꿈, 망상과 같이 허구가 아니면서 변함없이 존재하는 것 또는 궁극적으로 존재하는 것을 실재라고 한다. 따라서 형이상학은 이 실재하는 것이 진정 그 본질이 무엇이며, 또 실재하는 것은 또 무엇인가라는 질문으로부터 시작한다.

형이상학은 우주와 인간의 궁극적인 실재를 탐구하는 학문이다. 즉, 인간과 우주의 존재방식은 무엇이며, 또 그것이 어떤 의미를 담고 있는지를 알아보고자 하는 철학적 노력인 것이다. 이런 의미에서 형이상학을 존재론(ontology)이라고도 한다.

우주와 인간의 궁극적 실재는 무엇인가? 그것은 정신인가, 물질인가? 눈에 보이는 실재가 그대로 존재하는 것인지? 만일 실재하지 않은 것이 아니라고 한다면 실제로 실재하는 것은 어디에 있는지? 나아가 인간은 이 우주에서 어떤 의미와 위치를 지니고 있는지 등의 의문을 제기하는 것이 형이상학, 즉 존재론인 것이다.

정신(관념)과 물질 중 어느 하나만 실재하는 것이라고 보면, 그것은 일원론(monism)이라 하고, 둘 다 존재한다고 보면 이원론(dualism)이며, 셋 이상의 무수한 실재를 인정하게 되면 다원론(pluralism)이 되는 것이다.

(2) 인식론epistemology

인식론은 지식론(theory of knowledge)이라고도 한다. "우리가 어떻게 알 수 있는가?", "안다는 것은 무엇인가?", "안다는 것(지식)이란 어떻게 만들어지는가?" 등의 문제를 탐구하는 학문이다. 인식론은 모든 지식은 인간이 인식할 수 있는 것이어야만 하는 감각론이며, 인식하는 전반에 걸쳐 근본적인 문제를 다루는 철학의 한 분야이다.

인식론은 인식의 기원과 본질, 구조, 방법, 인식의 형성과정이나 한계 등을 탐구하는 분야라고 규정된다. 인식론(epistemology)의 어원은 그리스어 'epistémé'(지식, 학문)와 'logos'(이론, 연구)의 합성어이다.

인식론은 '인간은 어떻게 아는가'라는 물음을 중심으로 지식의 원천, 지식의 획득 과정을 탐구한다. 참된 앎의 의미는 무엇인가, 어떤 지식이 가치로운 지식인가, 어떻게 지식은 획득되는가를 연구 대상으로 한다. 이에 따라 경험에 의한 지식(경험주의), 이성과 추리에 의한 지식(합리주의), 직관에 의한 지식, 신의 계시에 의한 지식 등으로 나뉘며, 추구하는 것에 따라 주장하는 바가 다르다.

인식론의 역사는 고대 그리스 플라톤까지 소급될 수 있으나 철학적 중심과제로 탐구되기 시작한 것은 로크(J. Locke)가 저술한 『인간오성론 An essay concerning Human Understanding』(1690)을 효시로 삼고 있다(이돈희, 1983).

(3) 가치론axiology

가치론은 글자 그대로 가치(value)에 관한 이론, 즉 무엇이 가치로운가(what is valuable?)를 탐구하는 철학의 한 분야이다. 가치론은 가치의 본질과 가치의 사실관계, 가치 판단의 기준 등을 다루는 철학의 영역인 것이다. 가치론이 탐구하는 영역은 윤리학(ethics)와 미학(esthetic)이 있다. 가치론이 인간의 도덕적 행위에 관한 것을 탐구할 때는 윤리학이 되고, 가치론이 아름다움이나 예술 영역을 탐구 대상으로 하면 미학이라 한다.

윤리학은 도덕철학(moral philosophy)이라고도 하며, 선과 악, 바름과 거짓 등 도덕적 가치를 탐구한다. 미학은 아름다움과 추함 등 미와 예술 분야에서 미적

철학하는 사람이 되자
(로댕의 생각하는 사람)

가치에 대한 탐구를 진행한다. 미학은 예술의 이론적 측면을 연구하기 때문에 예술이론 또는 예술철학(philosophy of arts)과 깊은 관계가 있다.

가치는 생각하는 바에 따라 달라질 수 있는 영역이다. 그래서 주관적 가치와 객관적 가치를 생각해 볼 수 있고, 가치란 시간과 공간의 변화에 상관없이 변하는 것인지, 아니면 불변하는 것인지, 나아가 가치에 위계나 앞뒤 서열이 있는지 따져봐야 하는 근본 문제를 제기한다.

가치는 본질적 가치와 수단적 가치, 절대적 가치와 상대적 가치, 항구적 가치와 일시적 가치, 정신적 가치와 물질적 가치 등 정반(正反) 대립 개념에 따라 분류될 만큼 매우 복잡하게 분류할 수 있고, 인간생활과 관련되어서도 경제적 가치, 사회적 가치, 생리적 가치, 도덕적 가치, 종교적 가치 등 가치의 다양성은 무궁무진하다.

이처럼 가치가 다양하고 복잡하기 때문에 가치에는 양면성이 있다는 점을 간과해서는 안 된다. 흑백논리에 기초하여 양자택일의 가치가 옳은 것이 아니라 인간의 자유와 다양성이 존중되어야 한다고 볼 때, 가치의 양면성을 생각하는 태도가 중요하다.

(4) 논리학logic

논리학은 올바른 사유방식과 법칙을 연구하는 학문분야이다. 문제를 해결하기까지의 사고과정이 타당하고 정연하게 이루어졌는가를 검토하고, 이에 관련된 규칙과 기준을 밝히는 데 중점을 둔다. 논리학을 처음으로 체계화시킨 사람은 아리스토텔레스(Aristoteles)이다. 아리스토텔레스는 인간의 사고방식에 타당한 형식과 부당한 형식이 있다고 보고, 그 타당성을 식별해 줄 수 있는 방법을 체계화시켰다.

논리학에서 추구하는 대표적인 방식으로는 연역적 사고와 귀납적 사고를 들 수 있다. 연역적 사고는 일반적 · 보편적인 원리로부터 개개의 구체적 · 특수적인 사실에 대한 지식을 이끌어내는 추리 과정으로 삼단논법이 대표적이다.

반면 귀납적 사고는 사과가 떨어지는 것에서 만유인력의 법칙을 발견하듯이 개별적이고 구체적인 사실이나 명제로부터 일반적 · 보편적인 법칙을 이끌어내는 추리 과정이다.

2) 교육철학Philosophy of education

교육에 대해 철학하는 일이란 교육의 문제를 철학적으로 사고하는 학문이지 철학자들의 이름이나 사상과 내용을 외우는 학문은 아니다. 철학은 사고하는 일이지 지식을 얻는 일이 아니기 때문이다.

교육철학은 교육현상에 대해 철학적인 질문을 던지는 일이다. 칸트(Kant)는 철학을 가르칠 것이 아니라 철학함을 가르쳐야 한다고 했다. 교육철학은 교육현상과 본질에 대해 철학할 수 있는 능력을 기르는 일이다. 따라서 우리는 교육철학을 가르칠 것이 아니라 교육에 대해 철학하는 일을 가르치는 데 온 노력을 기울여야 한다.

(1) 교육철학의 탐구과제

교육철학은 철학적 방법과 사상을 교육에 적용하는 것이다. 교육문제를 철학적 수준에서 조직적으로 논의하는 것으로 규정할 수 있다. 즉, 교육철학은 제 과학이 밝혀낸 사실들을 교육과 관련하여 전체로서 이해함으로써 교육의 목적, 내용, 방법, 정책 수립 등 교육이 나아가야 할 방향을 제시한다.

이런 점에서 교육철학은 교육의 근본학인 동시에 본질학이며, 전체학인 것이다. 이를 좀 더 구체적으로 언급하면, 교육의 개념, 목적, 교육과정, 조직, 정책 등에 관한 원리 또는 이론과 관련된 문제를 철학적으로 접근하려는 학문이라고 볼 수 있다.

교육철학을 좁게 개념화해 본다면, 바람직하고 이상적인 형태나 원리에 관한 신념이자 주장이라고 이해할 수도 있으나, 학문으로서의 교육철학은 철학적 방법에 의한 교육현상과 교육행위에 대한 탐구활동과 그것을 통해서 얻어진 지식의 체계를 뜻한다고 할 수 있다. 교육철학의 탐구과제와 역할은 다음과 같다.

첫째, 교육현상의 본질적인 추구와 원리적 이해를 통해 문제해결 방향을 모색하도록 돕는다. 교육본질에 대한 탐색이나 상반되는 가치 또는 복잡한 현실에 대한 분석과 비판은 교육현상을 근원적으로 이해하는 데에 필수적이다.

둘째, 가치선택의 기준을 제공해 준다. 주어진 어떤 기준 또는 준거에 비추어 합당한 교육실천이 되도록 이끌어준다.

셋째, 교육행위를 일관성 있게 해 주고 장기적이며 종합적인 판단을 하도록 도움을 준다. 교육자에게 교육철학은 필수 소양이라고 할 수 있다.

이 탐구과제와 역할을 정리해 보면, 교육을 실시하면서 무엇(what)을 가르칠 것인가 그리고 왜(why) 가르쳐야 하는가, 나아가 어떻게(how) 가르칠 것인가와 관련되어 교육 전반에 관한 방법론적 성찰과 반성의 의미를 갖고 있다.

(2) 교육철학의 기능

교육철학은 기능은 ① 분석적 기능, ② 평가적 기능, ③ 사변적 기능, ④ 통합적 기능으로 분류할 수 있다.

첫째, 분석적 기능은 이론적인 것 또는 일상 언어의 의미를 명백히 함으로써 논리적 모순이나 잘못된 표현을 가려내어 각종 판단의 기준을 밝히는 행위를 말한다(학습, 훈련 등의 의미나 의의 분석 등).

둘째, 평가적 기능은 교육에 관한 이론이나 주장, 명제나 원리 등을 어떤 기준이나 준거 또는 규범에 의해 판단하는 것을 말한다. 이론의 타당성, 합목적성, 합리성, 윤리성 등의 기준 속에서 교육이론을 검증, 평가, 비판하는 것을 의미한다.

셋째, 사변적 기능은 새로운 이론이나 실천 모형을 찾기 위해 가설을 세우거나 새로운 아이디어를 창출하는 과정을 말한다. 교육은 늘 새로운 관점에서 학생들의 지식의 눈높이에 맞게 교육과정을 새롭게 조직하고 이에 걸맞은 교육방법을 찾아야 한다. 따라서 이의 필요성이나 목적, 의의 등에 대한 논리적이면서도 철학적인 논증이 요구되기 때문이다.

넷째, 통합적 기능은 교육의 과정을 전체적 시각에서 파악하고 부분적 요소들을 종합적으로 검토, 분석, 수렴하는 것을 말한다. 교육학은 교육철학, 교육심리, 교육과정, 교육행정 분과 분야가 있기 때문에 여러 분야에서 주장되는 이론이나 논의를 통합하여 하나의 종합적인 이론을 체계화하는 일이 교육철학의 통합적 기능이다.

생각 나누기와 심화하기

1장 교육사, 교육철학이란 무엇인가

1 각자가 생각하는 교육을 정의해 보고, 그 근거에 대해서 생각해 봅시다.

2 우리가 교육받는 이유는 무엇일까? 왜 교육받으려 하고 교육받게끔 하려는 것일까? 무엇을 목적으로 해서 교육을 받고자 하는 것일까?

3 교육을 통해 어떤 사람으로 길러야 할까? 각자가 생각하는 교육적 인간상과 그 근거를 제시해 봅시다. 또한 우리 사회에서 제시되고 있는 교육적 인간상을 나열해 보고, 그 타당성을 검증해 봅시다.

4 자신이 생각하는 교육의 개념 또는 교육다운 교육의 요소는 무엇이라고 생각하는가? 오늘날 우리 학교교육은 교육다운 교육이라고 할 수 있는가? 있다면 어떤 점에서 그러하고, 없다면 왜 그런가?

5 교육받은 사람과 교육받지 않은 사람을 구분해 주는 것은 지식인가? 아니면 다른 무엇인가? 어떤 종류의 앎이 교육받은 사람과 교육받지 않은 사람을 구분해 주는 걸까?

제2장

서양 전통철학과 교육

기본적 사유형식의 갈래는 일반적으로 철학의 기본영역인 실재론, 인식론, 가치론에 관한 입장에 따라 이상주의 · 실재주의 · 프래그머티즘으로 나누어 볼 수 있다. 교육은 철학과 밀접한 관계에 있으며, 철학적 사유의 형식에 따라 교육의 내용과 방법이 영향을 받게 된다. 따라서 세 가지의 철학적 사유양식에 따른 교육의 유형을 살펴보도록 한다.

1. 이상주의와 교육

1) 이상주의 기본 사상

이상주의(idealism)는 그리스어 'idea'(이데아)에서 유래된 것으로 가장 완전한 형상을 본다는 의미이며, 그 완전성, 즉 이상의 실현을 목적으로 한다. 이상주의는 우주의 실재는 본질적으로 정신 또는 관념이라고 주장하는 인생관 · 세계관 등을 총칭한다.

이상주의 철학의 시작은 소크라테스(Socrates, BC. 469~BC. 399)와 플라톤(Platon, BC. 428~BC. 347)으로부터 그 기원을 두고 있다. 이후 이들의 철학은 17세기 이후 데카르트(R. Descartes, 1596~1650)와 버클리(G. Bakerly, 1685~1753)를 거쳐 칸트(I.

소크라테스
출처: wikipedia

Kant, 1724~1804)와 헤겔(G. W. Hegel, 1770~1831)에 의해 심화되고 현재에까지 내려오고 있는 철학이다. 교육사상가로는 유치원의 창시자 프뢰벨(F. W. A. Föbel, 1782~1852)이 이에 속한다.

이상주의는 우주와 세계의 본질적 실재를 눈에 보이는 물질이 아니라 정신, 관념, 의식에 두고 있는 철학이다. 종교에서는 이 우주를 두고 신이 창조한 피조물이라고 하듯이 이상주의는 마음, 정신, 의식에 의하여 또는 이를 바탕으로 물질세계가 형성된다고 보는 철학이다. 마음, 정신, 의식이 물질에 비해 일차적인 것이라고 보기에 유심론(spiritualism)이라고도 한다.

이상주의를 대표하는 철학자 플라톤은 눈에 보이는 세계보다는 눈에 보이지 않지만 진정한 실재의 세계가 있다고 믿었고, 이를 이데아(idea)의 세계라 하였다. 이 이데아의 세계는 영원불멸이요, 절대적이고 초월적인 실재인 동시에 인간이 감각적으로 경험하는 세계는 이데아 세계의 그림자이자 모방이라고 주장하였다. 즉, 눈앞에 보이는 이 세계는 단지 허상에 지나지 않고, 오직 이데아의 세계만이 참되고 진정한 실재의 세계라는 것이다.

그렇다면 플라톤에 있어서 이 이데아의 세계를 우리는 어떻게 알 수 있고 갈 수 있는가 하는 문제가 제기된다. 플라톤은 우리 인간에게는 이성(reason)이라는 능력을 갖고 있기 때문에 이 이성의 계발, 즉 지식을 통해 다가갈 수 있다고 주장한다. 나아가 그 지식은 새롭게 발견되는 것이 아니라 지성(intellect)을 동원하여 깨닫는 일이며, 그 작동의 힘은 이성적 능력에 기초하고 있다고 보았다.

이처럼 이상주의는 이성의 능력에 대한 무한 신뢰에 기초하고 있는데, 플라톤 이후 많은 철학자들의 지식과 이성의 능력에 대한 공통된 견해를 정리하면 다음과 같다.

① 참된 지식은 영구불변한 것으로서 정신적 실재에 속한다.

② 참된 지식, 즉 진리는 새롭게 발견하는 것이 아니라 기존하는 것을 깨닫고 해득하는 것이다.

③ 궁극적 지식은 수동적인 외계와 접촉에서 얻는 것이 아니라 지성의 적

극적인 작용에 의하여 가능한 것이다.

④ 지식은 우리가 살고 있는 사상(事象)의 세계에 대한 체현(體現)되고 있는 영원하고 정신적인 실재의 사상(thoughts)과 목적을 해득하는 것이다.

⑤ 감각기관을 통해 얻는 외계의 인상은 지식의 조잡하고 단편적인 자료는 될 수 있어도 지금 그 자체는 지식이 될 수 없다. 그러나 사람의 경험이 지식을 시현(示現)하는 잠재적 성격을 가지고 있다는 것을 배제할 수는 없다(오천석, 1980: 48).

플라톤은 사람들이 의식은 하지 못하지만 자신의 잠재된 내부에 지식(진리)을 상기할 수 있는 능력이 있다고 믿었다. 이를 상기설(the theory of reminiscence of recollection)이라고 한다. 이는 인간의 영혼 속에는 진 · 선 · 미와 같은 절대적 가치를 갖고 태어났으며, 인간은 그 이상적 형태가 투영된 불완전한 존재로 태어났기 때문에 이를 회상하고 상기함으로써 보편적이고 완전한 이데아의 세계에 도달 할 수 있다고 믿었다.

2) 플라톤의 교육론

이상주의 철학자 중 체계적인 교육이론을 전개한 이는 플라톤(Platon, BC. 428~BC. 347)이다. 그의 철학은 완전하고 이상적인 형태인 이데아의 세계에 대한 형이상학적 신념에 기초하고 있다. 세계는 우리가 감각적으로 경험할 수 있는 현상계와 이성과 사유로 파악할 수 있는 이데아의 세계라고 하는 이원론적 구조로 구성되어 있다고 보았다. 궁극적 실재인 이데아는 영구불변하며 절대적이고 보편적인데, 반면에 우리 눈으로 보고 관찰하는 현상계는 끊임없이 변화함으로써 불완전하고 일시적이며 유동적이다. 따라서 현상계는 이데아의 세계의 모사(模寫) 혹은 그림자에 지나지 않는다.

한편, 인간은 영혼을 가지고 있으며 태어나기 전에는 이데아의 세계에 살다가 태어나면서 받은 충격으로 정신이 육체 속에 갇혀 이데아에 대한 지식은 무의식 속에 억압된다고 보았다. 따라서 교육은 이데아의 세계로 영혼의 눈을 뜨게 만드는 것이며 자기 수련을 통해 지혜를 습득하도록 도와주는 것이다. 이처럼 지적인 단련과 교육을 통해 이데아에 대한 기억을 상기시켜 진리를 스스로 다시 인식할 수 있다는 이론을 상기설 또는 회상설이라 한다. 그는 『메논』에서 교육경험이 전혀 없는 노예소년에게 대화를 통해 기하학의 원리(피타고라스의 정리)를 이해하게 하는 장면을 보여줌으로써 배움은 외부로부터의 주입이 아니라 상기라는 점을 증명해 보였다.

플라톤은 방대한 저술을 남겼다. 우선 도덕문제를 다룬 『프로타고라스』, 인간의 영혼의 영원성을 다룬 『파이돈』 그리고 그의 사상을 대표하는 『국가론, The Republic』을 남겼다.

특히, 플라톤은 『국가론』을 통해 그의 이데아론(이상주의)을 잘 설명하고 있다. 그의 사상은 결국 아름답고 훌륭한 이상국가가 되려면, '철인(哲人)'이 통치하는 국가가 되어야 한다는 것이다. 철인은 지식과 도덕이 높고 경험이 풍부한 사람으로 그가 권력의 중심이 되어 나라를 다스릴 때, 제대로 된 나라가

'소크라테스의 죽음'. 다비드 작. 1787년.
출처: wikipedia

될 수 있다는 주장을 『국가론』을 통해 펼쳤다. 철인은 현대적으로 말하자면 지성과 도덕을 겸비하고, 정의롭고 창의적인 엘리트들이 나라를 통치해야 한다고 할 수 있다.

플라톤의 이 같은 철인국가론의 성립은 그의 스승 소크라테스와 당시의 아테네의 중우정치와 관련이 있다. 플라톤은 소크라테스가 감옥서 죽은 후 이곳저곳을 방랑하면서 스파르타(sparta)나 피타고라스 사제 집단 등을 직접 방문하면서 보고 들은 지식과 경험을 통해 자신만의 국가통치철학을 완성하였다. 그는 위대하고 훌륭한 통치자 또는 통치계급이 나라를 이끌어 가면, 모든 국민들이 언제나 질서를 잘 지키는 가운데 정의롭고 행복한 사회가 될 수 있으리라고 결론을 얻게 되었고, 이 정치철학을 『국가론』에 담았다.

플라톤은 정의로운 국가가 되기 위해서는 국가를 다스리는 통치계급, 나라를 지키는 수호자 계급, 농사 등 생산에 종사하는 생산자 계급으로 나누고, 통치 계급에는 지혜, 수호자 계급은 용기, 생산자 계급은 절제의 덕(virtue)을 각각 제시하였다. 이를 개인의 신체에 비유하여 통치 계급은 머리(이성), 수호자 계급은 가슴(기개), 생산자 계급은 배(욕망의 조절)에 각각 해당된다고 하면서, 이 세 가지 신체 영역이 각각에게 부여된 임무와 덕을 조화롭게 실행할 때, 모든 국민들이 행복해질 수 있는 정의로운 국가가 실현될 수 있다고 보았다. 그중에서도 특히 머리 부분에 해당하는 통치 계급이 중요하다고 보았는데, 통치 계급을 '철인'이라 지칭하였다.

이 같은 사상에 기초하여 플라톤은 '철인교육론'을 전개하였는데, 철인계급은 덕과 지성 및 통솔력을 겸비하기 위하여 오랫동안(20~35년) 지식과 실전 경험을 쌓은 후 정치 현장에 투신하게 함으로써 그들로 하여금 올바른 정치가 이루어질 때 그가 꿈꾸는 이상국가가 실현되리라고 본 것이다.

2. 실재주의와 교육

1) 기본 사상

실재주의(realism)는 라틴어 'realis'에서 나온 것으로, 이는 주관적인 의식이나 입장을 떠나 객관적으로 존재하는 사물을 말한다. 실재주의는 이상주의와 대립적인 사상으로 사물(물질)은 사람들의 의식이나 지각과는 독립하여 별도로 존재한다는 입장이다. 즉, 눈앞에 보이는 나무는 나의 생각이나 의식과는 상관없이 '나무 그 자체'로 존재한다는 것이다. 다시 말해 우주의 궁극적 본질은 보편의 정신(의식) 속에 있는 것이 아니라 물질 속에 내재하고 있다고 보는 것이다. 따라서 물질이 궁극적 실재(reality)라는 것이다.

경험주의 계승자 존 로크
출처: wikipedia

실재론자들은 우리는 객관적 현실세계(사물, 사람 등) 속에서 존재하고 있으며, 이성을 통해 실재(사물)에 대한 지식을 알 수 있으며, 이 지식을 통해 인간 존재의 발전 가능성이나 법칙을 얻을 수 있다고 주장하는 철학이다.

실재주의 철학은 아리스토텔레스(Aristoteles, BC. 384~BC. 322)를 창시자로 하여 스콜라철학의 토마스 아퀴나스(Tomas Aquinas, 1225~1274), 근세 이후 베이컨(F. Bacon, 1561~1626), 홉스(T. Hobbes. 1577~1679), 로크(J. Locke, 1632~1704)를 거쳐 근대에는 코메니우스(J. A. Comenius, 1592~1670), 교육학의 창시자 헤르바르트(J. F. Herbart, 1776~1841)가 이를 계승하였으며, 현대에 들어서는 항존주의 철학자 허친스(R. Hutchins, 1889~1977)[1], 아들러(M. Adler, 1902~2001)[2], 부르디(H. Broudy,

1 미국 시카고대학 총장 역임. 시카고대학에 인문교양과정 확대한 항존주의 교육철학자. 아들러와 함께 저서『오늘날의 위대한 사상, The Great Ideas Today』의 공동편집자.

2 교육에 있어 고전 교양의 필요성을 역설한 철학자이자 교육자. 오랫동안 〈브리태니커 백과사전〉 편집위원장을 지냈으며, 시카고대학교에서 법철학교수로서 고전읽기를 통한 교양교육을 추구하는 운동을 펼쳤다.

1905~1998)[3], 마리탱(J. Maritain, 1882~1973)[4] 등이 실재주의 철학자로 분류된다.

일반적으로 실재주의는 합리적 실재주의와 과학적(자연적) 실재주의로 분류되고 있다. 합리적 실재주의는 또 다시 고전적 실재주의(classical realism: 허친스와 아들러)과 종교적 실재주의(religious realism: 아퀴나스, 마리탱)로 나뉘고, 전자가 아리스토텔레스에 그 사상적 근원을 두었다면, 후자는 토마스 아퀴나스의 사상에 기초를 두면서 아리스토텔레스의 철학을 간접적으로 반영하였다.

실재주의는 우주의 원리가 영원하고 영속적인 것으로 보았으며, 변화는 자연의 영속적 법칙에 따라 움직인다고 보았다. 우리 인간은 그 같은 자연적(객관적) 질서와 법칙 속에 살고 있기 때문에 감각과 추상적 활동(이성)을 통해 대상들을 인식하고 이해할 수 있다고 믿었다.

아리스토텔레스는 이 같이 대상을 이해하고 자연을 관찰하는 철학적 논리를 질료(물질, matter; potentiality)와 형상(form; actuality)이라는 두 개념으로 설명하고 있다. 형상이란 어떤 것이 완벽하게 이루어진 완전한 상태를 말한다면, 질료는 어떤 형상이 될 수 있는 가능태를 의미한다. 형상이 사물의 본질을 구성하고 있다면, 질료는 아직 불완전한 상태로 그 어떤 것이 될 수 있는 가능성의 존재라는 것이다. 그런데 질료(물질)가 형상으로 되기 위해서는 그 어떤 운동인(질료에서 형태로 전환시키는 요인)과 목적인(운동인의 작용에 의해 물질이 향하고자 하는 방향)이 있어야 반드시 작동된다고 보고 있다.

예컨대, 목재소에서 방금 킨 소나무 송판은 질료의 상태에 머물고 있지만, 그것이 책상이라는 형상으로 전환될 수 있는 가능태를 갖고 있다는 것이다. 소나무 송판(질료)은 책상으로 바뀌기 위해서는 다시 잘라지거나 다듬어져서(운동인) 책상이 되고자 하는 과정(목적인)을 통해 책상(형상)으로 만들어지는 것이다.

이 같은 개념과 원리를 사람에게 적용해 보면 어떻게 될까? 결론적으로 말해 사람(질료)은 그 어떤 존재로도 만들어질 수 있는 가능성(가능태)을 가진 존

---

3 폴란드 태생 미국 교육철학자. 대표적 저서 『교육철학, Philosophy of Education』(1967)이 있다.
4 프랑스의 로마 가톨릭 철학자. 토마스 아퀴나스를 현대적 시각으로 재조명하였으며, 60권 이상의 저서를 남겼다. 세계 인권 선언의 주요 초안자 중 한 사람이다.

재로 이해할 수 있다. 즉, 사람은 자신이 되고자 하는 꿈과 무엇인가 달성하려는 목적에 의해 얼마든지 그 가능성을 실현할 수 있는 개방적이고 창조적인 존재가 될 수 있다는 점이다.

2) 실재주의 교육 원리

실재주의의 기본적 특징은 우리의 생각과는 별도로 외부의 객관적 세계가 독립적으로 실재한다는 것을 강조하는 철학이다. 이에 교육은 외부의 객관적 세계(대상)를 올바로 이해할 수 있는 과학적 방법을 터득하고, 그 결과로 얻는 과학적 지식을 중시하게 되었다. 그 결과 실재주의가 표방하는 교육은 자연과학적 지식 및 사물과 모국어 등에 보다 관심을 두는 실학주의 교육, 언어보다는 사물을 중시하는 사실주의 교육, 사물에 대한 관찰과 실험을 중시하는 실험주의 교육 등으로 발전하게 되었다.

한편, 합리적 실재주의자들은 인간의 정신을 매우 중요하게 인식하고, 합리성을 최고의 인간 속성이라고 보았다. 이에 반해 자연적(과학적) 실재주의는 고도로 잘 조직된 신경조직을 갖고 있고 사회적 성향을 타고난 유기체라고 보았다.

이 같은 관점에서 실재주의 교육은 그 목표를 지력의 향상, 즉 이성의 훈련에 두고 있다. 지력의 향상이란 대상을 관찰하고 이해하고 분석할 수 있는 합리적·과학적 이성 능력의 배양이다. 조직화된 체계적인 지식을 연구하고 배움으로써 이성적인 인간으로 성장시키는 데 두었다. 그러므로 가장 중요시되는 교육은 이성교육이다. 따라서 개인의 이성을 계발시키는 교양교육이 중심이 된다.

아리스토텔레스는 이성의 배양을 위해 교양교육에 중점을 두어야 한다고 강조하고 있는데, 학습자가 교양교육을 통해 이성을 발달시키면 다른 모든 일들을 스스로 해결하고 어려운 문제를 극복하면서 자신이 목적한 바를 달성할 수 있는 존재로 보았다. 그래서 실재주의의 교육과정은 역사, 지리, 언어, 수학, 생물, 화학 등 객관적인 지식체로서 인문 교과와 과학 교과를 중핵으로 구성된다.

또 아리스토텔레스는 이성의 훈련을 통해 얻는 인간교육의 궁극적 목적은 중용(中庸)을 실천하는 데에 힘써야 한다고 주장하고 있다. 중용의 덕을 교육을 통해 배양하여 면학과 생활 속에서 습관화하게 되면 학습자는 행복해질 수 있다고 보았다.

또한 실재주의는 학습자의 자발적(자율적) 학습을 강조한다. 학생 스스로 자신의 지적 호기심을 발동하여 대상을 이성적으로 탐색하고, 감각기관을 통해 관찰하고 직접적인 경험에 의존해야 한다는 것이다.

실재주의를 강조하는 교육방법은 ① 과학적 방법 및 관찰과 실험적 방법의 중시, ② 언어보다는 사실의 중시, ③ 아동의 흥미와 지적 호기심 유발, ④ 지력 훈련을 통한 세계 속 사물 이해 등으로 이해할 수 있다. 이렇게 학습자의 지적 호기심과 학습 동기를 유발시키기 위해서는 무엇보다 교사가 학습내용에 대한 충분한 지식을 갖추어야 함은 물론이다.

다만, 교사가 지식을 일방적으로 전달하는 것이 아니라 토론, 관찰, 경험, 실험 등과 같은 다양한 교수방법을 통해 학습자 스스로 지식을 구성하게 만드는 데 주력해야 한다는 점이다. 이 같은 학습자에 대한 입장은 학습자가 단순히 지식을 전달받는 수동적이고 피동적인 존재가 아니라 자신이 갖고 있는 이성과 감각을 통해 주어진 과제를 수행하는 능동적인 존재라는 입장을 취하고 있다는 점이다.

실재주의 교육과정은 체계적으로 조직된 교과중심 교육과정이다. 교과중심 교육과정에는 두 요소가 포함되어 있다. 그 하나는 학문의 구조가 되는 지식체계이고, 다른 하나는 학생의 준비성, 성숙, 사전학습에 따른 알맞은 교육 차원의 배열이다. 실재주의가 강조하는 교육과정을 압축하면 다음과 같다.

① 교육방법보다는 교육내용(교재)의 우선시

② 모든 학생들이 다 같이 배워야 할 단 하나의 중심 교과과정

③ 교재는 일시적인 가치보다 장기간에 걸쳐 그 가치가 인정된 항구적이고,

생활에 필수적인 것

④ 학습자의 흥미보다도 사회적 가치를 지닌 비교적 불변성을 지닌 것

⑤ 학습자의 인품 계발보다도 지식중심적인 것이어야 한다(박준영, 1999: 91－93).

아리스토텔레스 이후 실재주의는 인간과 사회에 대해 학자들마다 갖고 있는 견해에 따라 교육의 목적과 내용 그리고 방법상의 차이를 보이고 있지만, 일반적으로 실재주의가 표방하고 있는 교육의 궁극적인 목적은 다음과 같다.

① 조직화된 체계적인 지식을 연구하고 배움으로써 사람이 갖고 있는 가장 큰 힘인 이성을 계발한다.

② 사람들이 자신의 선택을 합리적으로 할 수 있도록 고무 격려하고, 그들의 잠재성을 최대로 실현할 수 있도록 도우며, 합리적이고 위계적인 질서체계에 자신들의 위치와 역할을 통합시키는 일을 하도록 돕는다(안상원, 1989: 341).

3. 프래그머티즘과 교육

1) 기본 사상

프래그머티즘(Pragmatism)은 19세기 말 퍼스(C.S. Peirce, 1839~1914)가 제창하고, 제임스(W. James, 1842~1910)가 이를 보급하였으며, 존 듀이(J. Dewey)가 완성시킨 철학이다. 프래그머티즘이 표방하고 있는 이념과 사상은 'Pragmatism'의 어원 속에 잘 나타나 있다.

'Pragmatism'의 어원은 그리스어로 'pragma'로서 이 말에는 '실천', '행동', '실행'의 의미가 담겨 있다. 따라서 프래그머티즘은 행동과 실천을 중시하는 철학이다.

행동과 경험을 중시하기 때문에 프래그머티즘을 '행동주의(behaviorism)' 또는

존 듀이

실험을 통한 입증을 중시하기 때문에 '실험주의(experimentalism)', 그리고 생각마저도 행동을 위한 도구에 지나지 않다고 해서 '도구주의(instrumentalism)'라고도 한다.

프래그머티즘은 미국의 독자적인 철학이다. 프래그머티즘은 20세기 유럽의 철학인 실존주의와 더불어 양대 철학으로 불리고 있다. 이 철학은 실용성, 효율성을 중시하는 현대 미국인들의 생활 전반에 스며들 정도로 그 영향은 절대적이라고 할 수 있다.

이 철학은 종래의 영국의 경험론과 공리주의 사상 그리고 진화론과의 결합 속에서 탄생된 철학이다. 그러므로 '경험'과 '변화'를 유일한 실재라고 생각하기 때문에 실재주의 사상과 맥을 같이 하고 있다. 하지만, 프래그머티즘에서 인식하는 실재는 인간과 독립된 실재가 아니라 인간의 감각적 경험마저도 실재에 포함시키고 있다는 측면에서 실재주의와는 차이가 있다. 즉, 프래그머티즘이 주장하는 경험은 단순한 감각적 경험이 아니라 사람이 생각하고 느끼고 행동하는 모든 경험의 총화라는 점에서 이질적인 것이다.

공리주의 사상으로부터 받은 영향으로 지식이란 절대적인 것이 아니라 실제생활에서 그 유용성의 잣대에 의해 참된 것을 결정하기 때문에 지식은 늘 상황에 따라 상대적이고 가변성인 성격을 갖고 있다고 보았다.

또한 프래그머티즘은 사회를 중시하는데, 사회생활 속에서 실용성과 효용성이 입증되는 것만이 가치 있는 것으로 보았다. 이때 실용성과 효용성은 사회에서의 경험(행동, 실천)상의 중요한 기준이 된다. 경험에 의한 실질적인 효과가 있는 것만을 진정한 가치로 인정하였다.

실재에 대해서는 경험과 변화만이 유일한 실재라고 본다. 즉, 실재는 인간과 환경과의 상호작용에 의한 경험의 총체로서, 그 본질은 변화한다고 본다. 인간이 경험하고 의미를 부여하는 한도 내에서만 실재가 존재한다고 본다. 우주 자체가 심오한 목적을 가지더라도 인간이 경험할 수 없고 알지 못하면 실재하는 것이 아니라고 본다. 인간은 환경과의 상호작용에 의해 변형될 수 있는 생물학적이고 사회적인 존재로 이해한다.

또한 프래그머티즘에 있어 인식의 과정은 경험을 끊임없이 재구성해 가는 과정이다. 지식은 인간과 환경의 상호작용에 의해 획득된다. 진리란 인간의 경험으로부터 나오는 실험적인 가설이며, 객관적이고 과학적인 검증을 통해 만족할 만한 유용한 결과를 가져오느냐에 따라 그 가치가 결정된다. 따라서 진리는 상대적인 것으로 결과에 따라 수정될 수 있는 것으로 본다.

프래그머티즘은 가치를 상대적인 것으로 본다. 도덕적 가치나 윤리적 규범은 영구적인 것이 아니라, 문화나 사회의 변화에 따라 변화하는 것이라고 본다. 그리하여 경험에 의해서 그 실용성과 효용이 입증되는 것만이 가치로운 것으로 본다. 개인적 경험과 문화적 축적의 상호작용에 의해 성장하며, 과학적인 실험과정을 통해 가치 여부가 결정된다.

프래그머티즘의 인식론(지식론)에서는 '안다'고 하는 문제를 두고 생각할 때. '안다'는 그 자체는 무의미할 뿐더러 그것이 절대적인 실재가 될 수 없다. 따라서 오직 '경험을 통하여 안다'라고 할 때만이 유의미한 '안다'의 실재가 된다는 점이다.

이 같은 여러 이유로 프래그머티즘은 엄밀한 철학이 아니라 '생활의 철학', '상식의 철학'이라고도 한다. 나아가 진실이란 실생활에 있어서 그 유용성에 의해 결정한다는 점에서 공리주의 입장을 지닌다. 또 진리를 경험에 의해서 검증되고 변화한다고 보는 점에서 경험주의 측면도 있으며, 지식보다는 행동을 중시하는 점에서 반주지주의적인 성격을 갖고 있는 철학이라고 할 수 있다.

2) 프래그머티즘과 교육

프래그머티즘에서 보는 교육이란 생활문제를 해결하기 위한 경험의 재구성 과정이다. 따라서 교육목적은 학생들로 하여금 다양하고 풍부한 경험을 통해 교육적 가치를 지닌 성장을 꾀하는 데 두었다. 나아가 교육은 미래를 위한 준비가 아니라 성장이며, 곧 생활 그 자체라고 보았다. 또한 학교는 소형사회로서 개인을 사회화하는 기관으로 보았다.

교육과정은 학생이 사회적·자연적 환경을 이해하는 데 도움이 되는 문제를 중심으로 이를 해결하도록 구성되어야 한다. 프래그머티즘에서는 전통적인 교육, 즉 미리 설정된 교재를 가르치는 것을 거부하고, 구상하고 만들어 실행해 보는 직접적인 경험, 시간과 공간에 대한 안목을 기르는 역사와 지리, 여러 가지 과학 과목을 통합해서 다루는 연합학습 등이 중심이 되어야 한다. 학생이 당면하고 있고 사회가 해결하고자 하는 직접적인 문제를 다루어야 하며, 생활 자체와 직접 관련이 있어야 한다.

교육방법은 반성적 사고를 통해, 당면한 문제를 스스로 해결할 수 있는 능력을 기르도록 한다. 반성적 사고란 당면한 문제 상황에서 과거의 경험을 지적·합리적으로 재구성하여 해결하는 과정이다. 현재 당면한 문제를 잘 해결할 수 있으면 미래 상황에도 잘 대처할 수 있는 적응력이 생긴다. 그러므로 교사는 학생이 학습과정에 능동적으로 참여하여 당면한 문제를 해결하도록 돕는 안내자이자 조력자가 되어야 한다.

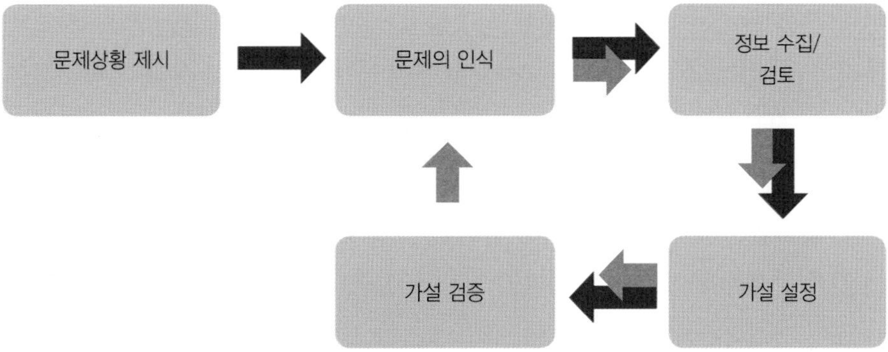

문제해결과정 – 반성적 사고

이 같은 프래그머티즘이 표방하고 있는 교육원리는 다음과 같이 요약된다 (안상원, 1989: 445).

첫째, 진보주의는 변화를 실재의 본질로 보고, 인간의 사회적·생물학적 환경에 적응하는 자연적 유기체이며, 인간의 본성은 유동적이고 가소적(可塑的)이라는 인간관을 전제하고 있다.

둘째, 교육의 목적이나 수단은 합리적이며, 과학적으로 추구되어야 한다. 교육의 수단은 목적과 결합되고, 목적은 수단에서 나온다. 그러므로 교육 자체는 수단이자 목적이다. 교육이 인간을 발전시키고자 하는 점에 있어서는 목적이고 그 목적을 실현하는 방법에 있어서는 수단이다(G. F. Kneller: 14). 따라서 교육의 목적은 고정되어서는 안 되며 밖으로부터 주어져서도 안 된다.

특히 듀이는 교육의 목적을 성장으로 보았다. 성장은 삶의 특징으로 보았다. 그렇기에 교육은 생활의 준비가 아니고 생활 그 자체가 되어야 한다는 것이다. 아동은 그의 연령에 적합한 학습상황을 가져야 하며, 그가 성인생활에서 당면한 경험으로 지도되어야 한다(G. F. Kneller: 48). 또한 학교는 공동사회의 형식을 갖춘 사회의 축소판이 되어야 한다.

셋째, 실용주의에 있어서 실재는 개체와 환경과의 상호작용에 의해서 창조된다고 보기 때문에 그에게 영향을 주는 바의 세계를 학습하여야 한다. 아동이 그가 생활하는 환경을 떠나서 생각될 수 없는 것처럼 학교는 생활 자체와 분리될 수 없다. 학교의 교재는 가능한 한 아동이 당면하고 사회가 해결하고자 하는 직접적 문제와 관련이 있어야 한다(G. F. Kneller: 14).

넷째, 학습은 행동에 의해 이루어져야 한다(Learning by doing). 이는 바로 배운다는 것은 문제에 의한 학습이 아니라 실제로 실천함에 의해 배운다는 것이다.

다섯째, 아동의 흥미와 욕구를 존중한다. 흥미와 욕구는 결코 아동이 제멋대로 하도록 방임해 둔다는 의미가 아니다. 다만, 아동의 흥미가 어떤 교육과정의 근본적 영역에 관련될 수 있는 동기의 기초로서 사용될 수 있다는 것이다.

생각 나누기와 심화하기

2장 서양 전통철학과 교육

1 교육과 철학은 밀접한 관계에 있으며, 철학적 관점에 따라 교육관도 달라진다. 자신의 신념이나 지식 또는 경험이 삶의 의미에 대한 자신의 생각에 어떤 영향을 주었는지 생각해 보자. 그리고 신념이나 지식 또는 경험의 변화에 따라 교육에 대한 생각이 어떻게 변화해 왔는지 생각해 봅시다.

2 지식의 전달과 습득이 교육의 핵심적 활동이라고 볼 수 있다. 어떤 지식이 가장 가치있는 지식이며, 어떻게 지식을 가르쳐야 하는지에 대해서 토론해 봅시다.

3 합리적 · 비판적 사고 능력과 태도를 함양하기 위한 교육은 어떻게 이루어져야 할지 생각해 보자. 현재 학교에서 가르치고 있는 지식교육의 문제점에 대해서 토론해 봅시다.

제3장

현대교육철학

I. 20세기 교육철학

1. 진보주의 교육철학

1) 성립 배경

현대교육에 있어서 진보주의(progressivism) 교육사상 만큼 지대한 영향을 미친 사상은 없다고 해도 틀린 말은 아니다. 그만큼 현대교육에 있어 진보주의 교육철학이 차지하고 있는 비중은 대단하기 때문이다. 진보주의 사상이 제시하였던 교육이념과 교육원리는 현재진행형이며, 그동안 우리나라 교육에도 큰 영향을 미친 교육철학이다.

진보주의는 미국의 교육철학이다. 이 교육철학을 시작하고 완성한 사람 또한 존 듀이(J. Dewey, 1859~1952)이다. 존 듀이는 미국의 일반철학인 프래그머티즘(pragmatism), 즉 실용주의 철학을 대표하는 철학자이기도 하다.

진보주의 교육철학의 사상적 배경은 유럽으로부터 들어온 아동중심 교육사상과 실용주의 철학의 결합으로 탄생하였다. 유럽의 아동중심교육 사상이란 아동 존중, 아동의 발달수준, 아동의 흥미와 요구, 아동의 자발성 등을 교육의 핵심 요소로 생각해야 한다는 이른바 교사 주도의 교육이 아닌 아동을 교육의 주체자로 생각하는 사상이다.

아동중심 교육사상은 고대와 근대 교육사상에서도 그 연원을 찾을 수 있으나 18세기 계몽주의 사상가인 루소(J. J Rousseau)에서 본격적으로 비롯되었다. 루소에서 싹을 튼 아동중심 교육사상은 19세기에 들어 페스탈로치(J. H. Pestalozzi)와 프뢰벨(F. W. A. Fröbel)에 의해 계승되고, 몬테소리(M. Montessori)에 의해 교육현장에서 실험되었다. 그들의 교육적 성과는 진보주의의 아버지라 불리는 파커(F. W. Parker)에 의해 미국으로 이식되었다. 파커는 19세기 말 미국에서 교육개조를 목적으로 시작된 신교육운동(new education movement)인 '퀸시 운동'(Quincy Movement)을 주도한 인물이었다. 이 운동은 페스탈로치와 프뢰벨의 교육을 미국 내로 도입·보급하고자 하는 움직임인데, 이 같은 흐름 속에서 아동중심 교육사상이 미국으로 이식되었다. 이러한 아동중심교육 사상을 듀이가 생물학적 진화론에 기초하고, 프래그머티즘(pragmatism) 철학을 결합하여 진보주의 교육사상으로 발전시킨 것이다.

듀이는 1896년 미국 시카고대학에서 대학 부설의 실험학교(Dewey' School)[1]를 세우고, 그곳에서 진보주의 교육을 위한 기초 이론을 다듬고 현장 적용을 위한 그 가능성을 실험하였다. 듀이는 실험학교의 성과와 자신의 교육사상을 정리하여 그 이듬해인 1897년 진보주의 이론의 효시라 할 수 있는 『나의 교육학 신조, My Pedagogic Creed』를 출판하였다. 이어 1899년 실험학교의 중간보고서 성격인 『학교와 사회, School and Society』를 출간하여 진보주의 교육사상

1 실험학교는 듀이와 부인이 공동으로 운영한 학교였다. 처음에는 16명의 학생과 교사 2명이 전부인 작은 학교에 불과했지만, 6년 후에는 140명의 학생, 23명의 교사로 운영될 만큼 성장함으로써 진보주의 교육에 대한 사회적 관심과 교육 현장으로부터 이목을 집중하게 되었다(한국교육학회편, 교육의 철학적 이해, 배영사, 1971: p. 46~47 참조).

의 이론적 기초를 마련하게 된다. 이후 몇 년간의 실험학교에서의 경험 축적과 사상적 심화를 통해 듀이는 1916년 그의 대표적 저술이자 진보주의 교육의 이론적 지침서라고 평가되고 있는 『민주주의와 교육, Democracy and Education』을 세상에 내놓았다.

시카고대학 〈실험학교〉 전경 모습
출처: Wikipedia

이 같은 성과들을 바탕으로 진보교육을 미국 내에 전파하기 위해 마침내 1918년 미국 내 '진보주의교육협회(Progressive Education Association)'가 결성되었다. 협회는 학술지를 발간하는 등 새로운 교육운동을 전개함으로써 진보주의는 이후 미국 교육 전반에 급속히 큰 영향을 미치게 되었다. '진보주의교육협회'는 진보주의 교육의 핵심사상을 7대 강령으로 발표하였다.

① 아동은 외적 권위에 의하지 않고, 자신의 사회적 필요에 의하여 자연스럽게 발전할 수 있는 자유를 부여하여야 한다.

② 아동의 흥미를 모든 학습활동의 동기가 되게 한다.

③ 교사는 아동에 대한 엄격한 감독자라기보다는 친애하는 안내자라야 한다.

④ 아동의 평가는 학과의 평가뿐만 아니라 아동의 신체적 · 지적 · 도덕적 · 사회적 발달을 포함하는 전인적인 것으로서 아동의 지도에 도움이 되는 것이어야 한다.

⑤ 아동의 전인적 발달에 영향을 미치는 여러 조건에 유의하고, 교육의 제1차적 목표를 아동의 건강증진에 두어야 하며, 학교의 시설, 환경, 인적 조건은 명랑하여야 한다.

⑥ 학교는 가정과의 긴밀한 협력관계로서 아동생활의 여러 요구를 만족시키는 데 노력하여야 한다.

⑦ 진보적 학교는 실험적 연구를 통한 실험학교로서 새로운 교육개혁운동의 중핵이 되어야 한다.

진보주의 교육의 미국 확산에는 듀이의 제자인 킬패트릭(William H. Kilpatrick)의 공헌이 크다고 할 수 있다. 킬패트릭은 '듀이협회'를 결성하는 등 듀이 사상의 이론적 심화에 정성을 들였고, 수많은 관련 논문도 발표하여 진보주의 교육 이론 확산에 크게 기여하였다. 특히, 듀이의 '문제해결학습'에 대한 현장 교사의 잘못된 응용이 지적되자 자신만의 '구안법(project method)'를 개발하여 제안하기도 하였다.

듀이의 '실험학교' 이후 30년 동안 미국의 모든 교육현장은 진보주의 교육으로 탈바꿈하게 되었다. 가령, 각 교육 지역구마다 진보주의 교육프로그램을 하나 이상 도입하였고 무엇보다 교실 환경에 있어서 고정 책상이 아닌 교실 내 이동식 수업이 가능한 형태의 책걸상을 구비할 정도로 미국 교육현장이 전면적으로 개조되기 시작한 것이다.

2) 기본 사상

앞서 살펴 본 바와 같이 진보주의 교육사상은 루소에서 발아된 아동중심교육(자연주의교육사상)과 프래그머티즘 철학과의 사상적 결합을 통해 만들어진 교육철학이다.

프래그머티즘은 영국의 경험론, 공리주의, 진화론을 철학적 이론으로 받아들이고, 경험적 상대주의를 표방한 철학이다. 이 철학의 기본사상은 세계를 '변화'로 생각하는 인식론을 갖고 있다. 즉, '이 세상의 모든 것은 변하지 않거나 고정되어 있는 것이 아니라 늘 변하고 있다'고 보고 있는 인식론을 갖고 있다. 이는 다윈(C. Darwin, 1809~1882)의 생물학적 진화론과 스펜서(H. Spencer, 1820~1903)의 사회적 진화론으로부터 영향을 받았다. 넬러(G. F. Kneller, 1963)는 프래그머티즘의 근본 원리를 다음과 같이 제시하고 있다.

① 이 세상에 불변하는 것은 없고, 변화만이 실재한다.
② 가치는 상대적이다.
③ 인간은 사회적이고 생물학적인 존재이다.
④ 생활방식으로는 민주주의적 방식이 중요시 된다.
⑤ 모든 인간 행동에 있어서 비판적 지성이 발동되어야 한다.

이 같은 기본 사상에 입각하였기에 프래그머티즘(pragmatism)의 어원에서 알 수 있듯이, '행동', '행위', '실천'을 중시하는 사상으로 발전하였고, 진보주의 교육 또한 자기주도의 학습, 활동 프로그램 등을 중시하는 교육철학으로 자리매김하게 된 것이다.

넬러(George F. Kneller)는 진보주의 교육원리를 ① 자기활동, ② 문제해결, ③ 현재의 일상생활 그 자체, ④ 교사의 조성, ⑤ 협동정신, ⑥민주주의 방식이라고 제시하고 있으며, 쿡(Cloyd A. Cook) 또한 진보주의 협회에서 진행한 8년 연구를 분석하여 진보주의 특색을 ① 새로운 아동관, ② 발전적인 인간관, ③ 생활에 의한 학습, ④ 활동 프로그램, ⑤ 비형식적 통제와 활용이라고 정리하였다.

한편, 해방 후 우리나라에 진보주의 사상의 도입에 앞장섰던 오천석(1983)은 진보주의 교육의 학습 원리를 다음과 같이 제시하였다.

첫째, 아동은 자기의 경험하는 바를 배운다는 원리이다. 듀이가 말한 "Learning by Doing(행함에 의한 학습)" 이다.

둘째, 교육은 '활동적'이어야 하고, 아동의 흥미와 관심에 관련시켜야 한다고 믿는다.

셋째, 진보주의는 학습과정에 있어 필연적 '전아(全兒)'가 관련된다는 견해를 내세운다. 전통적인 학습이 아동의 정신적이고 지적인 것에 치중되었다면, 진보주의는 아동이 전인적 발달을 도모해야 한다는 점이다.

넷째, 아동은 모든 교육생활의 중심이 되어야 한다고 주장한다.

다섯째, 교육은 생활 그 자체(아동의 현재 생활)이어야 하고, 미래를 준비하는 교육이 되어서는 안 된다고 강조한다.

여섯째, 바람직한 교육은 민주주의적 풍토 안에서 가장 효과적으로 성취할 수 있다고 믿는다. 민주주의는 참여와 공동체의 이념을 근간으로 한다. 다 같이 참여하고 다 같이 경험하고 협동하는 것이 민주주의가 지향하는 모습이다. 경쟁의 원리보다 협동, 공동의 문제해결 과정, 즉 결과가 아닌 과정을 중시한다는 점이다.

3) 비판적 관점

진보주의가 미국 교육 전반에 크게 확산되는 과정에서 반대와 비판 또한 적지 않았다. 우선 1920년대 말 미국의 대공황이 시작되자 아동중심의 교육은 자유방임적 개인주의를 양산한다는 비판을 받았다. 또 흥미 위주의 교육 방향은 지적으로 무능한 인간을 양성하기 때문에 사회가 필요로 하는 우수한 인재 양성에 실패하고 있다는 비판에 직면하게 되었다.

이로 인해 미국 '진보주의교육협회'는 1961년 해체의 길로 들어서게 되었고, 진보교육 교육 이상은 일정기간 침체기에 들어갔지만 진보주의 교육사상은 전 세계 교육에 큰 파장을 불러올 만큼 강력하였고, 그 파급 효과는 대단하였다고 할 수 있다.

영국의 서머 힐(Summer Hill) 자유교육사상이나 열린교육(open education)사상 그리고 대안학교 설립 운동도 그 목적과 내용면에서 진보주의 교육사상에 크게 영향을 받아 시작된 것들이다.

2. 본질주의 교육철학

1) 기본 사상

본질주의란 "인류 문화유산의 본질적 가치의 유지와 발전, 전달과 실현이 교육의 목표와 내용이 되어야 한다"고 주장한 미국의 교육철학이다. 본질주의자들의 생각은 우리가 물려받은 전통이나 제도는 그 자체로 선한 것이자 진리이기 때문에 인류가 쌓아온 소중한 과거의 핵심적 경험, 즉 가치 있고 아름다운 문화유산 가운데 가장 본질적인 것을 교육의 목표로 삼아 학교교육을 통해 다음 세대에 계승해야 한다고 주장하는 교육사상이다.

배글리(Bagley)

본질주의(essentialism) 교육철학은 제1차 세계대전 전후 진보주의 교육을 향한 비판으로부터 시작되었다. 진보주의가 지나치게 아동의 자유와 흥미 등 아동중심교육을 한다는 비판적 관점에서 교육의 본질에 대한 대안 탐색과 반성을 촉구하는 흐름이라고 할 수 있다.

본질주의가 보는 비판적 관점은 진보주의의 아동중심교육은 학교에서 아이들이 기본적인 학문을 학습할 수 없다고 보고, 우리 인류가 쌓아 올린 문화전통 가운데 가장 본질적이고 정수적인 것을 가르쳐야 한다고 주장한다.

1930년대 초 콜롬비아대학 교수 배글리(William Chandler Bagley, 1874~1946)[2]를 중심으로 1938년 '미국교육 향상을 위한 본질파위원회'를 결성, 같은 해 강령을 발표하면서부터이다. 그들이 교육개혁의 초점으로 맞춘 것은 크게 교과서의 내용을 학문적으로 체계화하는 일, 교육내용 중 본질적인 것과 비본질적인 것을 구별하는 일, 교사의 권위를 회복시키는 일이었다.

본질주의는 교육의 제1차적 목적으로 인간문화, 즉 사회전통 중에서 가장 기본적 요소, 즉 어떤 종류의 '본질적인 것'(certain essentials), '정수적인 것'을 다음 세대에 전달하는 것에 중점을 두었다. 다시 말해 현대생활에 필요한 본질적인 지식, 사실과 법칙 및 기능 등을 교육과정으로 선정하여, 이를 다음 세대로 전수하는 것이야말로 교육의 주된 임무라는 것이다.

본질주의자들의 입장은 진보주의자들이 주장하는 일시적인 변화나 현재에 주목하는 철학이 아니라 미래지향적 안목으로 인재를 양성하여야 한다는 것이다. 단편적인 지식이나 사실보다는 원리와 원칙 또는 이론적인 것을 중시하는 교육이 되어야 한다는 것을 강조하고 있다.

본질주의자들은 아동의 흥미보다는 노력이 중시되어야 하고, 학습자의 자율성보다는 교사의 책임을 강조하였다. 또한 개인의 경험보다는 집단(민족)의 경험을 중시하였으며, 그 경험을 잘 조직한 교과에 입각한 교육이 이루어져야 한다는 것을 교육사상의 중핵으로 보았다.

하지만 본질주의사상은 1946년 배글리가 타계하자 침체되기 시작했으나, 1950년대 스미스(Mortimer Smith)와 베스터(Arthur Bestor)를 중심으로 '기초교육 위원회'가 결성되면서 두 번째의 체계적인 본질주의 교육운동이 전개되었다. 그들은 기초교육의 중요성을 강조하며 생활의 기본수단이 되는 3R(읽기, 쓰기, 셈하기)에 대한 철저한 훈련과 국어, 수학, 과학, 역사, 외국어 등의 기초적인 교과를 모든 학생에게 예외 없이 가르쳐야 한다고 주장하였다.

---

2 대표적인 본질주의자. 코넬 대학교에서 박사학위를 받았고, 미국 일리노이 대학교와 콜롬비아 대학교에서 교수로 재직하였다. 대표 저서로는 『교육과 신생인, Education and Emergent Man』(1934), 『보편학교의 세기, A Century of the University School』(1937)가 있다.

본질주의는 항존주의와는 달리 특정의 철학적 배경을 갖고 출발한 것이 아니다. 본질주의는 진보주의에 대한 비판 운동의 성격이 짙었다. 그렇기에 진보주의에 대한 비판은 하였지만 생각을 같이 한 부분도 많았다. 다만, 우리가 꼭 알아야 할 본질적인 요소를 배우자는 것이 본질주의 주장의 핵심인 것이다.

넬러(G. K. Kneller)는 『교육철학입문, Introduction to the Philosophy of Education』에서 본질주의 교육원리를 다음과 같이 정리하였다.

첫째, 학습은 본질적으로 어려운 훈련과정과 달갑지 않은 응용을 포함한다. 본질주의자들은 훈련의 중요성을 강조한다. 진보주의는 어린이의 자유와 흥미를 중시하지만 본질주의는 훈련과 장래의 목적 그리고 노력 자체를 더 중시한다.

둘째, 교육에서 주도권은 아동이나 학생에게 있는 것이 아니라 교사에게 있다. 교사의 역할은 성인 세계와 아동 세계를 중재하는 것이다. 교사는 이러한 중재자로서의 전문적 자질을 갖춘 자이므로 아동이나 학생보다는 교사가 훌륭히 학생들의 성장을 도울 수 있다.

셋째, 교육의 핵심은 소정의 교과를 철저히 이수하는 것이고, 그것을 자기의 것으로 동화하는 데 있다. 본질주의자들은 개별적인 경험보다는 민족의 경험이나 사회적 전통 혹은 문화유산의 계승을 중시하고 강조한다. 이러한 사회 전통으로서의 민족의 경험은 인류가 오랜 세월을 통하여 획득하고 축적한 인간경험의 결정체이다. 이러한 경험은 인류의 오랜 역사 속에서 검증되지 않은 아동의 개별적 경험보다 훨씬 중요하고 값진 것이다.

넷째, 학교는 전통적인 지적 훈련의 교수방법을 받아들여야 한다. 물론 진보주의 교육에서의 문제해결 학습방법에도 장점이 있지만, 그것이 모든 학습과정에 적용될 수 있는 것은 아니다. 지식에 따라서는 서로 분리된 문제로 구분할 수 있는 추상적인 지식도 있기 때문이다. 또 행동에 의한 학습도 일정한 상황의 아동들에게는 유효할 수도 있겠지만 그것이 모든 상황에 일반화될 수 있는 방법은 아니다.

이상에서 알 수 있듯이 본질주의는 학습의 훈련성, 교사주도성, 사회전통과 문화유산의 계승, 교육내용의 조직성의 중시 등을 제시하며, 진보주의의 아동의 흥미 중시와 같은 아동중심교육에 이의를 제기한 교육사상이다.

2) 비판적 관점

본질주의는 문화적 유산 가운데 근본적인 것을 보존하고 이를 교육해야 한다고 주장하는데, 전통과 관습 등 인류 문화유산 가운데 본질적인 것을 구분하고 간추려낸다는 것이 쉬운 일인가 하는 비판을 받았다

본질주의는 보수적인 입장을 취하고 있기 때문에 자칫 학생들의 지적 창의성 등을 저해할 위험을 갖고 있으며, 나아가 학생들의 독립심, 비판적 사상, 협동정신 등을 기르는 데 소홀하게 된다는 점도 비판 받았다. 그리고 본질주의의 보수적(소극적) 성격은 교육을 통한 미래지향적 안목 양성이나 사회 혁신적 사고를 배양하는 데 실패하게 만든다는 것이다. 지적으로 무능한 인간 양산이라는 진보주의에 대한 비판으로 출발한 본질주의이지만, 오히려 지적 창의성(상상력)을 소홀히 한다는 비판에 직면하기도 하였다.

3. 항존주의 교육철학

1) 기본 사상

항존주의 철학은 진보주의가 한창 확산되고 있었던 1930년대 미국에서 탄생하였다. 항존주의의 대표 사상가는 허친스(Roberr Maynard Huchins)로서 그는 당

시의 시대 풍토와 물질만능의 시대를 두고, 다음과 같이 말했다.

> "인류가 현재 당면하고 있는 곤란의 근본을 따져보면, 그곳에는 침투된 물질주의가 있다. 현대문명은 과학 숭배주의, 활동숭배주의로 말미암아 압도되고, 또 반지성적 길을 가고 있다. 우리의 당면한 문제는 도덕적 정신적인 것이다."

시카고대학 총장, 허친스(Huchins)

항존주의(perennialism) 철학은 진리의 불변성, 영원성, 절대성을 신봉하고, 일시적이고 잠정적인 것을 거부하는 사상이다. 즉, 진보주의가 변화를 실재로 보고 있는 데 반해, 항존주의는 "이 하늘 아래 새로운 것은 하나도 없다"고 천명하듯 시간과 공간을 초월하여 영원하고 절대적이고 항존하는 진리를 교육의 대상으로 가르쳐야 한다는 교육철학이다.

항존주의 사상가들의 입장에서 볼 때, 진보주의가 너무나 일시적인 변화를 중시하고(진화론), 그 같은 관점과 내용을 교육에 적용한다는 것은 시간과 노력의 낭비라고 비판한다. 자연의 질서에는 외부적으로 볼 때 여러 가지 변화된 모습들이 나타나고 있고 있지만, 눈에 보이지 않는 밑바탕에는 영원하고 절대적인 법칙과 원리가 작용하고 있다고 주장한다. 즉, 항존주의는 '항존(恒存)'이라는 말 그대로 진리, 실재의 불변을 주장하는 철학이다.

항존주의의 철학적 배경은 고전적 실재론(classical realism)에 바탕을 두고 있다. 고전적 실재론이란 아리스토텔레스가 대표적인 사상가로 만물의 본질인 형상이 사물 속에 들어 있다고 보는 관점이다. 따라서 고대에서 중세에 이르기까지 절대적 가치로 수용되고 있던 진 · 선 · 미와 같은 정신적 가치(지성, 이성 등)를 소중하게 인식하고 이를 학교에서 가르쳐야 한다는 것이다.

항존주의는 현대사회가 도덕적 위기에 빠져 있다고 진단하는 것에서 출발한다. 즉, 물질문명 주도로 이루어지고 있는 현대사회와 그 안에서 살아가는 인간들에 대한 도덕적 각성과 정신적 재무장을 촉구하고 나선 것이다. 이에 항존주의는 실용주의 철학이 실용성이나 효용성을 강조하는 현재주의에 너무 빠져 인간이 갖추어야 할 인성과 도덕이 무너지게 만들었다고 비판하였다. 즉, 실용주의가 인간에게 자기 상실의 시대를 살아가게 만든 철학이기 때문에 이에 대한 저항과 철학적 항거라고 할 수 있다.

이런 관점에서 허친스는 시카고 대학의 총장이 되자 자신의 생각을 직접 행동으로 옮겼다. 허친스는 교육의 목적을 지성 훈련 또는 계발에 두고, 시카고 대학의 교육과정을 지성교육으로 개조하였다. 옛 고전 작품 가운데 인류 문화에 지대한 영향을 끼친 백 여 권의 책(고전)을 학생들의 필독서로 선정하였다. 『위대한 저서, The Great Book』[3]라고 부르는 이 책을 통해 학생들의 교양교육을 강화한 것이다. 위대한 고전은 훌륭한 선인들이 만들어 놓은 정신적 노작(勞作)이며, '옛것인 동시에 새것'으로 나라와 시대를 초월하여 그 안에는 인류문화의 보편적 가치가 내재되어 있다고 본 것이다.

허친스는 아들러(Adler)의 도움을 받아 시카고 대학 교양과목으로 '대저서 프로그램'(The Great Books Program)을 통해 이를 실천하였고, 마리탱(Jacques Martian), 컨닝햄(William F. Cunningham)과 같은 사상가들로부터 지지와 옹호를 받았다. 항존주의의 교육사상은 결국 학생의 건강한 정신력(지성)을 강화하고, 이성의 훈련을 지지하고, 자유를 신봉하는 철학으로 자리매김되었다.

넬러는 항존주의가 주창하는 교육의 기본 원리를 다음 여섯 가지로 정리하고 있다(Kneller, 1971: 41–45).

첫째, 인간의 본성은 어디에서나 동일하다. 그러므로 교육은 모든 사람에게 동일하여야 한다.

둘째, 이성은 인간의 최고의 속성이므로 교육은 이성을 계발하는 데 집중되어야 한다.

3 이 책들의 4분의 3분이 1800년대 이전의 것이고, 3분의 2가 1700년대 것이며, 현대의 것은 2권 밖에 선정되지 않았다.

셋째, 교육의 임무는 영원한 진리를 밝히는 데 있다.

넷째, 교육은 생활의 복사가 아니라 생활의 준비이다.

다섯째, 학생은 우주의 영원성에 접하게 하는 기본적 교과를 배워야 한다.

여섯째, 학생은 오랜 세월에 걸쳐 축적된 열망과 업적이 담긴 문학, 철학, 역사, 과학 분야의 대저서(the great works)를 읽어야 한다. 과거의 전통은 시대적 유물이 아니다.

항존주의는 이를 주장하는 학자들 간에 고전교육을 중시하는 것은 동일하나 강조점에 따라 두 파로 구분된다. 지성 훈련과 신장이 교육의 주된 임무가 되어야 한다고 주장하는 허친스와 아들러(M. J. Adler)[4]를 중심으로 한 세속파와 종교적 지성을 중시하는 마리탱(Jacques Martian),[5] 컨닝엄(William F. Cunningham), 맥쿠켄(William J. McGuken)과 같은 가톨릭파로 양분된다. 둘 다 모두 물질주의가 팽배한 현실 비판 인식에서는 동일한 입장이었으나, 세속파는 이성의 훈련을 강조한 반면, 가톨릭파는 교육의 임무로 종교적 귀의를 주장하였는데, 지적교육을 통한 신앙심 배양을 주된 과제로 삼았다. 이성과 신앙이야말로 가장 믿을 만한 진리 획득의 방도라고 주장하였다.

2) 비판적 관점

항존주의의 주장에 대하여 재건주의를 주창한 브라멜드(Theocore Brameld)는 항존주의를 과거에로의 도피 또는 역행이라고 단언하면서, 특히 민주주의에

4 고전 교양교육의 필요성을 역설한 교육자로 20년 넘게 『브리태니커 백과사전』 편집위원장을 역임하였다. 시카고 대학 법철학교수로 고전읽기 운동을 이끌었다. 허친스와 함께 브리태니커사에서 『고전입문, Gate to the Great Books』을 편집 발행하기도 하였다.

5 프랑스의 대표적인 가톨릭 철학자. 토마스 아퀴나스를 현대적 시각으로 재해석하였다. '세계인권선언'의 초안자이기도 하다.

대한 위협이라고 비판하였다. 넬러는 항존주의의 특색을 금욕성, 비활동성, 귀족성, 고전을 지나치게 중시하고 있다고 지적하였는데, 학교를 떠나 사회라는 곳은 치열한 경쟁이 전개되는 생존경쟁의 장이기에 위대한 고전이 제시하는 내용이 그대로 펼쳐지는 곳이 아니기에 '지적인 귀족'을 기른다는 비판에 직면하였다.

하지만 항존주의는 진리의 절대성과 영속성 그리고 불변성에 기초하여 학생들에게 지적 훈련을 통한 이성의 계발을 강조함으로써 현재의 물질문명의 위기를 극복하고자 했다는 점에서 오늘날 현대사회에도 큰 교육적 울림으로 다가온다. 즉, 인간소외와 인간성 상실의 시대라는 오늘의 현실과 진학과 직업교육 중심의 오늘날 한국의 학교교육의 현주소를 고려할 때, 비록 지나친 고전의 중시 등 여러 가지 문제점에도 불구하고, 경청하고 주목해야 할 사상이다.

4. 재건주의 교육철학

1) 기본사상

재건주의(reconstructionism)는 미국에서 1960년대 출현한 교육철학이다. 재건주의 교육철학은 카운츠(G. Counts) 등이 진보적 사회개혁의 필요성에 대해 주장한 이래 브라멜드(Theodore Brameld, 1904~1987)[6]에 의해 체계화된 교육사상으로 교육은 사회적 경험(현장실습)을 통해 실시되어야 한다고 주장하였다. 즉, 재건주의 교육은 교육의 목적을 사회의 민주적 개혁과 개인의 '사회적 자아실현'(Social self-actualization)에 두고 있는 철학이다.

6 미국의 교육 철학자로 보스턴 대학의 교수역임하였다. 대표 저서로 『교육 철학의 제 형태, Patterns of Educational Philosophy』(1950), 『재건주의 교육철학을 향하여, Toward a Reconstructed Philosophy of Education』(1956)가 있다.

재건주의는 진보주의 사상을 계승하면서, 본질주의나 항존주의의 사상이 갖고 있는 장점을 부분적으로 수용하여 교육체계와 내용을 만들었다. 특히 진보주의의 아동중심주의 교육사상을 사회중심주의로 무게 중심을 이동한 것인데, 그 같은 배경에는 당시의 시대적 상황이 크게 작용하고 있다.

1960년대 미국의 민권운동
출처: wikipedia

1950년대와 1960년대의 미국사회는 여러 가지 혼란과 위기가 초래되고 있었던 상황이었다. 반전반핵 운동이 촉발되었고, 히피문화가 확산되고 있었다. 실업은 여전히 팽배하였으며, 흑백갈등이나 이념갈등으로 사회가 위기적 상황으로 내몰리고 있었던 상황이었다. 이런 가운데 1957년 구 소련의 스푸트니크(Sputnik)호 인공위성 발사는 세계 최고의 과학기술의 나라라고 자부하던 미국 국민들의 자존심에 적잖은 상처를 주었다. 이 사건으로 미국의 정치권과 사회는 기존 교육에 대한 재검토와 반성을 촉구하게 되었고, 그 결과 진보주의교육협회가 해산되는 결과를 초래하기도 하였다.

이 위기를 해소하기 위해서 브라멜드는 국민의 지배체제를 확립시키고 교육이 다수자의 이익에 봉사할 수 있게 해야 하며, 생산수단이 다수자의 것이 되게 해야 한다고 주장하였다. 그는 진보주의를 발전적 방향으로 극복하는 문화적 · 교육적 이상향을 구상하였다.

브라멜드는 당시 미국사회를 사회적 위기에 빠져 있는 것으로 진단하고, 교육의 힘을 통해 사회적 재건(개조)이라는 교육적 이상향을 구상한 것이다. 그는 자신의 이러한 입장을 '개조주의'라고 칭하였다. 개조주의란 자연과 인간에 관한 과학적 지식의 확고한 기초 위에 서서 미래에 대한 문화적 형태를 구상하고 그것을 확립하기에 유효한 수단을 발전시키려는 것이다. 이는 진보주의 듀이철학으로 크게 영향을 받은 것으로서 교육을 사회개조의 수단 또는 도구로 생각하여 자신의 철학을 전개하였다.

브라멜드의 사상은 진보주의 교육에 대한 비판에 앞장섰던 콜롬비아 대학의 교수였던 카운츠(George S. Counts, 1889~1974)[7]와 러그(R. Rugg, 1886~1960)[8] 등에 의해 제안된 주장과 이론을 다듬어서 체계화한 것이다. 즉, 두 사람은 1930년대 미국 대공황으로 말미암아 실업과 사회갈등 등 사회적 혼란에 빠졌을 때, 아동중심교육으로는 새로운 사회건설을 위한 인재를 양성하지 못한다고 비판하였던 것이다.

진보주의가 지나치게 개인적 소양이나 경험을 중시하고, 낭만적인 생각에 사로잡혀 사회문제 의식이 결여된 인간을 양산하기 때문에 학교교육의 역할과 기능에 대한 개혁을 주창하고 나선 것이다. 다양한 사회문제(실업, 계급, 인종)를 해결하고 새로운 국가 건설, 나아가 세계 질서를 만들기 위해서는 교육개혁이 필요하다고 역설하였다. 그러기 위해서는 학교교육이 사회건설변혁 중심의 교육과정으로 재편되어야 한다고 역설하였으며, 정의롭고 온정적인 사회건설은 교육의 힘을 통해 가능하다고 주장하기에 이른 것이다.

브라멜드는 새로운 세계 질서가 지향하는 광의의 교육목표를 다음과 같이 제안하고 있다.

① 불안정하고 불공평한 경제 질서 대신에 풍요한 경제체제
② 필요악이 되는 대신에 건설적이고 통합적인 수단으로서의 국가
③ 실험의 자유가 보장되는 동시에 대중의 강력한 지지를 받고 대중의 복지에 봉사하는 과학

7 듀이에 영향을 받았던 카운츠는 1932년 『학교는 감히 새로운 질서를 수립할 수 있는가, Dare the school build a new social order?』와 1932년 『교육의 사회적 기초, The Social Foundations of Education』 등의 저술을 통해 교육을 통한 사회개조를 주창한 학자이다.

8 콜럼비아 대학교수를 역임하였고, 초기에는 진보주의 교육운동에 가담하였으며, 나중에는 재건주의 교육의 대변인 역할을 수행하였다. 저서로는 『아동중심교육, The Child-Centered School』(1926), 『미국의 문화와 교육, Culture and Education in America』(1931)이 있다.

④ 자유스러운 풍토 안에서 자신을 재설계하고 갱신하게 하는 문화를 창조적으로 표현하는 예술
⑤ 유아부터 성인에 이르기까지 여론 등 주요기관을 포함하여 모든 개인과 집단의 생활을 향상시키고 설계하는 일에 헌신하는 조직적인 교육
⑥ 인종, 종교, 국적, 성별, 연령 또는 경제적 지위를 초월하여 모든 인간이 인류 장래의 경제적, 정치적, 과학적, 심리적 및 교육적 영역에 관련되는 모든 권리와 의무를 공평하게 분배하고 분담하는 사회(안상원, 앞의 책, 441-442)

본질주의는 우선 기존 3대 철학에 대한 재검토와 비판 속에서 사상적 논리를 구축하였다. 먼저 항존주의 교육사상을 과거 역행적 문화관과 교육관이며, 본질주의 교육사상 또한 보수적인 문화의 보존에 치중하였으며, 진보주의 교육사상은 과학적 방법, 활동적 지성 및 개성적 자기표현과 행동, 경험의 중시 등의 주장은 지나친 자유와 방종이라고 비판하였다.

하지만 재건주의 교육사상은 기존의 3대 교육철학(진보, 항존, 본질)의 장점을 수용하고 총합하여 사상을 정립하고 있다. 본질주의로부터는 사실 분석을 통한 측정 기법, 항존주의로부터 지성 훈련의 중요성, 그리고 무엇보다 진보주의로부터 사회 진보를 위한 교육개혁의 필요성을 배웠다. 새로운 사회 건설을 위해 교육의 궁극적 목표로 사회적 자아실현으로 내세웠다. 그 방법은 목표중심의 일반교육을 중시하면서 고전중심주의 교육으로의 탈피를 주장하고, 지역사회 활동, 집단역학, 기술문명에 대응하는 방법 등을 다양하게 제시하였다.

재건주의를 이끈 브라멜드 핵심 교육사상은 교육을 통한 사회적 자아실현과 민주주의적 세계문화 건설에 있다고 할 수 있는데, 넬러(Kneller, 1971)는 재건주의 교육사상을 다음과 같이 정리하였다.

첫째, 교육의 주된 목적은 명확하게 짜인 사회개혁 프로그램을 추진하는 데 있다(교육의 사회개혁성). 재건주의는 진보주의가 교육의 과정만 중시하고 목적을

등한시하는 데 반대한다. 즉, 진보주의가 과정만을 중시하면서 설계해가고 있는 사회, 즉 planned society의 개념을 중시한다(목적의 중시).

둘째, 교육은 현대 세계의 사회적 · 경제적 제 세력과 조화를 이루며 동시에 여러 영역에서 문화의 기본적 제 가치를 실현시키는 새로운 사회질서의 창조를 받아들여야 한다. 교육은 인간의 손에 달려 있는 거대한 과학의 힘을 인간의 파멸보다도 인간의 창조를 위하여 사용되어야 한다. 이러한 새로운 사회질서의 건설은 시급하고 긴박한 것이다.

셋째, 새로운 사회는 사회의 중요기관이나 자원이 민중 자신들에 의해서 조정되는 진정한 민주주의여야 한다. 이상적 사회는 민주주의 사회이므로 그것은 민주주의 방식으로 실현되어야 한다.

넷째, 교사는 재건주의 이론의 주장, 즉 새로운 사회건설에 대한 정당성과 긴급성(the validity and urgency)을 학생들에게 민주적인 방식으로 확신시켜야 한다.

다섯째, 교육의 방법과 목적은 완전히 현재의 문화적 위기에서 오는 요구에 맞도록 그리고 행동과학에서 밝혀진 이론에 일치하도록 조직되어야 한다.

여섯째, 아동, 학교, 교육 그 자체는 크게 사회적 · 문화적 세력에 의하여 지배된다. 진보주의는 개인의 자유에 대해서는 지나치게 강조하지만, 인간이 사회적으로 지배받는 것에 대해서는 과소평가한다. 본질주의에서의 자기실현은 재건주의에서는 사회적 자아실현으로 전환된다고 주장한다.

2) 비판적 관점

재건주의는 목표중심의 미래지향적 이상향의 사회를 세우려는 전망은 높이 평가되고 있다. 하지만 미래사회를 어떻게 건설할 것인지에 대한 논증의 결여된 점이라든지, 행동과학의 지나친 맹신, 민주주의에 대한 지나친 기대, 그리고 실제로 교육의 힘으로 재건주의자들이 주장하는 바대로 과연 그러한 새로운 이상향의 사회 건설이 가능한가 하는 의문과 비판이 제기되었다.

재건주의 교육은 브라멜드 자신이 인정하였듯이 분명한 철학적 근거가 부족하고 빈약하여 기존 진보주의를 비롯한 여러 철학들을 혼합 절충한 탓으로 여러 측면에서 많은 비판을 받았다.

5. 실존주의 교육철학

1) 기본 사상

실존주의(existentialism)는 미국의 프래그머티즘(pragmatism)과 더불어 20세기의 양대 철학이다. 실존주의는 제1, 2차 세계대전 중에 독일에서 만들어졌는데, 19세기 관념론이나 실증주의에 대한 비판과 도전에 입각하여 개인의 주체적 존재성을 강조하는 철학이다.

실존주의는 19세기 덴마크의 키에르케고르(Søren Kierkegaard, 1813~1885)와 독일의 니체(Friedrich Nietzsche, 1844~1900)가 그 선구적 위치에 있는 철학자들인데, 제 2차 세계대전을 전후하여 많은 학자들이 이들의 철학적 입장을 계승하여 실존주의 꽃을 피우기 시작하였다.

독일의 야스퍼스(Karl Jaspers)와 하이데거(Martin Heidegger), 프랑스의 샤르트르(Jean Paul Sartre), 메를로 퐁티(Maurice Merleau Ponty), 마르틴 부버(M. Buber) 등이 실존주의를 대표하는 철학자들이다.

키에르케고르

니체

샤르트르는 "실존은 본질에 선행한다"라고 했다. 실존이란 현실의 존재, 진실된 존재, 사실의 존재를 의미하는 것으로서 개개인은 원래 자기만의 고유하고 독자적인 존재방식을 가진 인간으로 살아야 한다는 점을 강조하고 있다.

즉, 인간은 태어날 때 아무것도 아닌 상태로 이 세상에 던져진 존재라는 의미에서 출발한다. 누구나 태어나고 싶어 태어난 것이 아니라 자신의 의지나 결정과는 상관없이 이 세상에 나왔을 뿐이다. 나의 의지와 상관없이 이 세상에 나온 이후의 삶은 다르다. 결국 태어난 이후의 삶은 자기 스스로 선택하고 결정하며 살아가야 한다는 점이다.

그런데 우리는 살아가면서 매일매일을 그 어떤 선택의 연속에서 살아가고 있다. 아침에 일어나서 어떤 옷을 입고, 신발을 신을까 등 가벼운 결정에서부터 어렵고 힘든 결정에 이르기까지 수많은 선택을 요구받는다. 휴가 날짜 정하기와 같은 작은 일에서부터 진학, 배우자 결정 등 복잡하고 어려운 결정에 이르기까지 많은 순간들을 선택하지 않고서는 살 수가 없다.

바로 나의 선택과 결단이 지금의 나를 만든 것이다. 그래서 "나는 선택한다. 고로 존재한다"(키에르케고르)라는 명제가 성립된다. 그런데 중요한 점은 내가 정했기 때문에 내가 책임을 져야 한다는 책임 윤리가 요구된다. 인간은 스스로 자신의 인생을 선택하고 행동하며 책임짐으로써 자신의 존재 이유를 스스로 만들어 갈 뿐이다. 이것이 실존이 갖는 의미이며, 그리고 우리는 매일 매일을 그 같은 실존상황 속에서 살아갈 뿐이다.

따라서 "실존이 본질에 선행한다"라는 의미는 보다 명확해진다. 주체적 결단과 선택이 있는 삶 그리고 그 선택을 책임지는 삶, 이것이 인간이 살아가야만 하는 존재양식이 되는 것이다. 내 삶의 주체는 나 자신이며, 내가 주체적으로 만들어 갈 때 비로소 진정한 내 보람과 의미를 찾을 수 있다는 점이다.

주체적 존재로서 인간은 선택의 자유와 책임 윤리를 갖고 있고, 이 주체성을 바탕으로 자기 자신의 길을 개척해 가야 한다는 것이 실존주의 철학이 표방하고 있는 인간의 삶이다.

2) 실존주의 교육사상

실존주의는 개인의 주체성을 강조하는 철학이다. 따라서 특별한 교육사상 체계를 갖고 있지 않다. 다만, 실존주의 사상이 개인의 주체적 선택이나 결단 또는 각성을 촉구하는 철학인 까닭에 교육사상 역시 이에 초점이 맞춰져 있다.

실존주의 교육은 현대사회의 인간 소외와 같은 비인간화되고 있는 사회·문화적 상황에서 그 모든 세력을 배격하고, 학생들로 하여금 현명한 선택을 하도록 격려하고 행동(선택)에 책임지는 자세의 배양을 강조하고 있다.

실존주의 교육사상은 부버(Martin Buber, 1878~1965)[9]와 볼르노(O. F. Bollnow, 1903~1991)가 그 대표적인 학자이다. 이 두 사람의 주장을 중심으로 실존주의 교육사상을 살펴보자.

부버는 인간은 관계적 존재로서 하나는 타인과의 관계, 다른 하나는 사물과의 관계의 세계 속에 서 있다고 보았다. 이 같은 세계에 대한 인간의 존재 방식은 "나(I)와 너(You)의 관계"와 "나(I)와 그것(It)"의 관계방식으로 정리된다. "나와 그것"의 관계는 경험의 대상인 사물로 존재할 뿐이지만, "나와 너"의 관계는 상호 인격적 관계 속에 존재한다는 것이다. 즉, 나는 너를 향해 열린 마음으로 너와 마주하고 있으며, 관계 형성을 통해 너와 함께 더불어 존재한다는 것이다. 이것이 실존적 '만남'이다.

실존주의 교육사상가인 볼노는 인간의 삶과 교육은 점진적이거나 연속적으로 이루어지는 것이 많지만, 어느 한 순간 비약적으로 이루어진다는 것도 있음에 주목하고 있다. 즉, 비연속성인 어느 순간적인 것을 교육의 가능성으로 제시하고 있다. 볼르노는 비연속성이지만 열려 있는 교육 가능성으로 위기, 각성, 상담, 만남, 모험, 충고 등을 들고 있다.

9 오스트리아 출신의 유대교 종교철학자. '만남'의 철학사상을 전개하였다. 부버의 철학은 인간과 다른 존재의 만남 또는 대화에 중심을 두었다. 이 만남 또는 대화는 특히 다른 인간과의 관계로 나타나지만 궁극적으로는 신과의 관계에 의존하고 이 관계를 가리킨다. 이 사상은 『나와 너』(1923)에 완벽한 대화체로 드러나 있다.

① 위기: 살다보면 누구에게나 다 위기가 있다. 하지만, 그 위기를 잘 극복하면서 큰 깨달음을 얻고, 더 큰 삶의 의미를 갖게 되는 경우가 있다. 위기 자체가 훌륭한 교육작용을 한다.

② 각성: 각성은 불교에서 깨달음과 같다. 어느 한 순간 깨달음의 경지에 도달하기 위해 불가에서는 수행을 한다. 이렇게 거창한 종교적 각성이 아니더라도 우리는 일상에서 각성하게 된다면, 그것은 곧 실존이자 교육적 행위인 것이다. 대오각성(大悟覺醒)이라는 말이 있듯, 어느 한 개인이 자신의 잘못을 인정하고 어느 순간 크게 깨달아 정신을 차리게 되면, 이보다 더 큰 교육적 작용은 없다.

③ 만남: "만남은 교육에 선행한다". 실존주의 교육철학자 볼르노(Bollow)의 주장이다. 인간의 삶은 만남의 연속이다. 우리는 사람, 사물, 자연 등 나를 둘러싸고 있는 모든 것들과 만남을 계속하고 있다. 그 안에는 아무런 의미 없는 만남이 있지만, 뜻하지 않게(또는 의도하는 데로) 한 순간의 만남이 한 개인의 삶을 변화시키는 획기적인 사건이 되기도 하고, 또는 새로운 삶을 개척할 수 있는 계기가 되기도 한다.

방랑시인이었던 플라톤이 어느 날 시장 어느 한 구석에서 아테네 청년들을 향해 '너 자신을 알라'며 대화하는 그 장면을 보고 소크라테스의 제자가 되기로 결심하였고, 그것은 아름답고 위대한 첫 만남이었다. 한낱 어부였던 베드로가 예수님을 만나 제자가 되고 사도 베드로로 재탄생되는 것도 만남이 있었기에 가능한 일이 아니었던가? 더러 훌륭한 책, 멋진 영화 한편, 여행을 하다가 타인으로부터 소중한 교훈을 얻는 체험을 하였을 때 우연한 만남 자체는 교육 이상의 가치 있는 일이 된다.

④ 충고: 충고란 진심어린 타이름을 말한다. 교사, 부모, 친구의 진심을 담은 말 한마디, 애정이 담긴 편지 글에 감동하게 되면, 그 충고는 이미 큰 교육 작용이 이루어진 것이나 마찬가지이다.

⑤ 상담: 진퇴양난에 빠져 어지러울 때, 누군가에게 자신의 어려움을 털어 놓고 같이 해결 방안을 찾아보면, 답이 나오는 경우가 있다. 이처럼 상담을 통해 어려운 문제를 해결하거나 역경을 헤쳐 갈 수 있는 지혜와 힘을 얻기도 한다. 상담이 요즘 교육과정 안에 들어와 중요한 기능을 하는 것도 그 때문이다.

⑥ 모험(여행): 모험은 도전이자 낯선 곳을 향한 용기이다. 모험은 가끔 무모한 일이 되기도 하지만, 잃은 만큼 얻는 것도 많다. 작은 교훈이라도 얻는다면, 그것은 교실에서 얻는 책속의 지식보다 더 큰 살아 있는 지식이 되기 때문이다.

이처럼 개인은 사회 속에서 타인과 관계나 사물과의 만남 그리고 자연과의 교감 등을 소중히 하며 살아갈 때, 그 자체는 이미 훌륭한 선생님을 만난 것이나 다름없다. 비연속적 삶의 과정에 예기치도 않은 사건, 일, 사물 그리고 사람과의 만남은 이따금 한 개인의 삶을 새로운 방향으로 안내하고, 삶의 질적 승화를 일으키며, 깊이를 더하게 한다. 바로 이것이 삶의 실존상황이기 때문이다. 그 중심에 '나'라는 주체가 있고, 나의 선택과 결단이 있으며, 책임이 따르는 것이다.

넬러(Kneller)는 "나의 인생은 나에 의해서 형성되었으며, 나의 인생을 안내하는 것은 나 자신이며, 누구도 나의 인생을 대신해서 인도해 줄 수가 없다는 것을 가르쳐주는 것이 교육이다"(Kneller, 김은우 역, 1966: 101)라고 하였다.

실존철학이 강조하는 주장을 교육사상의 입장에서 정리하면, ① 교육작용의 비연속적 형성 가능성 제시, ② 획일화와 집단화를 강조하는 현대교육의 경향을 거부하고 개인의 주체성을 존중하는 교육, ③ 학생 개개인의 개성 존중과 전인교육 지향, ④ 실존주의 교육을 실천할 수 있는 새로운 교사관 요구, ⑤ 삶의 어두운 측면을 교육영역에 끌어들임으로써 보다 개방적이고 진솔한 교육 작용의 촉구로 집약된다.

3) 비판적 관점

실존주의는 교육사상이나 이론을 체계적으로 정립하거나 제시한 철학이 아니다. 어쩌면 그 자체가 실존주의에는 무의미한 일이지도 모른다. 따라서 교육내용 선정이나 교육방법의 측면에서 볼 때, 각성이나 만남의 교육과 같은 비연속적 작용을 통한 비약적인 변화를 주장한 점에는 비판의 소지가 많다. 특히, 교육이란 계획적이고 연속적인 과정을 통해 인간의 변화를 도모한다는 맥락에서 보면, 어느 날 어떤 순간에 갑자기 인간의 성장과 성숙이 이루어질 수 있다는 주장은 무리가 있는 주장이라는 비판이다.

교육의 진정한 성과는 상호 인격적 · 인간적 존중 속에서 만남이 이루어지고 상호 배려하며 교제하는 가운데 진정한 교육의 성과가 이루어진다. 지식과 성과 중심의 교육이 아닌 주체적 자아실현을 추구하고, 인간적 만남을 통해 전인교육에 다가설 수 있고, 세상을 살아가는 안목을 기를 수 있다고 보기 때문이다.

6. 분석철학과 교육

1) 기본 사상

분석철학(analytic philosophy)은 우리가 늘 쓰고 있는 일상 언어의 의미를 밝히는 철학이다. 분석철학은 엄격한 과학정신과 논리의 방법에 의거하여 일상의 언어나 지식의 개념과 명제(proposition)의 의미를 밝히고자 하는 철학이다. 앞서 살펴본 실존철학이 존재의 의미를 밝히는 철학이라면, 분석철학은 언어의 의미를 탐구하는 철학으로 전통철학의 형이상학적 사유를 배격하고, 논리나 검증을 철학의 한 방편으로 삼는 철학적 방법론이라고 할 수 있다.

분석철학은 학자마다 입장과 견해를 달리하고 있어 철학적 분석주의(philosophical analysis), 논리실증주의(logical positivism), 논리적 경험주의(logical empiricism),

언어분석철학(philosophy of linguistic analysis) 등 다양한 이름으로 불린다.

분석철학을 대표하는 철학자는 오스트리아 철학자인 르트비히 비트겐슈타인(Ludwig Wittgenstein, 1989 ~1951)이며, 버트란트 러셀(Bertrand Russell, 1872~1970)과 더불어 20세기를 대표하는 철학자이다. 비트겐슈타인은 논리학 이론과 언어철학에 관한 독창적이며 중요한 철학적 사유체계를 제시하였다.

비트겐슈타인
출처: wikipedia

분석철학은 20세기 초부터 헤겔류의 사변철학에 대한 비판으로 생겨난 철학이며, 탐구에 있어서 형이상학적 전제를 논리적 분석을 통해 문제의 명확화와 그 해결을 꾀하고자 하는 철학이다 (박의수 외, 2005 : 385).

분석철학은 철학탐구의 태도 또는 방법을 말하고 있는데, 여기서 태도란 탐구에 있어서 먼저 형이상학적 전제를 내세우는 것을 배제하고, 논리적 분석을 통해 문제해결을 위한 명확한 방법과 해결책을 찾고자 하는 것을 의미한다. 다시 말해 엄격한 과학정신과 논리의 방법을 바탕으로 철학의 본질을 비판과 분석에 두고 있는 철학이라고 할 수 있다,

그리고 '분석'의 대상인 사상이나 사고는 주로 언어에 의해서 전개되고 표현되는 것이므로 언어분석을 가장 중요하다고 보았다. 분석철학은 철학탐구의 방법과 내용에 따라 크게 ① 논리실증주의와 ② 일상언어철학으로 대별된다.

(1) 논리실증주의

논리실증주의에 있어서 철학의 기능은 과학의 명제를 논리적으로 분석하여 그 의미를 명료하게 하는 언어비판의 활동이며, 동시에 언어의 논리적 분석에 의한 의미의 추구에 있다고 본다.

논리실증주의자들은 명제를 두 가지로 구분한다. 단어의 뜻과 단어들 간의 논리적 관계만 알면 경험적 지식이 없이도 진위 판단이 가능한 명제를 분석명제(analytic statement)라고 하였다. 반면 아무리 단어의 뜻을 알아도 경험적인 지

식이 없으면 진위 판단이 불가한 명제가 있는데, 이것을 종합 명제(synthetic statement)라고 한다.

분석 명제가 수학적이고 논리적으로 그 진위여부를 가려내는 것이라면, 종합 명제는 실험과 관찰 및 검증에 의하여 그 진위를 가려내는 것이다.

예를 들어, “모든 처녀는 결혼하지 않았다”라는 문장은 분석 명제이다. 왜냐하면 “처녀”라는 단어에 “결혼하지 않은 여자”라는 뜻이 이미 들어있기 때문이다. 모든 처녀를 경험적으로 조사하지 않더라도 문장이 참인 것을 알 수 있다. 반면 “모든 까마귀는 검다”라는 문장은 종합 명제이다. 까마귀가 모두 검은 깃털로 덮여 있는지는 직접적으로 관찰해서 경험적인 지식을 쌓아야 판단할 수 있기 때문이다.

논리실증주의자들은 ‘검증 가능성의 원리’를 만들었다. 이는 명제에 대해 안다는 것은 명제를 검증할 방법이 있다는 것을 안다는 뜻이다. 그러므로 검증 불가능한 명제는 의미가 없게 된다. 검증에 의한 경험을 중시하기에 논리실증주의는 논리 경험주의로 불리기도 한다.

(2) 일상언어철학

일상언어철학은 한 용어가 일상생활 대화에서 쓰이는 논리적 구조 및 역할을 규명함으로써 그 의미를 명료하게 하는 입장이다. 예를 들어, “나는 예수의 부활을 안다”라고 하지 않고, “부활을 믿는다”라고 하는 것에서와 같이 ‘안다’와 ‘믿는다’의 일상생활 속 쓰임새는 다르다. 이 다른 쓰임새를 규명하면 ‘앎’과 ‘믿음’이라는 용어의 의미가 명료해진다.

분석철학을 교육영역에 도입하고자 하는 학자들은 논리실증주의보다 일상언어철학의 입장을 채택하고 있다. 즉, 일상생활 속에서 교육관련 용어의 논리적 구조와 쓰임새를 규명함으로써 그 의미를 명료하게 하는 데 큰 도움을 준다. 교육적 논의에 쓰이는 여러 용어의 의미를 명료하게 하는 일은 개념을 분석하는 일인 동시에 교육적 실천원리를 정당화하는 일이 되기 때문이다. 예를 들면, 누군가 ‘교사의 권위는 부정되어야 한다’는 교육적 실천원리를 주장한다면 이 실천원리의 타당성은 검증되어야 하며, 그 타당성이 입증되면 이 실천원리는 정당화되어 교육현장에 적용되어야 한다.

여기서 '교사의 권위'의 용어를 분석해보면, 교사의 권위에도 인격적 권위 등 여러 층이 있다는 사실을 알게 되고, 따라서 무조건으로 '교사의 권위'를 부정한다면 실력 없는 교사, 비도덕적 교사에게 배우겠다는 말로 귀결되는 우를 범하게 된다. 이에 '교사의 권위는 부정되어야 한다'는 실천 원리는 타당하지 못하고 정당화 될 수 없는 원리가 된다.

종합적으로 분석철학적 교육론의 입장에서 보면, 교육철학이 해야 할 일을 첫째 교육학적 용어의 의미를 명료하게 하는 일인 '분석'하는 일이 그 하나이고, 둘째, 교육적 실천원리의 타당성을 검증하는 일인 '정당화'하는 일이 두 번째로 이 둘은 동시에 진행되어야 한다는 점이다(목영해, 2009 : 21 - 23)

이상의 논의를 종합해 볼 때 분석철학이 갖는 교육의 목적은 다음과 같다(안상원, 앞의 책: 487).

① 교육자는 명료하게 생각하고, 의사를 전달해야 한다.

② 교육자는 논리학의 공식 법칙을 준수하여 일관성 있게 추론하여야 한다.

③ 교육자가 주장하는 지식은 객관적이어야 한다. 개인적 그리고 가능한 한 문화적 편견으로부터 탈피하여야 할 뿐만 아니라, 전문가에 의하여 공개적으로 실증되어야 한다.

④ 교육자가 주장하는 지식은 신뢰할 수 있는 것이어야 한다. 증거가 불충분한 경우에는 그 이상의 자료가 발견될 때까지 판정이 보류되어야 한다.

⑤ 교육자는 모든 규범적 그리고 밖으로 드러나지 않은 규범적 명제를 신중히 검토하여 그것이 과연 무엇을 의미하는지를 밝혀야 한다.

⑥ 교육자는 모든 논의와 토의에 사용되는 언사(言辭)와 규율을 명백히 하여야 한다.

⑦ 귀납법 개연성의 법칙이 가설, 개념, 이론을 실증하는 데 적용되어야 한다.

⑧ 특히 교육학자는 어떤 특정의 교육을 무비판적으로 수락하도록 가면의

역할을 하고 있는 불분명한 정의, 표어, 은유 등을 바로 잡기 위하여 분석법을 사용하여야 한다.

2) 비판적 관점

분석철학은 사고의 논리성과 합리성의 추구에 있다. 분석철학은 사고의 명확성이나 개념의 명료성, 지식의 사실적 타당성과 확실성 및 객관성의 정립 등의 강조에 힘입어 교육학의 학문적 구축은 물론 교육행위의 타당성과 합리성 그리고 명확성에 입각한 교육을 하여야 한다는 맥락에서 크게 영향을 미쳤다고 할 수 있다. 하지만 다음과 같은 비판으로부터 자유롭지 못하다.

첫째, 분석적 방법은 교육학의 개념 혹은 기호와 명제의 애매성을 제거하여야 하고, 모호성을 감소시켜 의미를 명백히 하며, 명제들의 논리적 관계를 밝혀 모순을 제거하고 무의미한 명제들을 검토하는 것을 기능으로 삼는다면, 교육의 이념, 교육관, 교육목표를 정립하는 등의 기능이 교육철학의 영역에서 소홀히 되거나 멀어지게 된다.

둘째, 철학적 분석은 하나의 순간적인 활동일 뿐 지식을 탐구하지 못한다.

셋째, 종합적 기능이 없는 한 철학적 분석은 맹목적이고 무책임하다는 비판이 제기된다. 철학을 분석만으로 가능하다는 분석만능주의의 태도는 지양되어야 한다는 점이다.

7. 비판적 교육철학

1) 기본 사상

비판적 교육철학은 독일 사회비판이론에 영향을 받은 교육사상이다. 비판이론은 현대사회를 비판하는 철학으로 현대사회가 갖고 있는 다양한 문제에 대해 그것을 개인의 책임에 돌리지 않고 사회 또는 그 사회의 체제에 책임을 묻는 철학이다.

따라서 비판적 교육철학은 독일의 프랑크푸르트학파(Frankfurt school)[10]의 사회비판이론의 영향으로 만들어진 이론으로, 현대사회 안에서 빚어지는 교육 모순과 문제점 그리고 교육현장에 대한 다양한 비판을 제기하는 교육사상이다. 특히, 이 사상은 사회비판을 그 목적에 두고 있기 때문에 교육이 이루어지고 있는 학교교육을 비롯한 교육현장에 관심을 두고 있다.

비판적 교육철학의 원천 사상인 사회비판이론은 1923년 독일 프랑크푸르트 대학의 사회연구소에 참여했던 호르크하이머(Max Horkheimer), 아도르노(T. W. Adorno), 마르쿠제(Herbert Marcus)와 같은 학자를 중심으로 시작한 사상이다. 이후 제2차 세계대전 후 프롬(Erich Fromm), 하버마스(Jürgen Habermas) 등에 의해 계승·발전된 철학이다.

사회비판이론은 현상학과 신 마르크스주의(Neo-Marxism)에 입각하여 사회의 불합리성이나 경제적 모순을 타계하고, 정치적 억압이나 왜곡, 교육 불평등의 해소를 위한 인간해방을 주장한 이론이다. 그래서 사회비판이론은 계몽, 개인과 사회와의 관계, 언어, 미학의 중요성, 도구적 이성(기술적 이성) 등에 주된 관심을 두었다. 요컨대, 비판이론은 사회적 부

프랑크푸르트 학파. 호르크하이머(좌), 아도르노(우)

10 1930년대 이후 등장한 프랑크푸르트암마인 대학교의 사회 연구소를 중심으로 한 신마르크스주의 사회 이론가 집단을 가리키는 말이다.

조리나 불평등 등을 비판하고 변화시키는 일에 이론적 관심을 둔 사상이라 할 수 있다(Rex Gilbson, 이지헌 · 김희수 역, 1989).

비판적 교육철학은 일차적으로 교육현장에서 빚어지는 지식이나 의식이 어떤 과정으로 사회화(내면화)되는지에 관심을 갖는다. 또한 잠재적 교육과정을 분석하거나, 또 그것이 인간의 자유와 평등을 어떻게 저해하고 억압하는지, 나아가 사회 불평등 구조를 재생산하는 교육의 기능에 주목하여 다양한 비판적 관점을 제시하고 있다. 그리고 교육이 이루어지는 교실 현장에서 사용되는 언어나 학생들의 태도나 의식, 동급생들 간의 관계 등을 조명함으로써 보다 나은 교육을 위한 개선 방향과 대안을 모색하는 교육사상이라고 할 수 있다.

2) 교육사상

비판이론은 우선 현대교육이 인간의 몰개성 교육이라고 전제하고 마치 상품을 제작하듯이 외적 기준에 맞춰 인간을 제작하는 교육이라고 비판한다.

비판철학자 아도르노(Th. W. Adorno, 1903~1969)에 의하면 "교육이 자율적이고 성숙한 인간의 이념을 지향해야 하며, 올바른 의식을 형성하기 위해 애써야 한다"고 전제한 후, 올바른 의식의 형성이라는 비판적인 자기성찰의 교육이 되어야 함을 강조하고 있다. 참된 인간교육의 구현은 이성적이고 의식화된 인간, 즉 이성적 인간 양성에 있다고 보았다.

이를 위한 인간교육의 방법을 ① 억압적인 학습 탈피, ② 물상화(物象化)[11]에의 저항, ③ 교육을 통한 인간의 기계적 변화 부정, ④ 열정적 태도, ⑤ 특권의식의 배제를 제시하고, 이를 통해 새로운 이상사회에 부합하는 인간을 양성하는 교육으로 탈바꿈해야 한다고 주장하였다.

대부분의 비판이론 사상가들은 학교교육의 맹점을 교육을 통한 경제적 · 사회적 재생산에 주목하고 있다. 그리고 그와 같은 일이 일어나는 원인과 과정

11 대체로 인간이 노예상품이나 기계체계의 일부로서 구성되어 있는 사태를 말한다. 인간의 가치나 노동, 도덕과 윤리마저도 돈으로 환산되는 의미 등을 말한다. 물신주의 사상과 유사한 의미이다.

파울러 프레리
출처: Wikipedia

을 추적함으로써 학교가 생산하는 사회적 불평등과 병폐에 대한 대안을 모색하였다. 그 방안으로 지배체제의 이데올로기에 대한 비판적 안목을 기를 수 있는 인문교양교육, 차별적 여성관에 도전하는 여성교육, 사회구조와 발전과정을 배우는 역사교육 등을 교육내용으로 하였다.

이와 같은 비판이론의 사상에 기초하여 비판적 교육철학을 대표하는 학자로는 이반 일리치(Ivan Illich, 1926~2002), 파울러 프레리(Paulo Freire, 1921~1977)가 있다.

일리치는 『탈학교론, Deschooling Society』(1971)을 통해 현대 산업사회가 갖고 있는 여러 가지 모순인 비인간화, 물질주의, 소외, 빈부격차를 비롯한 제반 사회 제도의 맹점을 분석하면서, 강제 취학의 공교육과 제도 속의 학교를 비판하였다. 그 대안으로 개개인간 자율적이면서도 창조적인 교류가 이루어지는 '상호 친화적 제도'와 '학습 네트워크(networks of learning)'를 제안하기도 하였다.

프레리는 현대의 학교교육은 '은행저축식 교육'이라고 비판하면서 교실에서 학생들에게 교사의 일방적인 지식의 전달과 훈육은 학생을 수동적 인간, 무력한 사람으로 길러 정치적 해방이나 인간적 품격을 이루는 인간양성이 되지 못한다고 비판하였다. 그 대안으로 비판적 안목을 기를 수 있는 문제제기 방식의 교육과 대화식 교육을 주장하였다. 비판적 교육철학은 세계 각국의 교육방법과 내용에 많은 영향을 미쳤고, 우리나라의 대안교육운동에도 그 사상적 기초를 크게 제공하였다.

3) 비판적 관점

사회적 차원에서 현대교육이 갖고 있는 모순과 문제점에 대해 비판적 시각을 제공하고 새롭고 질 높은 교육의 방향을 추구하는 점에서 비판이론은 교육발전에 기여하고 있다. 하지만, 다음과 같은 문제점 또한 비판의 대상이 된다.

첫째, 이데올로기 비판이라는 문제로 새로운 사회건설을 추구하였지만, 이론과 실천의 통일을 이루지 못했다.

둘째, 자본주의와 공산주의를 동시 비판한다는 중도적 입장을 취하고자 하였지만, 실제 내용에 있어서도 자본주의 비판에 치중하였다는 점이다.

셋째, 교육의 정치적 성격을 강하게 내재하고 있는 위험성을 갖고 있고, 지나친 비판의식은 자칫 사회와 체제에 대한 부정적 인식을 낳게 되는 비교육적 · 반교육적 교육양태로 변질될 수 있다.

II. 현대교육철학

1. 포스트모더니즘 철학과 교육

1) 기본 개념

포스트모더니즘(postmodernism)은 20세기 인문 · 사회과학 분야에서 등장한 사상적 경향을 말한다. 포스트모더니즘은 모더니즘(modernism) 이후의(라틴어 post: 뒤, 후) 서양의 사회, 문화, 예술의 총체적 운동을 일컫는다. 포스트모더니즘은 근대 계몽주의가 표방한 이성 중심주의에 대해 근본적인 회의를 나타내면서 시작되었다.

일찍이 서구사회는 18세기 이후 계몽주의 사상이 전파되면서 이성 중심주의 사고가 지배하기 시작하였다. 하지만 두 차례의 세계대전과 여성운동, 학생운동, 흑인인권운동과 구조주의 이후 일어난 해체주의(deconstruction) 현상의 영향을 받아 이성 중심주의에 대한 회의감이 싹트기 시작하였고, 탈중심적 다원적 사고, 탈이성적 사고 중심의 포스트모더니즘이 확산되었다.

주로 1960년대 프랑스와 미국을 중심으로 일어났으며, 자크 데리다(Jacques Derrida)[12], 장 프랑수아 리오타르(Jean－François Lyotard)[13], 장 보드리야르(Jean Baudrillar)[14], 롤랑 바르트(Roland Barthes)[15], 미셸 푸코(Michel Foucault)[16] 등이 대표적인 포스트모더니즘 철학자이다.

12 자크 데리다는 알제리 태생의 프랑스 철학자이다. 철학뿐 아니라 문학, 회화, 정신분석학 등 문화 전반에 관한 많은 저서를 남겼다. 현대철학에 해체 개념을 도입한 것으로 유명하다.

13 리오타르는 프랑스의 철학자, 사회학자 및 문학 이론가이다.

포스트모더니즘은 모더니즘 문화의 하부구조로 크게 두 가지로 정의된다. 하나는 탈근대의 의미로 모더니즘을 부정하고 전통적인 가치의 붕괴와 권위주의 체계의 해체와 종말을 의미한다. 다른 하나는 모더니즘 이후의 문화현상을 일컫는 말이며 모더니즘과 분리가 아니라 모더니즘의 연속으로 파악된다. 모더니즘과 포스트모더니즘의 특징을 정리하면 다음과 같다.

모더니즘(Modernism)	포스트모더니즘(Postmodernism)
주지주의	감성주의
개인주의	철저한 자기중심주의
객관적 인식론	주관적 인식론
권위 인정	권위 부정
일원주의	다원주의/상대주의

2) 사상적 특징

포스트모더니즘의 특징에 대한 견해는 학자들마다 다양하다. 그만큼 포스트모더니즘을 한 마디로 요약할 수 없기 때문이다. 심성보(1995)는 총체성의 회의: 거대서사의 거부, 타자성의 정당화: 정전의 다수성, 자기한계적 인식 태도 등을 특징으로 거론하고 있으며, 유혜령(1997)은 비재현성 및 비제시성, 불확정성과 불확실성, 다원성과 상대성, 자체 반영성을 제시한다. 또한 김정환(1998)은 포스트모더니즘의 특징을 반정초주의(anti-foundationalism), 다원주의, 반권위주의, 연대의식의 표방 등을 기본이념으로 제시하고 있다.

14 장 보드리야르 프랑스 철학자이자 사회학자, 미디어 이론가였다. 대중과 대중문화 그리고 미디어와 소비사회에 대한 이론으로 유명하다.

15 프랑스의 비평가이다. 상징과 기호에 관한 정식 연구분야인 기호론에 큰 공헌을 하였다.

16 프랑스의 철학자이며, 정신의학 이론과 임상연구를 통해 인간의 지식은 어떤 과정을 거쳐 형성되며 변화하는지 탐구하였다.

이 같은 여러 학자들의 견해를 종합하여 그 특징을 요약하면 다음과 같다(목영해, 2009: 73-76).

첫째, 반합리주의이다. 이성적 합리성은 근대인에게 요구되었던 사고와 행동의 전형이다. 근세 사회는 이성적이고 주체적인 자아인을 추구하였던 것이다. 포스트모던 사상가들은 이성적·주체적 자아라는 것은 일반인을 속박하기 위하여 만든 허구의 것이라고 규정한다.

둘째, 상대적 인식론이다. 서양의 전통적인 지식관은 플라톤의 이데아와 같은 고정불변의 실재를 전제하고, 이 실재를 인간은 합리적 사고를 통하여 인식할 수 있으며, 인식 결과는 보편 타당하다는 합리적 지식관이라고 할 수 있다. 이 지식관은 근세 이후 보편적인 주제라고 강변되는 '진보' 및 '해방', '복지'와 같은 큰 주제를 중심으로 거대서사(grand narrative)를 이루어 학문 활동을 비롯한 삶의 양식을 규정한다.

하지만 포스트모던 사상가들은 보편타당한 지식을 추구하는 지적 탐구활동의 기초란 없다. 따라서 모든 인식활동은 인식자의 주관에 따른 상대적인 관점에서 이루어질 수밖에 없다고 주장한다.

셋째, 탈정전화(脫正典化)이다. 각 사회에는 여타 문화 활동의 올바른 전형, 즉 정전(正典)이라는 것이 있다. 이 정전은 여러 문화 활동의 중핵이자 평가 준거가 된다. 근대 서구에서 이 문화적 정전은 보편적인 진리와 가치를 반영하고 있다는 점에서 정당화되었다. 정전에 부합하는 생활양식은 고급문화로 간주되어 사회구성원으로 하여금 인정, 수용, 계승하게 한다. 이 정전에 부합되지 않으면 대중문화라고 천대시하였다.

포스트모던 사상가들은 정전이란 의미가 없으며, 고급문화와 저급 대중문화의 구분 또한 무의미하다. 그래서 특정 생활양식을 정전에 부합하는 고급문화로 규정하여 타인에게 강요하는 것은 부당하다고 주장한다. 그들은 오히려 사고방식의 차이, 생활방식의 차이를 권유한다. 그들에 의하면 차이의 인정과

리 현상과 생명경시, 생명파괴, 비인간화 현상을 초래하였다고 본다. 따라서 탈인간중심주의와 일원론적 인식론을 제시한다.

한편 근대 계몽주의를 근본이념으로 하는 모더니즘적 사고를 비판한다. 계몽주의는 인간 자신의 삶과 행위와 사고를 규정하는 근거가 외면에 있지 않고, 내면에 선험적으로 주어져 있는 능력, 즉 이성에 있다는 신념을 가지고 있다. 따라서 계몽주의는 이성을 지닌 인간의 자기발견과 자기실현을 추구한다(김귀성 · 노상우, 2002: 326). 이러한 모더니즘에 토대를 둔 교육은 지나친 이성중심의 교육관이 불러온 지식중심의 교육, 전일적 교육의 부재, 교사와 학생 혹은 학교와 사회의 분리, 그리고 어느 한쪽으로의 편중 현상 등의 문제에 당면하게 되었다. 따라서 생태학적인 입장에서 통합적이고 유기적인 관계와 그 영역을 심화 · 확대하는 이론체계의 재구조화의 필요성을 강조한다.

이렇듯 생태주의는 인간중심주의의 철학적 한계를 비판하면서 이성과 과학에 토대를 둔 모더니즘적 세계관을 문제로 삼는다. 뿐만 아니라 신자유주의적 세계관의 기초가 되는 경제원리라고 할 수 있는 인간의 자기본위, 경쟁, 소유 등의 가치를 부정하며 자본주의사회의 지배적인 가치를 재검토하여 경쟁에 의한 사회발전이 아닌 조화와 공존에 의한 사회발전을 추구해 나가야 한다고 하였다.

생태주의는 존재하는 모든 것이 자신과 그리고 존재하는 다른 모든 것과 가지는 관계이자 상호작용이며 대화이다. 따라서 생태적 소양을 갖추는 것이 중요하다. 오르(D. Orr)는 생태적 소양을 환경과 자연, 참여와 경험 등의 삶의 문제를 해결해 나갈 수 있는 능력으로 보고 있다. 생태학적 소양을 갖춘 사람은 '상호연관성'과 '보살핌'의 능력이 있는 사람이며, 타인을 위해서 헌신하는 태도를 지닌 사람이며, 지식과 감정에 기초해서 행동하는 데 필요한 실제적인 능력을 갖춘 사람으로 정의하고 있다. 카프라(F. Capra)는 '생태학적 소양'을 생태적 공동체의 조직 원리로서 지속 가능한 인간 공동체를 창조하는 데 사용할 수 있다고 주장하였다(한명희 · 고진호, 2005: 166 – 167 재인용).

생태주의의 특성은 다음과 같이 정리할 수 있다(김대홍, 2010: 17 – 22).

첫째, 자연과 생명의 전체성에 대한 관심이다. 생명체는 환경과 유기·기능적으로 연결되어 있으며, 모든 개별 생태요소들은 상호연결된 시스템을 이루고 있어서 어떤 생명과정도 분리된 것으로 보아서는 안 되고, 한 부분의 변화는 총체적 변화를 가져오는 것으로서 전체적인 연관성 속에서 이해하고 있다.

둘째, 상생의 정신이다. 생태학적 주장들 속에는 상생의 기본정신이 깔려 있는데, 탈인간중심주의 혹은 탈주체주의와 일원론적 인식론은 상생의 철학을 의미한다.

셋째, 보살핌·배려·공감의 윤리를 강조한다. 현재의 생태위기를 극복하기 위해서는 전반적인 인식의 전환이 필요한데, 이때까지 가치 절하되어온 보살핌, 배려, 공감 등의 가치들을 원상회복하기를 요구한다.

넷째, 생태공동체의 지향이다. 생태위기의 극복이 시급하고 전지구적인 관점에서 해결해야 할 문제인 만큼 공동체를 강조하고 있다.

3) 생태주의 교육론

교육은 인간의 의식과 행동을 변화시키는 효율적인 방법이다. 생태주의는 인간의 잘못된 자연관과 인간과 환경과의 관계, 인간과 인간 사이의 관계 등을 생태계 회복의 입장에서 새롭게 정리해야 함을 시사해 준다. 생태주의 교육은 자연과 인간의 생태적인 관계를 인식하고, 생태적인 문제를 자각하며, 참여와 자치를 중심으로 하는 생태적인 삶을 실천할 수 있는 민주적 시민을 양성하고자 한다.

생태주의 교육은 자연을 인간생명과 연결된 생명체로 인식하는 교육철학과 생명체가 협동하며 공생하는 상생관계의 증진을 교육의 원리로 삼는다. 상생의 교육원리에서 볼 때 학교는 교사-학생의 공동체적인 협동이념, 이기적 경쟁의 방법보다는 조화로운 관계증진, 타자와의 개별적 갈등보다는 서로 간의 공존을 실현하도록 조직된다. 교사와 학생 각자 자기갱신과 자기초월을 끊임없이 진행하면서 공존공생한다고 할 때, 교사와 학생 간의 상호 유기적인 상생의 관계가 우선이고, 이러한 상생관계 안에서 교육의 수월성을 창출할 수 있다. 또한, 상생의 교육은 생태윤리관을 수반한다. 교육에서의 생태윤리의 강화는 과학기술시대의 인간조건을 규정하고, 인간다운 삶의 규범적 방향을 설정할 수 있는 새로운 가치를 추구해야 한다는 점에서 상생을 위한 교육의 중핵 과제이다(노상우, 2004: 419–423).

한편 기존의 과학적 방법론에 의해 생성된 객관주의적 지식들은 인간과 자연의 상생의 정신사적 맥락에서 다시 점검되고 해석되어 상생의 의미를 드러내는 지식으로 재편되고 통합되어야 한다(노상우, 2004: 424). 따라서 상생의 가치와 지식의 도덕성 문제에 관심을 가져야 한다. 상생의 삶을 반영하고 상생의 관계를 증진하는 지식관은 상생의 교육방법을 당연히 필요로 한다. 생태적 관점을 가장 잘 반영하고 있는 지식관은 통합교육과정에서 방법론은 협동학습지도 방안에서 찾아볼 수 있다. 상생의 교육방법은 교사와 학생이 각각 주체로서 교육적 관계 속에서 서로 협동하여 주제를 선정하고 토의하며 함께 배워나가는 협동학습의 양식을 띤다(노상우, 2004: 427). 이러한 방법은 교사와 학생 간의 적극적인 상호작용을 전제로 한다.

생태주의 교육관은 최근에 교육과정과 학습방법에서 새로운 변화를 일으키는 하나의 교육관으로 자리매김하고 있다. 그러므로 21세기 교육개혁은 상생의 정신을 살리는 데 우선순위를 두어야 한다. 20세기까지 과학기술문명이 야기한 반생명적 위기현상을 통찰하여 상생하는 삶의 가치를 추구하는 교육개혁의 청사진이 새롭게 제시되어야 한다. 교수·학습방법 역시 기존의 학생중심이냐 교사중심이냐가 아닌 상생의 교육원리에 토대를 둔 지식관을 구현하는 방법을 고안해야 한다. 과학적 지식과 기술의 도구적 사용가치에 대한 옳고 그름의 판단 여부를 결정하고 자연친화적인 도덕심과 자연에 책임을 지는 윤리교육의 성격을 강화하는 방안을 세워야 한다. 21세기 한국교육개혁은 인간만이 아닌 전 생명계 모두를 위해 봉사하는 상생의 인간됨을 실현하는 이념으로 재정립해야 할 것이다(노상우, 앞의 책, 430).

3. 페미니즘과 교육

1) 페미니즘이란 무엇인가?

페미니즘(feminism)은 '여성의 특질'이라는 의미의 라틴어 '페미나'(femina)에서 파생된 것으로서 1890년대 여성의 권리를 주장하는 운동이 일어나면서 이를 가르치는 용어로 일반화되었다. 비슷한 의미로 '여성해방'이라는 용어가 사용되기도 하였으며, 여성의 권리 및 성평등을 핵심으로 하는 여러 형태의 사회적 · 정치적 운동과 사상을 아우르는 용어이다.

페미니즘은 이론이기보다는 세계를 보는 하나의 관점 혹은 행동방식(Nigel 등 편, 강선보 등 역, 2009: 58)이라고 볼 수 있다. 가부장적 사회와 그에 바탕을 둔 학문풍토를 변화시키려는 적극적 지식운동이면서 동시에 사회적 · 정치적 변화를 모색하는 실천운동이다(고대 교육문제연구소 편, 2007: 89).

페미니즘을 통해 세상을 보는 건, 거대담론에 가려진 미시적인 구조를 들여다보는 일이다. 기존 위계질서와 권력관계는 페미니즘의 틀 안에서 해체된다. 페미니즘은 여성을 포함한 소수자의 관점에서 바라봄으로써 당연시 느꼈던 것들을 새롭게 성찰하게 만드는 힘이라고 정의할 수 있다. 사회적 약자의 발견과 다양성의 인정을 가능하게 해 주는 도구이다.

2) 페미니즘의 흐름과 특성

페미니즘의 흐름은 그 특성을 기준으로 세 시기로 구분해 볼 수 있다.

· 제1차 페미니즘 – 생물학적 성차(19세기부터 20세기 중반까지)

18세기부터 성차별 철폐운동으로 시작되어 조직적인 운동은 19세기 중엽 여성의 참정권, 고용확대와 교육개혁을 촉구한 여권운동(Women's Right Movement)으로 진행되었다. 선진제국의 경우 남녀평등권의 법률제정, 여성 참정권 보장 등 소정의 성과 거두기는 하였으나 법과 제도상의 개혁에 그칠 뿐, 실생활상의 성차별 철폐로 이어지지는 않았다.

- **제2차 페미니즘 – 사회문화적 성차(1960년대 이후 20세기 말에 이르기까지)**

1960년대 말 미국의 여성해방운동(Women's Liberation Movement)은 일상생활 속에 있는 성차별의 실태를 폭로하고 사회적인 관행이나 문화, 의식의 변혁을 주장하였다. 사회적 · 문화적으로 형성된 성차인 젠더(gender)와 생물학적 성차인 섹스(sex)를 구분하여 논의하기 시작하였다. 출판과 논쟁, 여성에 의한 여성을 위한 다양한 자기원조집단을 형성하는 등 독자적인 문화운동이 전개되었으며 국제적인 규모로 운동의 범위가 확대되었다. 페미니즘을 이론적으로 연구하고 체계화하려는 여성학이 등장하였고, 학교가 젠더 재생산의 주요 기능을 담당하는 곳이라는 인식이 확대되면서 교육에 대한 전체적인 분석과 함께 성찰이 요구되었다. 따라서 이 시기에는 독특한 여성의 경험을 중시하고, 이데올로기적 측면에서 성 불평등의 문제를 바라보고 해결하려고 하였다.

- **제3차 페미니즘 – 대안적 문화형성**

최근에는 여성의 문제를 단순히 성 불평등의 문제로 보는 데 그치지 않고, 남성과 여성이 함께 대안적 문화를 형성해 나가고자 하는 다양성의 모색이 다양한 실천적 노력을 통해 이루어지고 있다. 특히 2차 페미니즘 물결이 실패한 부분을 극복하는 데에 집중하면서 새로운 사회운동차원에서 환경운동과 생명존중 운동으로 발전해 가고 있다(유현옥, 2004: 23–24).

3) 페미니즘의 유형

페미니즘은 보는 관점에 따라 자유주의 페미니즘을 비롯하여 다양한 입장으로 나뉘는 데 유형은 다음과 같다.

(1) 자유주의 페미니즘

남성 중심의 관념과 관행에 대해 '자유'를 여성에게도 똑같은 수준으로 부여해 줄 것을 주장하며 출발하였다. 이 주장은 인간은 근본적으로 합리적인 존재로서 모두 동등하다고 보고, 여성에게도 남성과 동등한 정치적 · 사회적 · 경제적 권리를 보장하는 법적 · 제도적 장치를 마련할 것과 참정권 · 교육권 · 노동권 등을 보장할 것을 요구하였다.

(2) 사회주의 페미니즘

사회주의 페미니즘은 교육이 어떻게 계급 불평등과 함께 성 불평등을 재생산하며, 이러한 성 불평등의 재생산이 사회의 성별 분업과 어떤 관계가 있는지 주목한다. 마르크스주의 이데올로기에서 출발한 사회주의 여성운동으로서 여성의 억압을 자본주의의 경제관계의 산물로 본다(고대 교육문제연구소 편, 2007: 89).

한편 급진적 페미니즘은 여성의 불평등이 근본적으로 남성 중심의 가부장적 사회구조에 기인한다고 보고, 남성 중심의 기준과 가치관을 거부하고 여성 중심적 시각으로 사물을 보는 것의 중요성을 강조하였다.

(3) 포스트모던 페미니즘

포스트모던 페미니즘은 궁극적으로 불변하는 여성성이나 남성성은 없으며, 담론적 실천을 통해 이루어지는 시대의 산물로 보았다. 타자성으로 규정되어 온 여성들의 특성이 가부장적 질서를 비판하는 힘이 된다고 주장하며, 주체와 타자의 이분법과 여성의 범주 자체의 해체를 시도한다. 이에 반해 포스트모던 페미니즘은 긍정적 또는 희망적인 믿음에 연유하여 페미니즘의 종언을 의미하며, 부정적 의미로는 일시적 유행에 불과하며 그 효력을 상실했다고 본다.

(4) 생태주의 페미니즘

생태주의 페미니즘은 1970년대 중반, 여성과 자연을 분리하고 배제시키는 가부장적 세계관과 사회구조가 자연을 착취하고 여성을 억압하는 근본 원인이라고 보았다. 인간과 자연이 함께 상생해 나가기 위해서는 성장중심의 경제개발, 산업화·도시화의 패러다임을 자연생태의 보전과 유지·발전의 패러다임으로 교체해 나가야 한다고 하였다. 동시에 남성의 여성 지배, 착취의 패러다임을 바꿈으로써 참된 인간성을 회복하고 자연과 인간의 본래적 관계를 구축하여 지속가능 발전한 삶의 이상을 추구할 것을 주장한다.

4) 페미니즘 교육론

교육의 목적은 동등한 학습기회를 제공하고 아이들이 행복하고 올바르게 성장하도록 하여 궁극적으로는 민주사회의 시민을 길러내는 일이다. 페미니즘 교육은 교육목적과 방법 및 학교의 운영 등에 대한 분석·비판과 성찰을 통해서 교육을 통한 사회에서의 여성 소외 현상을 밝히고, 여성뿐만 아니라 사회에서 부당하게 소외되고 있는 계층에 대한 억압과 불평등을 극복하고자 한다.

페미니즘 교육의 목적은 모든 인간이 존중받는 성평등 사회를 건설하는 데 있다. 남녀 간의 대립이나 주종관계를 지양하고 양성 사이의 조화와 평등을 지향하여 사회적 삶의 영역(개인적 삶의 영역과 공공적 삶의 영역) 간의 불균형을 시정함으로써 인간의 삶을 개선하는 데 요구되는 교육을 모색하고자 하는 목표를 추구한다(유현옥, 2004: 144-145).

페미니즘 교육은 모든 사회구성원이 존중받을 수 있는 문화를 형성하는 능력과 학생들 각자 자신의 현실에 대한 비판적 성찰을 바탕으로 사회문화 내의 권력관계를 변화시킬 수 있는 능력, 생명체에 대한 존중의식, 그리고 모든 인간이 평등하게 공존하고 개인의 존엄성이 존중되는 시민사회건설에 필요한 시민의식과 자질 등을 함양하는 데 힘쓸 것을 강조한다.

또한, 여성억압의 문제를 의식하고 비판할 수 있는 능력을 길러주는 교육과 주체적 자기인식을 위한 교육을 중시하며, 교육방법에 있어서도 주체가 능동적으로 동등하게 참여할 수 있는 방식을 제기한다(조경원, 1997: 137). 특히 페미니즘 교육은 타자 혹은 소외된 계층에 대한 관심과 배려의 능력을 기르는 데 그 중요성을 둔다.

따라서 페미니즘 교육은 체계적인 인권교육과 통합적으로 이루어져야 한다. 여성뿐 아니라 종교, 장애, 나이, 인종 등 사회적 약자에 대한 차별과 혐오적 표현은 인간에 대한 기본적 예의와 차이를 인정하는 인권문제를 바탕으로 접근해야 한다. 또한, 페미니즘 교육은 성 인지적 교육이상을 실현할 수 있어야 한다. 성 인지적 교육이상이란 두 성에 관련된 특성과 역할을 모두 동등하게 존중하고 그 각각이 최상의 발달을 이룰 수 있도록 교육에서 배려하는 것이다.

뿐만 아니라 페미니즘에서 강조하고 있는 배려(보살핌)의 윤리는 정의의 윤리와 함께 가르치고 실천할 수 있을 때 그 효력이 배가 될 수 있을 것이다(이병승, 2006: 85). 성평등을 추구하고 소수자의 입장에서 세상을 바라보게 하며, 다양한 욕구와 가치를 인정하고 소외당한 사람들의 입장에서 바라보도록 도와주기 때문에, 결국 페미니즘 교육은 사람을 살리는 교육, 공존하는 사회를 만드는 교육이라 할 것이다.

생각 나누기와 심화하기

3장 현대교육철학

1 실존주의 교육관이 21세기 한국교육에 시사하는 바가 무엇인지 논의해 보자.

2 듀이의 프래그머티즘과 진보주의 교육사상 전반에 대해 알아보고, 진보주의 교육사상이 현대교육에 미친 영향에 대해 논의해 보자.

3 21세기 포스트모던 사회를 이해해 보고, 이를 바탕으로 우리나라 교육이 나아갈 방향에 대하여 토론해 보자.

4 지구온난화 등 지구환경 파괴로 인류는 위기에 처해 있다. 생태주의 사상은 인류를 구원할 수 있는 사상인지 토론해보고, 생태주의 교육사상이 갖는 현재적 의미가 무엇인지 논의해 보자.

PART

2

서양교육의 역사

서양교육의 역사는 서양 고대 국가인 그리스에서부터 현대에 이르기까지의 교육사상과 교육제도를 알아보는 영역이다. 약 3천여 년의 인류 역사의 발전 속에서 모든 국가는 인재양성과 국가발전을 위해 교육에 힘을 쏟았고, 그때마다 위대한 교육사상가들이 새로운 교육이념과 사상으로 그 시대의 교육 전반을 뒷받침해 왔다.

긴 동서양의 역사를 상고해 보면 새 시대로 전환할 때마다 반드시 새롭고 획기적인 사상이 대두되었고, 그 같은 사상에 입각하여 종전과는 다른 새 교육제도가 만들어졌음을 알 수 있다. 사상과 제도는 동시대를 살아가는 사람들의 요구와 사회적 변화에 부응하여 만들어지게 마련이며, 그 속에서 다양한 교육제도를 통해 제 국가마다 필요한 인재를 양성해 왔다.

2부 서양교육의 역사를 통해 시대변화에 따른 교육사상과 교육제도의 변천을 재미나게 공부할 수 있는 시간이 되기를 기대하는 바다.

제4장
그리스·로마의 교육

1. 그리스의 사회와 교육

1) 그리스Greece의 역사 발전과정

그리스인들은 기원전 8세기부터 기원전 4세기 중엽 약 5세기 동안 지중해 전역에 건설한 도시국가인 폴리스(Polis)를 중심으로 고대 문명국가를 건설했다.

고대 그리스는 오늘날 그리스 영토뿐만 아니라 당시 그리스인들이 정착하여 헬레니즘을 꽃피우고 그리스 문화가 퍼진 전 지역을 포괄한다. 즉, 마케도니아의 알렉산드리아 대왕이 개척한 에게해 연안의 도시국가는 물론 고대 이집트와 터키에 이르는 모든 지역이 여기에 포함된다.

고대 그리스는 폴리스, 즉 도시국가의 연합체로 이루어진 국가이다. 아테네(Athene), 테베(Thebe), 스파르타(Sparta)가 대표적인 도시국가이다.

폴리스의 수가 본토에만 150여 개가 넘었고, 세계 곳곳에 건설된 폴리스까지 1,000여 개에 달했다. 최강의 도시국가였던 아테네는 그 중심에는 아크로폴리스(Acropolis)라 부르는 구릉형 요새가 자리하였는데, 그곳에 신전이 자리하거나 유사 시 최후의 거점으로 사용되었다. 또 그 아래에는 아고라(Agora)라는 광장이 있어서 시장이나 공공 활동 장소로 이용되었으며, 시민들은 그곳에 모여 공동체의 중대한 일들을 의논하였다.

초창기 폴리스의 주민은 대부분 농민이었다. 그러나 점차 수공업자, 상인 등 비농업적 주민들이 많아지면서 도시의 기능이 확대되었다. 귀족들은 도시로 이주하여 폴리스의 형성에 주된 역할을 하였고, 농민들은 주변 촌락에서 거주했다.

고대 그리스 사람들의 동족 의식은 높았다. 하지만 각각의 폴리스는 독립성이 강해 통일 국가를 이룩하려는 뜻이 없었다. 단지 외부와의 전쟁과 같이 필요시에만 단합하는 폴리스 간의 동맹을 맺는 형식을 취하였다. 이는 당시 페르시아 제국과 같은 거대 제국이나 왕국의 형성과는 다른 그리스만의 독특한 특징이라고 할 수 있다.

그리스의 폴리스는 군사적 · 정치적 · 경제적 · 사회적 · 종교적인 유대로 결합되었고, 법에 의해 규제되는 완전한 독립성과 주권을 가진 시민공동체였다. 폴리스 체제의 그리스는 식민 활동을 통해 사회 · 경제적인 변화가 일어났다. 각각의 폴리스는 성립 이후 사회적으로 비교적 안정되어가면서 생산 활동이 확대되었고 인구 역시 증가했다. 폴리스는 기원전 8세기 후반부터 빈곤과 과잉인구의 해소 및 무역 거점의 확보를 위해 흑해와 지중해의 여러 지역에 식민지를 개척하였다.

그리스인들은 스스로를 헬라스 사람(Hellenes)이라 불렀으며, 본토와 식민지 도시를 통틀어 헬라스(Hellas)라고 칭하였다. 각각의 폴리스들은 델포이의 아폴론 신전을 중심으로 근린 동맹을 맺거나 필요에 따라서는 정치적 · 군사적 동맹을 맺기도 하였다. 올림피아의 제우스 신전에서는 기원전 776년부터 4년마다 모든 폴리스가 참여하는 올림픽을 열었고, 이 기간 동안은 서로 전쟁을 금지하였다.

2) 헬레니즘 시대

그리스의 역사에서 기원전 323~146년까지를 헬레니즘(Hellenism) 시대라고 한다. 헬레니즘 시대는 마케도니아의 왕 알렉산드로스가 그리스를 통일한 후 로마에 병합되기까지를 말한다. 알렉산드로스의 정복 활동은 그리스 폴리스에 큰 변화를 일으켰다. 정복 활동은 그리스의 문화를 전파하는 데 크게 기여하였으며, 특히 젊고 야망 있는 사람들이 정복 지역인 동방으로 대거 이주하였다.

알렉산드로스의 영향으로 알렉산드리아, 안티오케이아 등 새롭게 세워진 여러 헬레니즘 도시뿐 아니라 오늘날 아프가니스탄과 파키스탄이 있는 그리스-박트리아 왕국(BC. 250~BC. 125)과 인도-그리스 왕국(BC. 180~AD. 10)까지도 이주하는 그리스인이 많았다. 훗날 로마제국은 헬레니즘 사회와 문화를 파괴하지 않고 계속 유지시켰으며, 기독교가 발흥하기 전까지 큰 변화를 도모하지 않았다.

그리스는 예술과 철학의 발상지이다. 수많은 철학자가 생겨나고 다양한 사상이 발흥되었다. 소크라테스(Socrates), 플라톤(Platon), 아리스토텔레스(Aristoteles), 디오게네스(Diogenes) 철학자가 그 대표적인 사상가들이다. 또 소포클레스(Sophocles), 에우리피데스(Euripides), 아리스토파네스(Aristophanes) 등 많은 시인과 극작가들이 살았던 나라가 그리스였다. 그리스 문화와 예술을 이끌었던 이들의 사상과 예술은 현대에까지 큰 영향을 미치고 있다.

2. 아테네와 스파르타의 교육

1) 아테네의 교육

아테네(Athene)는 이오니아(Ionia)족이 세운 그리스의 가장 강력한 도시국가 중의 하나였다. 아테네는 진취적인 기상이 높아 일찍이 통상과 항해를 도시 발전 동력으로 살았다.

아테네는 기원전 15세기경에 건국되었는데, 솔론(Solon, BC. 632~BC. 558)에 의

솔론
출처: Wikipedia

하여 국가의 법(Solon법)과 제도가 확립되었다. 기원전 5세기경 아테네는 강력한 페르시아 제국을 물리치면서 단숨에 폴리스 세계의 중심으로 떠올랐다. 아테네 해군은 페르시아가 물러난 에게해와 흑해를 장악하였고, 이에 힘입어 무역과 상공업도 눈부시게 성장하였다. 기원전 5세기 중엽 페리클레스(Pericles)[1]의 지배 아래 아테네는 전성기를 맞았다. 뛰어난 학자와 예술가들이 모여들었고, 정치 체제의 발전도 두드러졌다.

솔론 이후 아테네 도시국가는 철학과 예술을 발전시켰으며, 교육에 있어서도 정신과 신체와의 조화적 발달에 중점을 두었다. 수많은 철학자, 수학자, 극작가와 같은 예술가들이 아테네에서 탄생하였다. 서양문명의 원류가 그리스 아테네인 것이다.

아테네의 아크로폴리스와 파르테논 신전

또한 아테네는 민주주의의 발상지였다. 국가의 대소사가 생겼을 경우 시민들이 파르테논 신전 앞 광장에 모여 토론과 투표를 통해 결정하였기 때문이다. 그리고 아테네는 서양 사상의 근원이라 할 수 있는 휴머니즘(Humanism)의 발원지이다. 그리스의 휴머니즘 사상은 인간의 존재를 중요시하고 인간의 능력과 성품 그리고 인간의 존엄과 가치를 중시하며, 현재적 기쁨과 행복을 귀중하게 생각하는 정신이다. 이 같은 휴머

1 페리클레스(BC. 495~BC. 429)는 고대 그리스 아테네의 정치가, 웅변가이자 장군이다. 그리스-페르시아 전쟁과 펠로폰네소스 전쟁 사이에 아테네의 황금시대를 열었다. 델로스 동맹을 통해 아테네 제국을 확립하는 등 아테네를 이끌었다. 예술과 문학을 장려하고, 아크로폴리스에 파르테논 신전을 비롯한 건축물을 지었다.

그리스 도자기에 그려진 마라톤 장면
출처: Wikipedia

니즘 사상은 이후 인간이 보편적으로 지향하는 이념으로 발전하게 된다.

이런 까닭에 아테네의 교육은 조화로운 교양인 양성에 교육의 목적을 두었다. 개인의 자유와 개성을 중시하는 가운데 신체와 정신을 조화롭게 발전시키고자 교양교육(Liberal education)에 치중하였다. 교양교육은 교양과목을 이수하여 이성의 계발, 사고 능력 배양을 하는 데 목적을 두고 있는데, 대표적인 교과가 바로 '7자유교과(seven liberal arts)'이다. 7자유교과는 문법, 수사학, 논리학, 산수, 기하, 천문학, 음악이다.

또한 아테네는 가정교육을 중시하였는데, 가정이 아이들의 인성 발달에 최적의 장소로 인식하였기 때문에 학교교육은 상대적으로 미진하였다. 다만, 극장(연극)이나 시장(논쟁) 또는 의회(토론)를 통한 비형식적 교육이 이루어졌고, 체육과 음악교육을 중시하여 신체와 정신의 균형적인 발달을 추구하였다. 여자들을 위한 교육기관은 없었고 가정에서 어머니를 통해 정숙과 덕성을 배우는 현모양처의 여성으로 길러졌다.

2) 스파르타의 교육

도리아(Doria)족이 세운 강력한 도시국가 중 하나였던 스파르타(Sparta)는 강력한 군사체제를 유지한 국가였다. 소수의 귀족이 다수의 노예를 다스리며 영토 확장을 도모하였던 스파르타였기 때문에 엄격하고 통제된 사회체제를 구축하였다. 스파르타의 성인 남성들은 군인이 되어 늘 전쟁에 대비하였다. 상류층도 병사로 훈육 받으며 살아야 했으므로, 부자와 빈민이 모두 평등하여 시민의 결속을 강화할 수 있었다. 이 같은 이유로 스파르타는 쇄국주의·군국주의를 채택하였으며, 시민 생활은 전시 대비 체제로 조직될 수밖에 없었다.

말을 탄 스파르타인이 그려진 도자기.
출처: Wikipedia

이러한 스파르타 시민에게는 개인적인 생활이 없었고, 오직 훌륭한 전사가 되는 게 인생의 목적이었다. 이에 따라 교육은 첫째, 국가의 생존과 사회유지를 위해 우생학적 기준에 의한 '선발적 교육관'을 강조하였다.

스파르타는 리쿠르고스(Lycurgus)[2] 법에 근거하여 태어난 아이 모두는 국가로부터 신체적·정신적 건강을 공인받아야 한 사람의 시민으로 살아갈 수 있었던 사회였다. 모든 아이는 국립 신체 검사소에서 장로들로부터 신체검사를 받게끔 법률로 정하였다. 만일 태어난 아이가 장애아이거나 신체허약아이면 바로 티게투스(Tygetus) 산에 버리거나 에우로테스(Eurotes) 강에 던져 익사시키거나 더러는 농노에게 주기도 하였다.

둘째, 극심한 고통을 이겨내는 극기 훈련을 통한 건강한 군인 양성이 목적이었기 때문에 유아기를 벗어나 아동기에 들어서면 달리기, 뜀뛰기, 기마, 창검술, 수영 등 군사 훈련을 받았다. 머리를 짧게 자르고, 속옷은 입지 않았으며, 1년 내내 홑겹옷 한벌을 입고 살았다. 이후 아동들은 군대와 같은 조직 속의 일원으로 편성되어 군대식 병영 체험을 통해 예비 사관이 되었고, 즉각 전투에 투입 가능할 정도로 건강한 군인으로 만들어졌다.

이처럼 스파르타의 교육은 자유보다는 기능의 숙달, 전인적 발달보다는 전투 능력 배양을 지향하였고, 군인양성을 위한 교육목적 아래 철저한 계획과

2 리쿠르고스는 BC. 9세기경 스파르타의 전설적인 입법자이다.

통제 속에서 진행되었다. 18세에서 20세까지는 전문적인 군사 훈련을 받은 후 30세까지는 최전선에서 복무하였다. 30세가 되면 국가가 강제적으로 결혼을 시켰다. 이때도 병역이 완전히 끝나는 게 아니라 50세까지 군인의 신분으로 훈련을 받으며 살았다. 불평등과 탐욕에서 벗어난 검소한 생활양식을 몸에 익혔다.

한편 스파르타는 교육에 있어서 여성도 예외로 하지 않았다. 소녀들은 달리기, 레슬링, 투원반, 투창 등으로 신체를 단련했으며, 여러 사람 앞에서 나체로 훈련받기도 하였다. 이 같은 여성의 체력 단련은 건강한 아이를 출산할 수 있는 강한 몸을 만들기 위해서였다. 스파르타의 여아들은 성인이 되어 정숙한 아내는 물론 훌륭한 전사의 어머니가 되도록 교육받았다.

결론적으로 스파르타의 교육은 군국주의 교육이었다. 스파르타는 기원전 7세기 말경 아테네 등 수많은 도시국가를 정복하고 펠로폰네소스 반도를 지배하는 패자(霸者)가 되었다.

3. 그리스의 교육사상가

1) 소피스트Sophist

소피스트는 기원전 5~4세기경 그리스 아테네를 중심으로 고등교육 활동을 전개한 일종의 순회교사들이다. 아테네는 페르시아와의 전쟁에서 승리한 후 페리클레스(BC. 495~BC. 429)의 민주 정치가 구현되면서 시민들의 정치적 참여가 늘어났으며, 경제적·문화적으로도 크게 번영을 이룩하기 시작하였다. 이때 정치적 야망이 있었던 귀족의 자제들에게는 대중 집회에서 사람들을 설득하는 웅변 기술이 필요하게 되었는데, 이를 만족시켜 주던 사람들이 바로 소피스트들이었다.

당시의 직접 민주주의는 시민이 광장에 모여 토론하고 설득하는 과정을 통

고르기아스
출처: Wikipedia

해 이루어졌다. 이때 뛰어난 변론술을 가진 사람에게 관심이 집중되는 것은 당연한 일이었다. 따라서 소피스트들은 정치적 야망이 있는 시민들에게 성공과 출세에 필요한 변론술을 가르쳐주거나 지식과 이론을 통해 문화적 관심이나 정치적 문제에 대한 궁금증을 풀어주는 철학자들이었다. 그 대표인 철학자로서는 프로타고라스(Protagoras)[3], 고르기아스(Gorgias)[4], 히피아스(Hippias)[5] 등이 있다.

소피스트들은 상대주의적 진리관을 갖고 있었다. 상대주의는 진리를 주관적이거나 상대적인 것으로 보는 관점이다. 즉, 소피스트들은 인간에게는 절대적인 진리와 보편타당한 도덕이 없다는 사상적 관점을 견지하고 변화하는 조건들에 따라 진리도 상대적으로 의존하고 있을 뿐이라고 보는 인식론적 상대주의를 표방하였다.

대표적인 소피스트의 한 사람인 프로타고라스는 "인간은 만물의 척도이다"라고 주장하였는데, 이 명제에는 모든 판단의 기준을 개인과 그들의 경험에 두어야 하고, 따라서 진리나 도덕이 주관적이고 상대적인 것이라는 점을 내세웠던 것이다. 이 같은 주장에 따라 소피스트들은 상황에 잘 대처하는 처세술이나, 부와 명예를 추구하는 것이 바람직한 삶이라는 주장에 이르게 되었다.

프로타고라스에 의하면 '인간은 만물의 척도'이기 때문에 각자의 감각에 의해 파악된 세계가 곧 그에게는 참된 세계이며, 각자가 참이라고 생각하는 것이 그대로 참이라는 것이다. 이런 진리의 상대론을 펴나가면 인간에게는 보편적인 진리는 존재하지 않게 되는 것이다. 내 생각과 논리가 곧 참된 진리라고 상대적인 입장을 고수하게 되는 것이다.

위대한 철학자 소크라테스도 청년시절 이들의 철학을 배우고자 제자로 입문하였으나, 그때그때의 상황에 따라 달라지는 소피스트들의 상대주의적 진리관에 큰 회의를 갖게 되었다. 모든 사람이 받아들일 수 있는 보편적이고 객

3 프로타고라스(BC. 485~BC. 410)는 그리스 최초이자 가장 대표적인 소피스트이다. "인간은 만물의 척도다"라는 명제로 유명한 철학자이다.

4 고르기아스(BC. 485~BC. 385)는 고대 그리스의 소피스트이자 철학자, 웅변가이다. 프로타고라스와 함께 1세대 소피스트를 형성한 철학자이다.

5 BC. 5세기 그리스 펠로폰네소스 엘리스에서 활동한 소피스트 중의 한 사람이다.

관적인 진리를 찾기 위해 소피스트 철학과 결별을 고하고 그만의 철학을 찾고자 새롭게 출발하여 서양 철학의 신 지평을 개척하였다.

2) 소크라테스Socrates

(1) 생애와 기본 사상

소크라테스(BC. 479~BC. 399)는 조각가인 아버지와 산파인 어머니 사이에서 아테네의 하류계층의 시민으로 태어났다. 그가 태어난 시기는 정치적으로 아테네의 최전성기 시대이고, 소피스트들이 지적 활동을 활발하게 진행하던 때였다.

소크라테스는 아테네의 젊은 청년들과 윤리적 · 사회적인 문제들을 놓고 대화를 나누면서 인간들이 올바르게 살아가는 방향이 무엇인지 찾고자 하는 일에 전 생애를 바쳤다. 당시 아테네 청년들은 소피스트들이 설파하는 주관적 상대주의와 회의주의의 늪에서 허우적거리고 자신의 정치적 욕망에만 매달려 지적 혼동과 무능에 빠져 있었다. 소크라테스가 바로 잡고자 했던 것이 바로 이점이었다. 소피스트들의 주장과 사상에 대립각을 세우고, 누구나 받아들일 수 있는 지식과 도덕의 보편타당한 진리를 찾고자 했던 것이 소크라테스가 평생을 추구하였던 사상의 핵심이다.

(2) 교육사상

소크라테스는 모든 인간이 자신의 올바른 삶을 살기 위한 진리에 이르기 위해서는 자신의 지적 무지를 깨닫는 것에서 출발해야 한다고 생각하였다. 자신이 모른다는 것을 아는 것, 다시 말해 '무지의 자각'이 참된 진리에 도달할 수 있는 첫 출발점이라는 것이다. 그렇기에 소크라테스는 '너 자신을 알라'(know yourself)라는 명제에서 출발하여 무지를 깨닫고 참된 진리로 나아가는 방법으로 '대화법'을 제시하였다.

소크라테스는 사람이 무지의 세계에서 애지(愛知, philosophia)의 세계로 나아갈 수 있도록 많은 사람들과 만나고 대화하였다. 시장, 공원, 거리 할 것 없이 사

플라톤 시대의 아카데미아를 그린 모자이크화
출처: Wikipedia

연』, 『법률』 등을 남겼다.

플라톤은 서양 최초의 대학이라고 할 수 있는 기원전 387년 아테네에 '아카데미아'(Akademeia)[6]를 설립하여 죽을 때까지 이곳에서 머물며 저술활동은 물론 아리스토텔레스를 비롯한 수많은 제자를 양성하였다.

플라톤(BC. 428~BC. 348)은 소크라테스의 제자이자 아리스토텔레스의 스승으로 그리스를 대표하는 철학자이다. 플라톤은 논리학, 인식론, 형이상학 등에 걸친 광범위하고 심오한 철학체계를 전개함으로써 서양문화의 철학적 기초를 닦은 사상가이다.

플라톤은 이상주의(Idealism) 철학의 원조이다. 이상주의 철학의 사상적 근원은 이데아론(Idea)이다. 그의 사상은 이데아론에 집약되어 있다. 이데아는 이념, 이성, 관념을 뜻하는데, 인식의 근거가 되는 항구적이며 초월적인 실재를 뜻하는 말이다. 플라톤은 이데아를 영원하고 불변하는 사물의 본질적인 원형이라고 보았으며, 눈으로 볼 수 있는 가시적인 사물은 단지 이데아의 모사에 지나지 않는다고 주장하였다. 또한 모든 사물들은 지속적으로 변화하며 일시적이고 잠정적인 속성을 지니고 있지만, 이데아는 영원불변하며 항구적인 속성을 지닌다고 보았다. 이데아야말로 궁극적인 참된 실재라고 본 것이다. 이는 곧 물질적 세계를 초월하는 절대적 가치 판단의 기준과 진리가 존재한다는 것이다. 물질적 요소를 탐구하던 자연철학자들의 전통에서 벗어나 가치 중심의 형이상학적 철학을 전개한 것이다.

플라톤은 이 같은 주장을 통해 이상주의 철학(이상국가론)을 전개하였다. 또 이 사상을 기반으로 오늘날 명석하고 리더십이 강한 엘리트라고 할 수 있는

6 '아카데미아'는 AD. 529년 유스티아누스 황제에 의해 칙령에 의해 폐쇄될 때까지 존속되었다. 이후 르네상스기 메디치가에서 프로렌츠에서 개건되어 운영되었다. 오늘날 아카데메이아는 학회나 학술단체의 명칭으로 사용된다.

철인(哲人)들이 국가를 통치해야 하는 '철인국가론'을 주장하였다. 플라톤은 '동굴의 비유'를 통해 우리가 보는 세계는 동굴 안의 그림자에 불과하기 때문에 참된 세계를 보려면 동굴 밖으로 나가 태양을 보아야 한다고 주장하였다. 이때 이성을 통해 그림자의 세계인 동굴에서 벗어나 이데아의 세계에 도달할 수 있는 사람이 바로 '철인(철학자)'인 것이다. 일반의 보통 사람들을 참된 이데아의 세계로 인도해 줄 수 있는 사람을 플라톤은 '철인'이라고 하였고, 이 '철인'들이 통치하는 국가가 바로 그의 '철인국가론'이다.

(2) 철인교육론

플라톤의 교육은 그의 철학 '이상국가론'에 잘 담겨져 있다. '이상국가론'에 따르면 먼저 인간의 신체는 머리(이성), 가슴(의지), 배(욕망)의 세 부분으로 구성되어 있는데, 이 각각이 추구하는 덕은 지혜, 용기, 절제이며, 이것들이 모두 합해져 정의를 이룬다.

국가에도 이에 상응하는 세 계급이 있다고 보았다. 머리에 해당하는 계급은 지혜가 많은 통치 계급, 가슴은 용기 있는 무사 계급, 배 부분에는 절제를 발휘해야 하는 생산 계급이 이에 해당한다고 하였다. 통치 계급은 이상국가를 실현하는 데 중추적인 역할을 담당하는 자로서 유능한 정치가, 지혜로운 인간인 철학자(철인)가 이에 해당한다고 보았다.

여기서 플라톤의 '철인교육론'이 만들어졌다. 즉, 통치자는 지혜의 덕을 갖추기 위해 단계적으로 오랜 수련과정을 거쳐 '철인'으로 만들어진 후 국가를 통치해야 한다는 것이 플라톤의 주장이다.

'철인'이 되기 위한 단계적인 수련과정의 제1기는 출생에서 17세까지로 기초 훈련에 집중하는 시기로 시가(詩歌)와 체육, 음악을 통한 도야기이다. 제2기는 17세부터 20세까지로 체육과 군사적 훈련의 시기이다. 여기서 성적이 좋지 못하면 탈락하여 생산자 계급에 머물러야 한다. 제3기는 20세부터 30세까지로 철학적 예비교과인 기하학, 천문학, 화성학을 배운다. 여기서 탈락하면 군인계급으로 살아가야 한다. 제4기는 30세부터 35세까지 철학적 도야기로 변증법과 도덕철학을 배운다. 제5기는 36세부터 50세까지로 이 시기는 실제적으로 정치적 경험을 쌓고, 후진 양성을 위한 교육에 종사하는 시기이다.

이 단계의 수련과정을 거치게 되면 모든 이데아 중에 최고의 이데아인 '선의 이데아'를 인식할 수 있는 수준에 이르게 되고, 바야흐로 철인이 되어 국가를 통치하게 된다. '철인'이 통치하는 국가는 이데아의 세계를 구현할 수 있는 이상국가가 된다는 것이 플라톤의 '철인국가론'인 것이다.

4) 아리스토텔레스Aristoteles

아리스토텔레스

(1) 생애와 기본 사상

아리스토텔레스(BC. 384~BC. 322)는 플라톤의 가장 뛰어난 제자 중 한 사람이었다. 플라톤과 더불어 그리스를 대표하는 최고의 철학자이다. 18세 때 플라톤의 아카데메이아에 입학한 후 플라톤이 죽을 때까지 그의 밑에서 20년간 공부하였다. 아리스토텔레스는 논리학이라는 학문을 정립하였고, 형이상학, 윤리학 등의 학문 분야를 이론적으로 체계화한 위대한 철학자였다.

아리스토텔레스는 그리스 북쪽 스타기라에서 태어났다. 그의 아버지 니코마코스는 마케도니아 왕의 친구이자 주치의였고, 어머니 또한 귀족 가문의 후손이었다. 불행히도 그가 10세 무렵에 부모 모두 병으로 사망하여 친척의 손에서 자랐다. 아리스토텔레스는 유년기를 지나 아테네로 유학을 오게 되고 플라톤의 제자가 되었는데, 타 지역민에게 배타적이었던 아테네에서 공부하기가 쉽지 않았지만 학문적 열정이 그를 20년간 아카데메이아에 머무르게 하였다. 플라톤 또한 그를 '책벌레', '아카데메이아의 정신'이라 칭송할 정도로 플라톤이 아끼는 제자가 되었고, 제자로서 스승을 존경하였다.

기원전 342년 마케도니아의 왕 필립의 초청을 받아 황태자 알렉산드리아의 스승이 되어 4년간 그를 교육하였다. 기원전 335년에 아테네로 돌아와 아테네

외곽에 '리케이온'(Lykeion)이라는 학교를 세워 이곳에서 12년 동안 제자를 양성하였다. 아리스토텔레스는 제자들과 우거진 숲을 산책하면서 강의를 했기 때문에 '소요학파'라는 별칭을 얻기도 하였다.

리케이온에서의 학문탐구와 제자 양성은 기원전 323년 알렉산드리아 대왕의 죽음과 함께 끝이 났는데, 아리스토텔레스는 친마케도니아 세력으로 몰려 위험에 직면하자 아테네를 탈출하였다. 하지만 안타깝게도 위장병으로 고통받다가 몇 개월 후 생을 마감하였다.

아리스토텔레스는 이상주의자인 플라톤과는 달리 현실주의자였다. 플라톤이 수학과 같은 완벽하고 정교한 세계를 이상적인 세상으로 꿈꾸었다면, 아리스토텔레스는 생물학과 자연현상과 같이 눈에 보이는 현재의 삶에서 진리를 찾고자 했다.

알렉산드리아 대왕
출처: Wikipedia

아리스토텔레스의 사상은 눈에 보이지 않는 미래보다 현재의 행복한 삶을 더 중요하게 생각한 것이다. 아리스토텔레스는 인간이 행복에 이르려면 중용의 태도를 가져야 한다고 주장한다. 용기는 무모와 비겁, 절제는 낭비와 인색, 긍지는 교만과 비굴의 중간이다. 이 중간 곧 중용을 택하기 위해서는 먼저 무엇이 옳은지에 대한 이성적인 판가름이 중요하다고 보았다.

아리스토텔레스는 사물의 존재방식을 '질료'와 '형상'이라는 개념을 통해 설명하고 있다. 모든 사물이 갖고 있는 잠재력을 질료라고 한다면, 이 질료가 현실세계에 나타나게 하는 형상이 결합되어 현재의 사물로 나타난다고 보았다. 가령, 사과라는 사물은 사과라는 질료와 사과의 개념이 합쳐져서 만들어진 것이다.

그런데 현실세계의 모든 사물은 고정된 상태로 존재하는 것이 아니라 운동의 과정이 있다. 이 운동은 질료의 변화 가능성인 '가능태'가 형상으로 실현되어 '현실태'가 되는 방식으로 이루어진다. 사과 안에는 사과나무가 되고자 하는 씨(가능태)가 있고, 이것이 땅에 떨어져 발현되면 나무의 형상을 갖게 되면서 사과나무(현실태)가 된다. 이렇게 모든 세계는 멈추지 않는 운동을 통해 궁극적 목적을 향해 나아간다. 그는 이 궁극적인 목적을 '절대자(신)', '순수형상'이라고 하였다.

(2) 교육사상

아리스토텔레스는 인간을 사회적 동물로 규정하고, 개개인은 사회의 국가의 일원이라고 판단하였다. 개인은 국가의 재료나 마찬가지이므로 스스로 최선을 다해 자아실현을 위해 노력하고, 선하고 유덕한 삶을 영위할 수 있도록 주도적인 생활을 해야 한다고 하였다.

특히 그는 인간의 정신은 식물적 정신(영양섭취, 생육 기능), 동물적 정신(감성 지각, 운동 기능), 이성적 정신(초월적 기능)으로 구분하고, 이성적 정신에 의지하여 인간은 언어를 사용하며 선악을 판단하고 선택할 수 있다고 보았다.

아리스토텔레스는 교육의 목적을 인간의 행복 증진에 두었다. 최고의 선으로서 행복을 추구하기 위해서는 지성적인 삶의 습관과 교육이 중요하다고 보았는데, 그 단계로 ① 건강한 신체의 단련, ② 습관의 형성, ③ 이성의 도야 등의 순으로 제시하였다. 구체적 교육단계로는 초등교육(식물성: 신체적 · 도덕적 습관), 중등교육(동물성: 정서감각 훈련), 고등교육(영혼성: 시민적 · 이성적 훈련)을 제시하였다. 초등교육은 신체단련에 집중하는 시기이고, 중등교육은 체육, 음악, 회화를 통해 정서 훈련을, 마지막 고등교육 단계에서는 수학, 논리학, 과학 등을 통해 시민적 자질을 계발할 것을 주장하였다.

교육방법으로는 직접적인 관찰법을 통한 경험의 중시 그리고 실제적인 지식과 원리에 도달하는 데 귀납법을 강조하였으며, 객관적 · 과학적 방법을 수용해야 한다고 주장하였다. 그의 사상은 중세 스콜라철학과 실학주의 등에 영향을 미쳤다.

대표적인 저서로는 『논리학』, 『자연학』, 『형이상학』, 『니코마코스 윤리학』, 『정치학』 등이 있다.

4. 로마의 사회와 문화

1) 로마의 역사 발전과정

로마(Rome)는 기원전 8세기 무렵 현재 테베라 강 하류에서 로물루스(Romulus)와 레무스(Remus)에 의해 건국되었다. 기원전 264년부터 201년에 걸친 제1·2차 포에니 전쟁을 통해 카르타고를 정복함으로써 지중해의 패권을 완전히 장악하였다. 기원전 146년 이웃 나라인 그리스를 식민지로 만듦으로써 로마제국으로 가는 기틀을 쌓았고, 이후 지속적인 확장을 도모하였다. 북쪽으로는 잉글랜드와 라인 강, 서쪽으로는 스페인 일부 지역, 남쪽으로는 이집트를 비롯한 아프리카 북부의 도시 국가를 차례로 점령하였으며, 동쪽으로는 유프라테스 강까지 영토를 확대한 끝에 마침내 거대 로마제국을 완성하였다.

로마의 정치체제는 건국 초기에는 왕정으로 시작하였으나 공화정 시대를 거쳐 아우구스투스가 황제로 등극한 후 제정시대(BC. 31~AD. 476)를 열게 되었다. 초대 황제 아우구스투스 이후 로마는 초기의 혼란을 잘 극복함으로써 1세기부터 200년간 '팍스로마나'(Pax Romana)라고 불리는 평화와 번영의 시대를 맞이하였다.

로마의 건국지 포로로마노
출처: 네이버 블로그

로마가 정복한 나라는 점차 정치적·문화적으로 로마문화에 통합되었고, 라틴문화권을 형성하게 되었다. 하지만 3세기 이후 정치적·사회적 혼란으로 국력이 쇠퇴하기 시작하였고, 4세기 후반 게르만 민족의 침입으로 476년 서로마제국은 멸망하였다. 하지만 로마는 수도를 콘스탄티노플(현 이스탄불)로 옮겨 비잔틴제국으로 그 명맥을 유지하다가 오스만제국에 의해 1453년 건국 후 약 2천 년의 거대한 역사가 그 막을 내리게 되었다.

로마 멸망의 배경은 건국 초기의 검소하고 정직하며 준법정신이 강했던 사회적 풍토가 오랜 번영으로 도덕성의 해이 등 점차 그 기강이 무너지면서 소비와 향락문화가 지배하게 된 것이 그 한 이유로 지적되고 있다. 게다가 제국 건설의 첨병 역할을 하던 로마 군대는 애국심이 충만하였던 청년들을 대신하여 외국 용병으로 대체됨에 따라 국력의 쇠퇴를 초래하게 되었고, 정치적 불안정으로 이곳저곳에서 민란과 군사쿠데타가 일어나는 등 사회적 혼란이 가중되었기 때문이다.

이러한 가운데 하층계급의 종교였던 기독교가 점차 민중 속으로 그 세력을 확장하여 새로운 도덕적 질서로 부상하자 313년 콘스탄티누스 1세는 밀라노 칙령을 통해 기독교를 공인하였으며, 380년 테오도시우스 1세 황제는 테살로니카 칙령을 내려 기독교를 로마의 국교로 선포하기에 이르렀다. 기독교는 로마의 국교가 되어 세계적 종교로 도약할 수 있었다.

2) 로마의 계급과 문화

로마는 고대사회의 계급인 자유민, 노예로 구성된 사회였다. 자유민은 귀족과 평민으로 구분되는데, 귀족과 마찬가지로 평민계급 또한 평민회의와 호민관 제도를 통해 참정권을 확보하였다. 로마는 준엄한 법치국가로서 일찍이 12동판법(Laws of 12 Tables)[7]에 근거한 엄격한 가부장제도를 유지한 사회였다. 12표법에 의해 로마의 남자 자유민은 ① 아버지의 아들에 대한 권리, ② 남편의 아내에 대한 권리, ③ 주인으로서 노예에 대한 권리, ④ 계약에 의한 다른 자유민에 대해 가지는 권리, ⑤ 재산에 대한 권리를 법률로 보장받았다. 이 같

7 로마 최고의 성문법(BC. 451~BC. 450). 12동판법(銅板法)이라고도 한다. 법에 관한 지식과 공유지 사용을 독점하였던 귀족이 평민의 반항에 타협한 결과로 만들어졌다. 이 법은 로마 시민에게만 적용된 시민법으로, 그 뒤 로마의 팽창에 따라 속국의 주민에게도 적용되는 만민법으로 발전하였다.

은 권리는 자유민으로서 국가에 충성하고 도덕적 의무를 요구하였다.

로마인의 특성은 ① 실제적이고 현실적이었고, ② 모방성이 강한 민족이었으며, ③ 도덕과 준법정신이 투철한 민족이었고, ④ 웅변과 변론을 좋아하는 민족이었고 중요한 국가적 사안에 대해 자유 토론을 통한 의사결정을 한 민족이다.

로마인의 교육적 이상은 '그라비타스'(gravitas)로 압축되고 있다. 이것은 신, 국가, 가정에 대한 의무를 수행하는 데 적합한 인간을 만드는 훈련을 말하는 것으로서, 특히 엄격한 가정교육을 통해 가정에서 자녀들에게 올바른 행위와 사회적 의무, 책임의식 등을 가르쳤다(성기산, 1993: 222-223).

초기 로마는 가정교육을 중요시하였기 때문에 학교교육은 체계화되지 못하였다. 실용적인 것과 실제적인 것을 존중하던 민족인 까닭에 지적 교육보다는 회계 처리에 필요한 쓰기와 셈하기와 농사법, 사무를 수행할 줄 아는 능력을 배우는 실용 지식을 선호한 것이다. 즉, 로마는 재산 관리에 필요한 법률, 토목과 건축 기술, 군사조직이나 행정조직 이론은 매우 발달한 반면, 이웃 나라 그리스처럼 철학과 예술이 발달하지 못하였다.

하지만 로마는 그리스를 합병한 후 많은 것이 달라지기 시작하였다. 그리스 문화를 받아들이면서 점차 그리스에 동화되어 갔다. 이를 두고 로마의 시인 호라티우스(Horatius, BC. 65~AD. 8)는 "무력에 패한 그리스가 문예를 통해 로마를 포로로 삼았다"고 표현할 정도이다. 문법, 수사학, 변증법은 물론 천문학, 기하학, 음악 등 그리스의 철학과 예술 등 문화 전반이 로마에 전파되었다. 특히, 문법과 수사학은 정치적 변론을 좋아하는 로마인들에게 웅변 기술에 필요한 절대적인 교과가 되었고, 이에 따라 제정시대에 들어서는 이들을 가르치는 문법학교, 수사학교들이 잇달아 설립되었다.

5. 로마의 교육

1) 공화정시대의 교육

로마는 역사적으로 왕정시대(BC. 750~BC. 510), 공화정시대(BC. 510~BC. 27), 제정시대(BC. 27~AD. 476)로 나뉜다. 왕정시대에 관한 역사적 기록은 거의 남아 있지 않다. 다만 이 시기는 가족중심 사회였기 때문에 가정 안에서 엄격한 가정교육이 실시된 것으로 유추되고 있다.

로마의 원로회의
출처: Wikipedia

공화정이란 공공의 이익 또는 공동선을 추구하는 정부체계를 뜻한다. 로마 공화정을 움직인 정치 기구는 군대를 지휘하거나 행정을 담당하는 집정관, 외교와 재정 문제 및 집정관에 대한 자문을 담당하는 원로원, 그리고 관리 선출과 입법, 재판 및 국가 주요 정책 등을 결정하는 민회이다. 귀족 정치의 색채가 강하였는데, 평민은 참정권이 인정되지 않아 귀족과 오랫동안 대립하였다. 로마가 처음부터 공화정시대를 연 것은 아니었다. 원로원(귀족)과 평민회(평민)가 양보와 타협을 통해 공화정이 탄생하게 된 것이다. 처음에는 원로원이 다스리는 귀족적 공화정에서 평민회가 힘을 얻게 되었고, 이후 대외 팽창과정에서 평민들의 참정권 획득, 호민관 선출 등 민주적 공화정으로 나아가게 되었다. 공화정 출범 후 처음 2세기 동안 로마는 이탈리아 중부에서 지중해 전 영역으로 세력을 확장하였다. 기원전 3세기에 로마는 북아프리카, 이베리아 반도, 그리스, 갈리아 남부까지 정복했다.

이 같은 사회적 배경 탓에 공화정 시대의 교육은 용감한 군인과 근면하고 의무감이 강한 시민을 양성하는 것을 교육의 목적으로 삼았다. 이상적 시민으로 갖춰야 할 자질은 의지, 용기, 자제, 정의가 덕목으로 제시되었다. 교육내용으로는 3R(쓰기, 읽기, 산수)과 12동판법 암기, 체육이 주된 교과목이었다.

공화정 시대 초기에는 학교가 설립되지 않아 가정교육이 중시되었는데, 교육의 중심에는 부모가 절대적인 권한을 갖고 행사하였다. 실용성 있는 사회교육이 실시되어 남자들에게는 군인 훈련장, 농장, 공회당에서 교육이 이루어졌으며, 여자들에게는 도덕적 품성 함양과 길쌈 등 가사중심의 교육이 실시되었다. 하지만 공화정 후기에 들어서면서 그리스 문화가 유입되면서 사립교육기관이 설립되어 초등교육을 담당한 루두스(Ludus)에 이어 문법학교(중등), 수사학교(고등) 등이 점진적으로 설립되었다. 상류계급의 남자아이는 루두스를 거쳐 12~13세쯤에 문법학교에 가서 문법 공부를 시작하였다. 여자아이가 초등 이상의 교육을 받으려고 하는 경우에는 가정에서 문법을 배웠다.

2) 제정시대의 교육

제정시대는 그리스를 비롯한 주변 국가들을 잇달아 정복한 뒤라서 경제적 풍요와 문화적 융성을 구가하던 시대였다. 특히 그리스로부터 학자, 노예, 서적 등 많은 전리품이 대거 유입됨에 따라 로마 고유의 문화적 특색은 점차 퇴색되고 그리스 문화에 점차 동화되어 가기 시작하였다.

로마는 거대 국가로서 속국에 대한 지배를 확립하고 통치력을 유지하는 데에는 교육을 중요한 도구로 삼았다. 로마의 통치자들은 공화정 말기 때부터 속국의 주민들에게 로마의 제도와 문화를 이식하였는데, 이로 인해 로마제국 전역에 수많은 문법학교와 수사학교를

로마의 대표적 건물인 콜로세움의 내부

설립하였다.

초대 황제 아우구스투수(Caesar Augustus)는 학자를 지원하고 학문을 장려하기 시작하였으며, 공공도서관을 최초로 세우기도 하였다. 외국인 추방정책에서 교사는 예외로 하였다. 황제 베스파시아누스는 수도 로마에 있는 '평화의 사원'에 고등교육기관을 설립하면서 부설 도서관도 지어주었다. 교사 중 일부에게는 '수석교사' 지위를 부여하고 공무원으로 임명하였는데, 첫 수석교사가 바로 퀸틸리아누스(M. F. Quintilianus, AD. 35~AD. 95)이다. 또한 제정시대에는 문법학자, 수사학자, 의사, 철학자들에게는 시민의 의무 중 일부를 면제해 주기도 하였다.

이처럼 로마의 제정시대는 로마의 전성기이기도 하면서 그리스 문화에 완전 동화되는 시기이기도 하다. 이 시기 교육의 목적은 국가사회에 봉사하는 지적으로 뛰어난 인재 양성에 두었다. 지적 인간이란 웅변가를 말하는데, 웅변가는 단순히 언변이 뛰어난 사람이 아니라 폭넓은 지식과 도덕을 갖추고, 정치 대중을 움직일 수 있는 정의롭고 탁월한 정치적 인간을 말한다.

제정시대는 학교교육이 본격적으로 확대되는 시기로서 루두스(Ludus)는 '문자학교'로 발전하였다. 문자학교를 졸업하면 중등학교인 문법학교(Grammatius)에 진학하여 일반 교양과목인 7자유과(3학: 문법, 수사학, 변증법, 4과: 산수, 기학, 천문학, 음악)를 공부하였다. 16세쯤 되면 문법학교에서 일반교육을 마친다. 이 과정을 마친 후 정계 진출을 희망하는 사람은 '수사학교'(Rhetor)에 진학하였다. 수사학교에서는 일상의 사교생활과 정치활동에 필요한 다양한 형식의 웅변술을 공부하였다.

이 밖에 제정시대 말기에는 '철학학교', '법률학교', '의학학교'가 차례로 설립되었으며, 기독교의 전파에 따라 '교리문답학교'가 세워졌다. 교리문답학교는 세례를 받으려고 준비하고 있는 예비 신자들을 교육하기 위해 만들어졌는데 당시 로마제국 내에서 흔히 볼 수 있는 기관이었다. 그러나 2세기 말경 교리문답학교는 교육 범위를 넓혀 남녀를 불문하고 모든 연령층을 대상으로 하게 되었으며, 종교적인 내용과 세속적인 학문을 함께 가르치는 학교가 되었다.

교리문답학교는 아우구스티누스와 같은 신학자들의 사상에 깊은 감명을 주어 교회와 세속적 학문세계를 연결시키는 데 도움이 되었고, 고대의 문화가 중세로 넘어가는 가교 역할을 담당하였다.

6. 로마의 교육사상가

1) 키케로Marcus Tullius Cicero

1547년 간행된 키케로의 서한집에 수록된 목판화
출처: Wikipedia

키케로(BC. 106~BC. 43)는 로마 공화정 후기 시대를 대표하는 정치가이면서 행동하는 철학자이자 최고의 문장가였다. 뜨거운 인간애와 훌륭한 인품을 가진 도덕적 인간이었고, 자신의 안위보다 시민의 자유를 더욱 귀하게 여겼던 정치가로 평가되고 있다. 또한 그리스 사상을 로마로 도입하는 데 앞장섰고, 그리스어를 번역하면서 새로운 라틴어를 만들어 최초로 라틴어를 사상 전달의 필수적인 무기로 삼았을 정도로 여러 방면에서 그의 공적은 높이 평가되고 있다.

키케로는 로마 동남쪽 아르피눔에서 상류층 부유한 귀족의 아들로 태어나 어려서부터 그리스 문화를 접하였다. 아테네에 유학하여 스토아학파 학자들과 교류하였으며, 법학과 수사학을 공부하였다. 이후 로마로 돌아와 변호사로 활동하였다.

플루타르코스의 표현에 따르면, 키케로는 대화하기를 좋아했던 인물이었다. 그리고 항상 웃는 얼굴로 남을 대하였으며, 남을 시기하기보다는 칭찬에

후했다. 돈에 무관심했고, 어질고 너그러운 태도를 견지했다. 무엇보다도 뛰어난 언변은 사람들의 마음을 움직였으며, 더러는 적들의 마음까지도 사로잡는 탁월한 재능의 소유자였다.

저서로는 『웅변술』, 『국가론』, 『의무론』 등이 있는데, 그의 교육사상은 주로 『웅변술』 속에 잘 나타나 있다. 키케로는 『웅변술』을 통해 인간은 근본적으로 선한 존재로 파악하였고 자유교육을 주장하였다. 교육의 본질은 인간의 천부적인 소질을 완성하는 것으로 보았으며, 인간정신의 최고 기능인 이성의 완전한 실현을 덕이라고 하였다. 따라서 그는 교육을 통해 이성을 발전시킴으로써 덕을 쌓고 행복에 이를 수 있다고 본 것이다.

그의 교육목적은 훌륭한 웅변가 양성에 두고, 인문학적 교양과 선한 인성의 소유자가 되어야 한다고 역설하였다. 나아가 자유 시민으로서 갖추어야 할 기초 교양으로 문법, 산수, 음악, 기하학, 승마, 수렵, 무예 등의 교과목을 통해 윤리와 예절을 습득해야 하고, 이를 '후마니타스'(humanitas; 인간적 교양)라고 규정하였다. 후마니타스는 그리스어로 완벽 또는 탁월함을 뜻하는 '파이데이아'(paideia)에 상응하는 개념이다.

키케로는 실용성을 숭상한 로마의 웅변의 전통과 그리스의 자유로운 학문 탐구 문화와 사상을 종합한 것이라고 할 수 있다. 대표적인 저서로는 『수사학』, 『국가론』, 『법률론』, 『의무론』이 있다. 이 저서들은 당대에는 물론이고 중세와 르네상스는 물론 계몽주의 사상에도 큰 영향력을 미쳤다.

2) 퀸틸리아누스Marcus Fabius Quintilianus

퀸틸리아누스(AD. 35~AD. 95)는 로마 최초의 공립학교 수석교사이자 로마 제일의 교육사상가이다. 그는 스페인의 갈라구리스에서 수사학교의 교사의 아들로 태어나 어린 시절 로마로 건너와 법학과 수사학을 공부한 후, 20년간 수사학교의 수석교사와 교사로 활동하였다. 베스파시아누스 황제(AD. 69~AD. 79) 치하에서 라틴어와 수사학을 가르치는 대가로 최초로 국가로부터 봉급을 받은 인물이다.

퀸틸리아누스는 키케로의 이론을 계승하면서 이를 비판 · 보완하여 자신만의 이론을 수립하였다. 특히 그는 은퇴 후 수사학에 관해 저술한 『웅변교수론』 12권은 수사학의 본질이나 규칙 등을 기술하였지만, 웅변가 훈련과정을 다루며 새로운 교육사상을 전개하였다. 즉, 아동교육의 중요성을 비롯하여 당시로서는 획기적이고 진보적인 교육이론과 방법을 제시하였다.

퀸틸리안누스 동상
출처: Wikipedia

『웅변교수론』을 통해 퀸틸리아누스는 인간의 본성은 선하며 스스로 학습할 수 있는 자연성을 갖고 태어났다고 보았으며, 교육의 목적을 지덕을 갖춘 웅변가 양성에 두었다. 그의 다양하고 획기적인 교육사상을 정리하면 다음과 같다.

첫째, 가정교육도 중시하였지만 그보다 학교교육의 중요성을 강조하면서 사립학교보다 공립학교를 지지하였다.

둘째, 아동의 자연성을 중시하여 심리적 교육방법의 도입이 필요하다고 강조하는 한편, 조기교육의 필요성을 역설하였다.

셋째, 주입식이나 권위적인 교육보다 아동의 흥미 본위의 놀이교육을 피력하였다.

넷째, 아동의 개성존중의 교육이 필요하다고 전제한 후, 교사의 첫 번째 임무는 각기 다른 아동의 능력과 성향을 분별하는 능력에 있다고 할 정도로 개성교육의 필요성을 주장하였다.

다섯째, 외적 동기 유발을 위해서는 경쟁을 이용하는 것도 바람직하지만 교사의 사랑과 칭찬이 더 효과적이라고 하였다.

여섯째, 그는 체벌은 노예의 취급방법으로 아동에게 공포를 유발하거나 야만적이고 모욕적인 행위 등의 이유를 제시하면서 체벌을 적극적으로 반대하였다.

마지막으로 퀸틸리아누스는 교사 자질의 중요성을 역설하였다. 교사는 온화하고 모범적인 모습을 실천하여야 하며, 아동들에게 지나친 엄격이나 관대에 치우치지 않는 중용적 태도를 유지해야 하는 등 교육 전반에 있어 아동들의 본보기가 되는 자질을 갖추어야 하고 탁월한 교수 역량을 구비해야 한다고 주장하였다.

그의 교육사상은 16세기 에라스무스(Erasmus)의 인문주의 교육사상에 큰 영향을 미쳤다.

생각 나누기와 심화하기

4장 그리스 · 로마의 교육

1 아테네의 교육과 스파르타의 교육을 비교하여 장단점을 설명해 보자.

2 소크라테스의 교육방법은 대화법이다. 이 대화법이 오늘의 교육현장에 어떻게 적용할 수 있는지 토론해 보자.

3 현대사회에서 플라톤의 이상주의 교육사상이 갖는 교육적 의미에 관해 논의해 보자.

4 로마가 세계 최대의 영토를 가진 제국으로 발전할 수 있는 배경은 무엇이고, 그러한 가운데 교육의 역할은 무엇이었는지 토론해 보자.

제5장

중세시대의 교육

1. 중세시대의 특성

중세는 대체로 476년 서로마제국의 멸망에서 동로마제국의 멸망인 1453년까지의 시기를 말한다. 중세는 천 년 동안 기독교 중심 사회였다. 중세시대의 역사적 형성과정은 다음과 같다.

① 멸망해 가는 로마제국에 기독교의 전파, ② 이슬람 신앙을 믿는 사라센 제국의 건설과 팽창, ③ 서로마제국을 멸망시킨 게르만 민족이 세운 프랑크 왕국 등 중세 봉건국가의 성립, ④ 중세 말기 십자군 원정의 연이은 실패로 인한 교황권의 추락, ⑤ 도시의 발달 및 신흥 상공업자들 등장, ⑥ 중세대학의 설립을 비롯한 세속교육의 팽창이라는 역사적 경과 속에서 진행되었다. 이를 보다 구체적으로 살펴보자.

첫째, 먼저 기독교는 중세시대를 교회중심사회, 신(神)중심사회, 내세주의를 표방하는 사회문화로 발전하는 데 있어서 그 중심축을 담당하였다. 교회가 로마사회의 중심적인 역할을 하게 된 배경은 서고트족과 게르만 민족의 침입으로 서로마제국이 무정부상태에 상태에 놓이게 되었고, 이에 더하여 기아와 질병, 끊임없는 전쟁의 악순환으로 말미암아 혼란이 가중됨에 따라 그 정신적 구원을 기독교 신앙에 의지하게 만들었기 때문이다.

기울어가던 로마는 종교적 힘을 통해 나라를 다시금 회복해 보고자 380년 기독교를 국교로 선포하였다. 이후 중세 초기인 5~8세기에 기독교를 믿는 독립 국가들이 하나둘씩 들어서면서 기독교는 급속히 확산되어 유럽 전체의 문화와 언어를 통일하게 되었다. 이를 배경으로 중세는 강력한 교황권의 확립을 바탕으로 한 교회중심의 사회로 발전하게 되었는데, 현세보다는 내세, 인간보다는 신(종교)중심의 사회문화로 발전하게 되었다. 하지만 물질보다는 정신세계를 강조하다보니 경제 발전을 비롯한 사회 전반이 변화, 발전하지 않았다. 그래서 중세를 '암흑시대'라고 부르기도 한다.

둘째, 아라비아 반도에서는 무함마드(AD. 570?~AD. 632)에 의해 이슬람 종교가 탄생하게 되었고, 이는 사라센(saracens)제국[1]의 건설로 이어지게 되었다. 이슬람제국은 비잔틴제국을 침범하고, 서아시아에서 북아프리카, 이베리아반도까지의 세력과 영토를 확장함으로써 중세 유럽은 지리적으로 더욱 고립되게 되었다. 후일 이슬람문명이 발전시킨 수학, 화학, 천문학, 지리학 등 자연과학적 지식과 기술은 유럽 문명에 큰 영향을 미치게 되었다.

십자군 원정 동판화

셋째, 중세 봉건국가의 출현이다. 봉건국가는 대체로 8~9세기의 카롤링거(Carolingian) 왕조[2]의 프랑크 왕국에서 성립하였는데, 10~13세기에 이르러 그 전성기를 이룬다. 봉건국가는 정치적으로 봉건사회, 경제적으로 장원제도를 확립하였다. 봉건국가가 만들어지면서 농민과 귀족의 중간 계급인 기사계급이 탄생하게 되었으

1 7세기에서 동쪽은 13세기 중반까지, 서쪽은 15세기 말까지 인도 서부에서 이베리아반도에 이르는 지역을 무대로 흥망한 이슬람 제 왕조의 총칭.

2 프랑크 왕국은 486년 카롤루스 왕조(Carolingian dynasty)는 프랑크족 카롤루스 일족이 세운 왕조이다. 751년에서 987년까지 프랑크 왕국이었으나 이후 동프랑크 왕국, 서프랑크 왕국, 중프랑크 왕국으로 갈라졌다. 987년 서프랑크 왕국의 왕가가 단절되면서 소멸했다.

며, 이들 양성하기 위한 기사교육이 중세교육의 한 특징이 되었다.

넷째, 11세기부터 200년에 걸쳐 진행된 십자군 원정은 동방 문물이 유입되는 결과를 낳았으며, 무역업의 성행과 상공업이 발달함에 따라 시민계급이 탄생하게 되었다. 이에 따라 중세대학과 세속교육이 가속하게 되었는데, 그 결과로 르네상스 운동이 촉발되는 물적 토대가 마련되었다.

이 같은 중세의 사회문화적 특성과 시대적 흐름 가운데 중세시대를 이끌어 온 큰 기둥은 ① 교회제도, ② 봉건제도이다. 이를 중심으로 중세사회의 교육을 살펴보자.

2. 중세시대의 교육

1) 교회제도와 교육

중세사회는 기독교가 사회를 지배하였다. 기독교의 종교적 교리는 삶의 토대이자 규범이었다. 교회가 모든 것을 결정하고, 행정과 권력의 중심에 위치하였다. 최고의 힘을 지닌 권력자로서 교회는 국가를 대신하여 경제, 교육, 생활 등 사람들의 모든 것들을 이끌어 갔다. 교회는 신앙생활을 하는 장소가 아니라 기독교 신앙의 교리 연구 및 교육을 비롯하여 교회지도자 양성기관이 되었으며, 중세교육의 실질적인 제공자와 지도자가 되었다. 교회가 곧 학교였기에 교육내용은 종교교육에 치중하였다.

(1) 문답학교catechumenal school

기초적인 교리 문답을 통해 기독교 신앙인을 배출하고자 하였다. 이교도의 개종이나 세례를 받지 않은 유아 등에게 세례를 주는 것을 목적으로 하였고, 예수 부활에 관한 지식 등 기본 교리를 문답식으로 가르쳤다.

(2) 고급문답학교catechetical school

문답학교가 각 지방으로 확산되자 질 높은 많은 문답교사가 필요하게 되어 이를 양성하고자 설립하였다. 교직자를 양성하는 학교인 만큼 그 내용이나 수준이 매우 높았다. 신학, 그리스 철학, 수사학, 천문학, 문학 등을 가르쳤다. 여기서 철학이나 수사학을 가르친 이유는 기독교 교리를 증명하고 옹호할 수 있는 이론적 기초와 문답 능력 배양에 있었다.

(3) 대성당학교cathedral school

전문적인 성직자 양성교육기관이다. 주교들이 있는 교회는 반드시 이 학교가 설치되어 있고, 그래서 대성당학교라고 한다. 교회의 지도자, 성직자를 양성할 목적으로 세워졌기 때문에 성서교리는 물론 7자유과(Seven Liberal Arts)를 위시하여 과학, 철학, 수학 등 깊은 전문지식을 가르쳤다.

대성당학교의 교사를 스콜라철학자(스콜라스티구스cholasticus: 네덜란드어)라고 불렀으며, 이로 인해 이들의 철학을 스콜라철학(Scholasticism)이라고 불리게 되었다. 대성당학교는 본산학교(本山學校) 또는 감독학교(Episcopal School)라고 부르기도 한다.

(4) 수도원학교

수도원은 수도사들이 집단 거주하면서 기독교 정신에 입각하여 경건한 신앙생활을 영위하던 곳이다. 수도사들은 은둔의 땅을 찾아 금욕정신을 바탕으로 영적 수행에 몰입하였다. 세속의 육체적·물질적 욕망과 향락으로 자유로워지면서 수도원의 엄격한 계율 아래 오직 신앙 연구와 정신적 수행에 몰두하였다.

이를 수도원제도(monasticism)라고 한다. 최초의 수도원 설립은 성 베네딕트(St. Benedict, 480~543)가 529년 이탈리아 남부에 있는 몬테카시노(Monte Cassino) 산에 세운 베네딕트 수도원으로 알려져 있다.

베네딕트는 엄격한 수도원 생활을 유지하기 위하여 생활규칙 73개조의 규율을 제정하여 실천하였다. 이 가운데 3개 계율인 '순결, 청빈, 복종의 이상'을 실현하는 것을 신앙생활의 근간으로 삼았다. 순결의 이상은 가족을 비롯한 모든 인간관계의 단절과 단념, 청빈의 이상은 모든 경제적 관계, 물질적 이익의 거부, 복종의 이상은 그 어떤 권력이나 계급차별을 부정하고 신에게만 복종하는 것을 뜻한다. 현세가 중요한 것이 아니라 내세를 준비하는 과정이 수도원 생활이기 때문이었다.

그래서 하루의 일과는 매일 기도 7시간, 노동 7시간, 수면 7시간, 성서공부 및 필사 2시간, 식사 1시간으로 짜인 규칙된 생활로 채워져 있었다.

한편, 수도원에서의 생활은 육체적 만족이나 향락을 거부하고, 금욕주의를 바탕으로 은둔을 통해 단식과 고행을 강조하였고, 육체적 노동을 통해 자급자족 생활을 추구하였다. 이 수도원에는 수도사 양성을 목적으로 수도원학교가 설치되었는데, 7~10세기에 그 전성기를 이루고 있다. 수도원학교의 교육과정은 두 과정으로 나뉘고 있다. 수도사를 양성하는 과정과 일반아동의 교육을 담당하는 과정으로 운영되었다. 교육내용은 초등반인 경우 독·서·산을 중심으로 교육하였고, 고등반은 7자유과(seven liberal arts)를 가르쳤다. 수업방식은 주로 문답식이 주종을 이루었고, 신의 계시가 중요하기 때문에 명상, 사색, 침묵이 강조되었고, 직관을 중요시하는 등 도덕적 도야를 추구하는 경향이었다(안상원, 1985).

그런데 중세 수도원은 학교, 병원, 도서관, 공회소, 병원 등 여러 가지 역할을 수행하였다. 오늘날 병원을 뜻하는 'Hospital'은 수도원에서 병자나 가난한 이들을 구제하고 보호하던 자선사업에서 그 이름이 비롯되고 있다.[3]

그리스 마테오라 수도원

3 오늘날 병원은 치료소의 개념인 'clinic'이다.

중세 수도원은 후일 사회발전으로 큰 공헌을 하였다. 수도원에서 보관하고 있었던 고대 그리스와 로마 그리고 중세 관련 고서적과 고전 필사본을 후대에게 제공하였기 때문이다. 서적들은 고대와 중세 연구에 크게 기여하였고, 자급자족 생활 방식은 후대에 다양한 농경기술이나 목공기술 및 직조 등 기술의 필요성과 중요성을 일깨우는 데 기여하였고, 노동의 가치를 크게 신장시키는 데 일조하였다.

특히, 수도원에 보관되어 있던 수많은 고전 필사본은 중세대학의 학문적 연구 분위기를 진작하는 데 크게 기여하였으며, 나아가 르네상스 운동이 일어나게 되는 정신적 배경이 되기도 하였다.

2) 봉건제도와 교육

(1) 봉건제도의 특성

정치 · 경제적으로 볼 때 중세 중후반에 봉건제도[4]가 확립되기 시작하였다. 중세의 봉건제도란 8~12세기에 걸친 정치, 경제, 사회제도를 말한다. 이 봉건제도의 기본 틀을 유지하게 하는 것이 장원제도이다. 장원제도란 영주가 농노(농민)에게 일정 부분의 토지를 분할해 주면서 권리와 자유를 봉건 영주에게 복속시키는 제도이다. 바이킹과 같은 외부의 폭력적 침입자로부터 신변의 안전을 보호해 주고 대신 세금 징수나 신분적 예속관계 등을 계약하였다. 즉, 봉건영주와 농노 간의 일종의 쌍무적 계약관계를 통해 이루어진 것이 장원제도의 기본 틀이었다.

4 유럽에서 형성된 지방 행정 제도이자 정치 · 사회 체제이다. 영주와 농노로 이루어진 장원(莊園)을 기초 단위로 하여 각 장원의 통치자인 영주(기사)는 쌍무적 계약을 통해 상위 영주(대영주)의 가신(家臣)이 되고 대영주 또한 더 상위의 영주로 이어져 궁극적으로 국왕 또는 황제와 쌍무적 계약 관계를 맺어 계층적인 가신 관계가 형성된 체제이다.

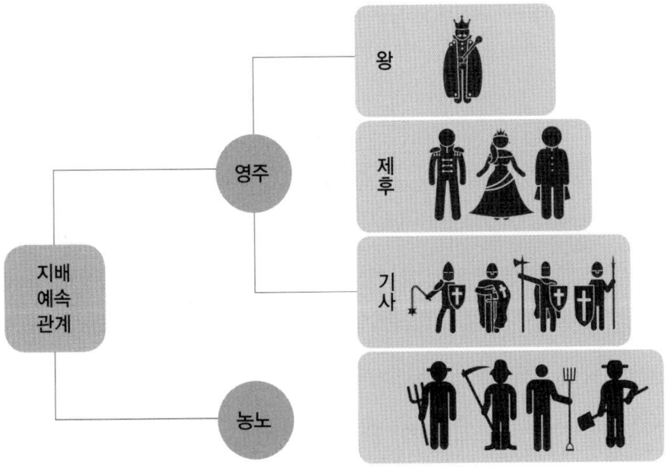

봉건제도의 장원제도

중세 봉건제도의 성립은 서로마제국의 멸망(476년)이 그 단초라고 할 수 있다. 서로마제국의 붕괴로 말미암아 로마의 지배하에 있던 유럽의 제 나라들은 모두 극도의 국가적 · 사회적 혼란 상황으로 빠져들게 되었다. 특히 중세 후반부에 들어 바이킹(Viking)과 이슬람교도들이 유럽에 쳐들어와 유럽의 남부인 지중해를 장악하였고, 마자르족(Magyars, 현재 헝가리인의 조상)이 유럽 동쪽으로부터 침략하자 유럽은 불안과 공포가 확산되게 되었다. 마침내 생명과 안전에 불안해하던 농노들은 자신들의 신변 안전과 보호를 힘이 있는 봉건영주에게 의탁(依託)하기 시작하였고, 이를 통해 장원제도가 탄생하게 되었다. 장원제도는 1촌락 1장원의 구조로서 농민의 대부분은 농노로 영주의 군사력을 유지하는 경제적 기반을 제공해 주고, 그에 대한 보상으로 영주로부터 신변 보호를 받는 동시에 토지 이용권을 인정받았다. 이에 상응한 대가로 농노는 영주로부터 거주 이전 불허, 행정 · 경찰 · 재판권의 영주 소유 등의 통제를 받았다.

이러한 가운데 강력한 조직과 군사를 갖고 있는 국가들이 생겨나게 되었는데, 962년 신성로마제국이 그 탄생을 알렸다. 이로부터 중세 초기 절대 권력을 갖고 있던 교황과 황제 간의 권력 싸움이 시작되었다. 이 봉건제도 역시 십자군원정 후 점차 붕괴되었다.

(2) 기사교육

중세시대 봉건제도를 떠받들던 또 하나의 제도이자 세력이 있었다. 바로 기사(knight)계급이다. 기사계급이 탄생한 배경은 제후들 간에는 잦은 전쟁이 일어났었기 때문에 그때를 대비하여 일정 수준의 방어수단이 필요했음은 물론 주변 국가를 침략할 때에 필요한 강력한 군대조직이 요구되었기 때문이다. 즉, 기사제도는 봉건사회의 산물인 것이다.

중세 기사에게는 봉건영주에 충성함은 물론 봉건영주와 농노의 가운데에 있는 중간자로서 봉건영주의 명령에 복종하면서, 농민들의 안전과 생명을 보호·관리하는 역할이 주어졌다. 기사는 일정의 교육과 훈련의 과정을 거친 후 교회와 국가에 대한 충성 서약, 여자를 비롯한 사회적 약자 보호를 하겠다는 맹세와 언약식을 가진 후 기사 작위가 주어졌다. 기사도 교육은 대체로 크게 3단계로 나누어 진행된다.

기사서임식(Edmund Leighton 작)
출처: 네이버 블로그

제1단계는 7, 8세에서 13세에 이르는 시동(侍童)의 시기로 영주의 저택이나 궁궐에 들어가 귀부인의 밑에서 기사가 되기 위한 기본예절과 예법을 익히고, 승마, 씨름 등 기초체력을 다지면서 독·서·산의 기초과목을 배운다.

제2단계는 14~15세에서부터 20세에 이르는 기간으로 이때의 예비 기사를 시생(侍生)이라 하며, 준기사로서의 다양한 훈련을 받는다. 기사가 되기 위한 본격적인 준비기간이다. 이 때문에 이른바 칠예(七藝)의 기술을 연마한다. 칠예(七藝)는 '승마, 수영, 궁술, 검술, 수렵, 서양장기, 작시'로 이를 통해 문무를 겸한 군인으로 양성된다.

제3단계는 입문식이다. 나이 21세가 되면 여러 가지 시험을 거쳐 합격한 자에게 기사작위를 수여하는 신고식을 갖는다. "교회를 지키고, 불의를 배격하며, 성직자를 존중하고, 부인과 약자를 보호하며, 국가의 평화와 안녕을 유지하고, 동족을 위해 피를 흘린다"는 선서 후 단도와 기사 복장을 하사받은 후 명예로운 기사로서의 생활을 시작한다.

이들에게는 '기도할 것'과 같은 반드시 지켜야 할 엄격한 십계율[5]이 있으며, 기사도 정신은 오늘 서양에서 젠틀맨(gentleman, 신사)의 정신적 원형이기도 한다.

3. 시민계급의 탄생과 대학의 성립

1) 시민교육의 성장

중세 후반기에 들어 2백 년에 걸친 십자군 원정은 동방 사라센 문명으로부터 그 영향을 받게 되었다. 그 결과 중세 도시의 발달이 촉진되었고, 상공업이 발달하게 되었으며, 부와 권력을 가진 신흥 시민계급을 탄생시켰다.

부와 권력을 축적한 신흥 시민계급은 그들이 거주하는 도시를 중심으로 국왕으로부터 재정, 군사, 사법권 등을 인정받는 자치도시로 발전시켰으며, 자신들의 이익과 이해에 부합되는 새로운 형태의 교육을 실시하기 시작하였다.

훗날 역사가들에 의해 시민학교, 도시학교(city school)로 이름 붙여진 학교들이 하나둘씩 나라마다 생기기 시작하였다. 또 상류 귀족들의 종교나 인문학 중심의 교육이 아니라 자신들의 생산영역과 활동에 필요한 직업교육을 지향

5 ① 기도할 것, ② 죄악을 피할 것, ③ 교회를 지킬 것 ④ 과부와 고아를 보호할 것, ⑤ 여행과 수행할 것, ⑥ 충성스러운 전쟁의 수행할 것, ⑦ 귀부인이나 숙녀를 위해 싸울 것, ⑧ 정의를 수호할 것, ⑨ 신을 사랑할 것, ⑩ 진실하고 성실한 사람의 말을 경청할 것 등이다. 이처럼 기사도 엄격한 규율이 제시되었으나 실제로 이렇게 행동하지 않은 기사들도 많아서 당시 사회적으로 큰 골칫거리가 되기도 하였다.

한 학교들이 설립되었다. 그 효시는 1252년 독일의 뤼베크(Lubeck) 시의 시민학교이며, 이를 계기로 각 도시에 다양한 시민학교들이 설립되었다. 경제력의 차이에 따라 상류시민학교, 하류시민학교로 구분되고 있다.

상류시민학교가 상급학교인 대학 진학을 목적으로 설립되었는데 반해, 영국에서는 문법학교(grammar school), 공중학교(public school)가 생겨났고, 독일에는 라틴어학교(Latin school)가 설립되었다. 이 세 학교는 오늘날 유럽에서 중등학교 성립되는 데 기초적 역할을 담당하게 되었으며, 이 세 학교 모두는 현재 영국의 명문 사립중학교로 발전하게 되었다.

이에 반해 경제력이 낮은 시민들의 경우 영국에서는 조합학교(Guild school)가 설립되었고, 독일에서는 독일어학교(Deutsche schule), 습자학교가 만들어져 귀족에 국한되었던 교육을 서민의 자제들에게 초등교육으로 실시하고 교육을 확산하는 계기가 마련되었다. 교육의 목적은 실제 생활에 필요한 유능한 인물을 양성하는 데 두어 귀족계급과 상이한 형태의 교육을 지향하였다.

중세 시민교육의 시작은 교회나 귀족 중심의 교육제도를 벗어나 근대학교의 탄생과 발전으로 이어지고, 교육의 자주성 확립, 실생활 강조 등 시민학교가 추구하였던 이념은 교육사적으로 볼 때 그 의의가 높이 평가되고 있다.

2) 중세대학의 성립과 발전

오늘날 대학의 원형은 중세대학이다. 중세대학의 출발은 동방 문화(사라센 문화)와 과학기술 등 새로운 세계를 이해하고자 한 지적 호기심이 많았던 청년들의 지적 결성에 의해 시작되었다.

오랜 십자군 원정은 동서 문명 간의 교류와 이해를 넓히게 되었고, 이에 따라 과학 기술 등 물질문명에 있어서 상대적으로 뒤떨어져 있던 유럽의 제 나라의 시민들에게 지적 호기심을 자극한 것은 당연한 일이었다. 지적 호기심으로 가득 찬 유랑학생(편력학생)들이 명성이 높은 스콜라철학자들을 찾아 배움을 요청하게 되었다. 그 같은 사회적 요구에 따라 학자와 학생들은 자체적으로 단체 또는 학문길드(universitas)를 만든 후 이름 있는 스콜라철학자를 초빙하여 강의를 개설하고 되었다. 이 같은 과정을 통해 중세대학이 성립하기 시작하였다. 즉, 시민계급의 형성과 도시의 출현, 부유한 신흥 상공업자들의 인식 전환, 유랑학생들의 지적 호기심이 중세대학의 성립 배경이 되었던 것이다.[6]

오늘날 대학을 지칭하는 유니버시티(university)는 학문길드를 뜻하는 'universitas'에서 유래되었고, 단과대학을 뜻하는 'college' 는 학생들이 생활하던 기숙사를 뜻하던 'collegium'에 그 어원이 있다.

대학에서는 아리스토텔레스의 철학에 대한 탐구와 이슬람 문화권의 지식들로 인해 짧은 기간 동안이었지만 학문의 발전이 눈에 띄게 신장하였다. 예를 들어, 파리 지식인 사회의 대변자인 아벨라르(Abélard)에 의해 사변 철학과 신학이 발전하였고, 볼로냐(Bologna)의 이르네리우스(Irnerius)에 의해서는 로마법, 그라티아누스에 의해 교회법이 각각 발전하였다. 기존의 학교들이 급격히 성장하는 사람들의 인식욕구에 더 이상 대처하지 못하였기 때문에 학문연구를 위한 동료 집단이 형성되었다. 이것이 확장되어 하나의 거대한 지식인 학자단체가 형성되었다. 이들은 정신적이고 세속적인 세력들로부터 인정을 받게 되고 특권을 부여받게 되었다. 학생들의 등록금에 의해 운영되기도 했고, 교회재산의 기부금과 대학교원들에게 부여되는 영주의 봉록에 의해 운영되기도 하였다.

중세 볼로냐 대학의 강의 모습
출처: 다음 카페

최초의 대학은 1060년에 개교한 이탈리아의 살레노(Salerno)대학이다. 살레노대학은 의학으로 유명하다. 다음으로는 볼로냐(Bologna)대학으로 1088년 개교하였으며 법학으로 유명하다. 뒤를 이어 프

6 초기 중세대학은 학생학문길드에서 대학이 설립되다보니 학생들의 권한과 요구가 강하였다. 볼로냐대학의 학생들의 요구사항을 보면 흥미롭다. ① 학생의 허락 없이 마음대로 휴강하지 마라, ② 수업시간은 철저히 지켜라 ③ 교수는 강의를 대충하지 마라, ④ 어려운 문제라고 해서 설명을 하지 않고 넘어가지 마라, ⑤ 폭넓은 강의 내용을 원한다.

랑스 파리(Paris)대학은 1109년, 영국의 옥스퍼드(Oxford)대학이 1167년, 캠브리지(Cambridge)대학이 1209년에 차례로 문을 열었다. 15세기 무렵 약 80개 대학이 개교하였다.

당시 대학의 조직은 신학, 의학, 법학부와 학부 예비과정으로서 인문학부로 구성되어 있으며, 교육내용은 전공학문과 교양과목으로 철학과 7자유과를 수학하였다. 수학연한은 대체로 4~7(8)년 과정이었다.

중세대학은 국가와 종교로부터 그 어떤 구속 없이 대체로 자유로운 분위기를 보장받았는데, 이 같은 전통은 오늘날 대학의 '학문 연구의 자유정신'으로 이어지고 있다. 이 같은 이유로 중세대학은 국왕 또는 교황으로부터 여러 가지 특권을 부여받았다.

① 대학의 교수와 학생들에게는 병역, 세금, 부역의 면제
② 대학에 법정의 설치, 학생 범죄 행위에 대해서는 자체 재판권 부여
③ 총장의 학위 수여권. 학위는 학사(Bachelor), 석사(Master), 박사(Doctor)가 있고, 이는 현재에도 그대로 계승되고 있다.
④ 대학구성원들의 학장, 총장 선출 등 자치권 보장
⑤ 교수와 학생은 마음 놓고 여행할 수 있는 신분상의 보호와 자유 보장
⑥ 학문연구나 명예, 독립성이 침해를 당했다고 판단될 때 강의를 중단하고 항의하는 동맹 휴업권 인정
⑦ 남자들만의 특권이고, 여자는 대학의 구내 출입을 금지하였다.

이렇듯 중세대학은 대학의 자율성과 권위에 기초한 치외법권(治外法權)을 인정하고, 다양한 특혜를 부여한 것은 학문의 자유를 보장하기 위함으로 이 가운데 학위수여권은 오늘날에도 계승되고 있다. 중세대학의 학문적 발전과 자유로운 사상의 보호는 르네상스 운동의 기초가 되었는데, 구체적으로 중세대학이 다음 세대에 끼친 영향은 다음과 같다.

첫째, 중세대학은 지적 활동의 중심부였기 때문에 정치적인 여러 문제에 관한 언론의 자유가 여기에서 발생하였다.

둘째, 중세대학은 고전문화의 계승자였다. 이에 따라 그리스 문화가 서구 문화의 기초가 되었고, 아라비아 문화가 서구에 소개되었다.

셋째, 중세대학은 자유로운 학문연구 기관이었기 때문에 문예부흥운동의 선구자적 역할을 하였다. 15세기 문예부흥도, 16세기 종교개혁 모두가 대학에서 일어났다.

4. 중세의 교육사상

1) 아우구스티누스의 교부철학

교부철학(patristic philosophy)은 교부(教父)들이 만든 철학을 말한다. 교부는 이단에 맞서 교회의 이론을 세운 사람들로서 기독교 신학을 바탕으로 하는 성직자이자 철학자들이다. 아우구스티누스(Aurelius Augustinus, 354~430)[7]가 그 대표적인 인물이다.

교부철학은 기독교가 유럽에 전해지고, 이 신앙에 대한 이론적 토대를 마련한 사상이다. 교부철학의 핵심은 플라톤(Platon)이 주장한 영원불변의 참된 진리로서의 이데아(idea)를 기독교 신앙과 결합하여 신(God)으로 대치하였다는 점이다. 아우구스티누스는 신플라톤주의 철학자였던 플로티누스(Plotinus)로부터 매우 큰 영향을 받았는데, 플라톤이 주장한 4주덕 '지혜, 용기, 절제, 정의'도 신에 대한 사랑이라는 최고 덕의 다른 측면으로 이해하였다.

교부철학을 완성한 아우구스티누스는 세계가 신의 이데아에 따라 그 의지에 의해 창조된 것이며, 원죄를 짊어진 인간은 악을 행하는 자유를 가질 뿐이라고 보았다. 구원은 오로지 신의 은총에 의해 가능할 뿐이며, 이 구원의 대상

7 395년에는 히포의 주교가 되어 그곳에서 바쁜 직무를 수행하면서 많은 저작을 발표하였다. 『고백록』, 『삼위일체론』, 『신국론』 등이 있다.

이 누가 되는가는 신의 영원한 예정에 의한 것이며(예정설), 교회가 이 은총을 매개한다고 주장하였다.

> "주여, 당신께서는 나를 당신에게로 향하도록 만드셨나이다. 내 영혼은 당신 품에서 휴식을 취할 때까지 편안하지 못할 것입니다."(아우구스티누스의 『고백론』 중에서)

이 철학은 기독교 신앙에 대한 플라톤식 합리화라고 볼 수 있다. 교부철학은 AD. 2~7세기까지 중세를 지배한 철학이 되었고, 기독교 신앙을 공고화하는데 크게 기여하였으며 중세 후반 스콜라철학으로 계승되었다.

2) 스콜라철학과 교육

중세 후반기는 여러 차례의 십자군 원정의 실패와 교황권이 추락하기 시작하였다. 하지만 십자군 원정으로 동서 문화의 교류를 촉진하는 계기가 마련되었고, 중세를 지배해오던 기독교사상이 흔들리기 시작하였다. 기독교 교리가 흔들리게 되자 이를 철학적으로 다시금 논증하기 위한 움직임이 전개되었다. 이 사상적 움직임이 스콜라철학(Scholasticism)이다.

스콜라철학은 중세 사람들이 진리라고 믿었던 기독교 신앙에 철학을 이용하여 이성적인 근거를 부여하는 것이었다. 플라톤과 아리스토텔레스의 철학을 차용하여 기독교 신앙의 논리적 근거를 찾고자 하였다. 기독교의 독단적 신앙을 합리적 신앙으로 전환시켜 기독교 교회의 신앙과 권위를 회복하자고 한 사상인 것이다. 특히 아리스토텔레스 철학을 통해 이성과 종교의 합치점을 찾고자 하였는데, 이성에 의한 신앙의 지지를 추구한 것이다.

이론에 의하여 신앙을 변호하고, 철학에 의하여 교회를 옹호하며 논의에 의하여 이단을 없애자는 것이다. 대표적인 철학자는 안셀무스(Anselmus, 1033~1109), 토마스 아퀴나스(Thomas Aquinas, 1225?~1274)[8] 스코투스(John Duns Scotus, (1265?~1308)[9] 등이 있다.

스콜라철학의 창시자라고 할 수 있는 안셀무스는 "신앙은 이성에 앞선다"고 전제하고, "기독교인은 신앙을 통하여 지식으로 나아가야지, 지식을 통해서 신앙에 이르러서는 안 된다"고 주장함으로써 이성과 신앙의 일치를 강조하였다.

토마스 아퀴나스

토마스 아퀴나스는 기독교의 교리와 아리스토텔레스의 철학을 종합하여 스콜라철학을 대성한 중세 기독교 최대의 신학자이다. 그의 근본 사상에서 이성과 신앙 · 철학과 신학은 엄밀히 구별되지만, 이 양자는 결코 모순되는 것이 아니며, 모든 진리의 원천인 신(神)으로부터 오는 것으로 필연적으로 조화하는 것이라 생각하였다.

아퀴나스는 인간의 철학적 진리는 인간이 신에 의해서 창조될 때 부여 받은 이성에 의해서 그 정당성을 갖게 된다. 이성적 진리는 신이 부여한 이성에 근거한 것이기 때문에, 결코 신이 특별한 은총으로 부여하는 계시적 진리와 충돌할 수 없다는 것이다. 그의 입장은 신앙과 이성(은총과 자연의 빛)을 조화시키는 데에 두었다. 이성에 의해 신의 존재를 증명할 수 있으며, 종교적 진리에 대한 반대를 논박할 수 있다고 하였다.

신앙과 이성 사이의 관계에 대해 교부철학자 아우구스티누스의 입장은 "이해하기 위해서 믿는다"는 말로 요약된다. 즉, 아우구스티누스는 신앙이 지식의 토대이며, 이성적 지식보다는 신앙이 우선한다는 점을 강조한 반면, 아퀴나스의 입장은 "믿기 위해서 이해한다"는 말로 요약할 수 있다. 다시 말해 신

8 이탈리아 출생으로 1242년 도미니크회의 수도사가 되었고, 그 후 알베르투스 마그누스 밑에서 신학(神學)을 연구하고 파리에서 수학하여 1257년 신학으로 학위 및 교수 자격을 받았다. 그는 교회의 높은 교직을 사양하고 일개 수도사로서, 로마 · 볼로냐(Bologna) · 나폴리 등지를 돌아다니면서 신학 교육 및 저작 생활에 전심하였다(인명사전, 2002. 민중서관).

9 영국 스코틀랜드의 스콜라철학자이다. 로마 가톨릭교회의 복자이며 '영민한 박사'(Doctor Subtilis)라고 불렸다. 주요작품으로 'Opus oxoniense'와 'Opus parisiense' 2부로 구성된 명제집 주석서가 있다(위키백과).

이 인간에게 이성이라는 은총을 베풀었는데, 이 이성을 통해 신의 계시와 존재를 이해할 수 있다는 것이 그의 주장이다.

한편, 교육적인 면에서 수도원에서의 교육이 도덕적 도야를 강조한 것이라면, 스콜라철학에서의 교육은 논리적 사유, 논쟁력의 개발, 지식의 체계화와 숙달에 치중된 지적도야, 지적교육에 편중되었다. 논리의 정밀, 논증의 면밀 등을 강조하다보니 개인의 창의성이나 개성을 존중하는 교육은 의도적으로 무시되고 말았다.

중세 스콜라철학에서의 실재론과 유명론의 다툼인 '보편 논쟁'은 스콜라철학의 쇠퇴를 가져오는 한 계기가 되었고, 그러다보니 후대의 학자들은 스콜라철학이 너무나 사상과 논리가 복잡하게 얽혀 있다고 번쇄철학이라고도 한다.

생각 나누기와 심화하기

5장 중세시대의 교육

1 중세가 기독교중심의 사회로 발전하게 된 배경은 무엇이고 그 과정은 어떠했는지 알아보자.

2 중세 후반에 들어 세속교육(길드)이 발전하기 시작하였다. 이 배경은 무엇이고 이 세속교육이 후대에 끼친 영향은 무엇인지 알아보자.

3 중세대학의 기본 교과목은 7자유과이다. 이 7자유과의 역사적 생성과정을 설명하고, 중세대학이 인류에 끼친 영향이 무엇인지 알아보자.

4 중세시대 사람들의 삶과 일상생활은 어떠했는지 조사하고 그들에게 기독교가 갖는 의미가 어떤 것인지 알아보자.

제6장

르네상스와 종교개혁기의 교육

1. 르네상스 휴머니즘 사상의 발현

기독교적 세계관과 중세 봉건제도의 질서 속에서 중세 천 년의 시간이 흐르고 서구사회는 15세기에 접어들면서 인간에 대한 새로운 탐구, 자아에 대한 발견, 인간성의 회복과 같은 만능 교양인으로서의 인간 존재를 고양하려는 새로운 운동이 펼쳐지게 되었다. 이른바 르네상스(Renaissance) 운동이 전개된 것이다.

그리고 이어 16세기에는 기존 가톨릭교회의 권위적이고 부패한 양상에 대한 종교적 각성과 교회의 개혁을 주창한 종교개혁(Reformation) 운동이 펼쳐졌다. 이 두 개의 사회 변혁은 중세 교회의 권위와 속박, 봉건제도의 억압적 질서로부터 인간과 신, 자연에 대한 새로운 시야를 개척하는 계기가 되었다. 르네상스와 종교개혁은 중세시대를 종식하고 새로운 시대를 열어가는 큰 기폭제가 되었다.

1) 르네상스 운동과 휴머니즘 사상

(1) 르네상스의 본질

르네상스는 인간의 발견과 인간성의 회복이라는 인본(문)주의 사상, 즉 휴머니즘(Humanism) 사상을 그 본질로 하고 있다. 이는 신(神)중심주의, 내세주의, 교회주의와 같은 모든 중세적 세계관을 부정하고, 인간중심, 인간존중 사회를 건설하는 데 그 목적을 두고 있기 때문이다. 르네상스 안에는 휴머니즘 사상이 내재해 있다.

중세시대는 모든 인간의 종교적 속박과 권위, 전통과 독단(dogma)에 빠져 있었다. 이 같은 구속으로부터 해방되어 인간 본연의 질서와 자유로 돌아가 인간의 재발견, 인간성 회복을 추구하던 흐름이 '르네상스(Renaissance) 운동'이다.

원래 'Renaissance'의 어원은 이탈리아어 'Renascita'(레나시타)에 그 어원을 두고 있으며, '재생'을 의미한다.[1] 무엇을 재생하고자 했던 것인가? 고대 그리스 사상과 철학, 예술과 문화의 재생이다. 고대 그리스의 인문주의, 인본주의, 인간주의, 즉 휴머니즘(Humanism)의 재생인 것이다.

중세시대의 삶이 교회에 예속적이고, 권위주의 문화 속에서의 피동적 삶의 연속이었다면, 르네상스는 그 같은 신중심이 아닌 인간중심, 내세주의가 아닌 현세 중심, 권위주의보다는 이성 중심의 사회, 금욕주의보다는 자연주의 생활, 억압보다는 자유를 선택하고 탈바꿈하자는 그 시대의 움직임이었던 것이다. 그래서 인간 스스로 삶의 주인공이 되고자 했던 사상이다. 이를 통해 자아발견, 인간의 발견, 개성의 발견, 세계의 발견으로 새로운 삶을 추구하자는 시대적 조류인 셈이다.

(2) 발생 배경

르네상스는 이탈리아에서 시작하였다. 상업의 발달, 십자군 운동의 참여를 통한 도시의 활성화, 도시의 경제활동과 정치에 참여하게 되었다. 특히 13세기 후반에 들어 사회 전반적으로 경제가 발전하게 되고, 사회계층 이동이 심하게 일어나 상인들이 정치, 경제, 사회, 문화 전반에 그 중심세력으로 부상하

1 레나시타는 이탈리아의 예술가 바짜리(Giordio Vasari, 1511~1574)가 그가 저술한 〈예술가의 삶〉이라는 책 안에 치마부에(Cimabue, 1240~1337)와 지오토(Giotto di Bondone, 1266?~1337)에서 시작하여 미켈란젤로를 통해 고대미술의 부활을 renascita(재생) 이라고 부른 것에서 연유된다. 치마부에는 지오토와 함께 피렌체 회화의 창시자로 평가되고 있는 인물이다.

였다.

이탈리아가 르네상스의 중심 국가를 차지하게 된 것은 지리적인 조건이 크게 작용하였다. 당시 상업(무역)의 필요성에 따라 인접해 있던 이슬람과 비잔틴 문화와의 접촉이 빈번하게 일어나고, 내부적으로 대학의 성립과 스콜라철학자의 학문 연구, 그리고 무엇보다 민간의 문학가, 예술가의 활발한 참여와 활동이 르네상스 발흥에 크게 기여하고 있다.

더욱이 1453년 동로마제국의 멸망 후 콘스탄티노플(현 이스탄불)에 거주하던 많은 학자가 그리스의 중요 서적과 필사본 및 학문적 전통을 갖고 이탈리아로 들어가서 그리스와 로마의 고전 연구과 예술 진흥에 기여하였다.

그 중심에는 도시 피렌체(Firenze)가 있었다. 피렌체는 이탈리아 중북부에 위치한 도시로서 당시 이탈리아에는 도시와 각 지역마다 여러 공화국이 있었는데, 피렌체는 어느 공화국보다 풍부한 경제력을 갖추고 있었다. 피렌체의 상인들은 경제뿐만 아니라 정치와 종교, 예술에 이르기까지 많은 분야에서 막강한 영향을 미쳤다. 그 대표적인 부호가 메디치 가문(Medici family)[2]이다.

피렌체는 막강한 경제력을 기반으로 당시의 최고의 인문학자, 과학자, 예술가들이 모여들었고, 메디치 가문은 이들을 후원하였다. 르네상스가 피렌체에서 시작될 수 있었던 것도 이곳에 뛰어난 인문학자, 과학자, 예술가들이 있었기 때문이었다.

르네상스 운동은 고전연구에서 시작되었다. 고전연구 분야는 수사학, 역사, 철학 등의 인문학이고, 이 연구에 종사하는 사람들을 인문주의자라고 불렀다.

2 메디치가는 이탈리아의 중부 지방 피렌체 공화국의 평범한 중산층 가문이었다. 은행업으로 상당한 부를 축적하면서 유명해지기 시작하였다. 메디치 가문은 1400년부터이며 이때부터 1748년까지 약 350년간 지속되었다. 조반니 디 비치(Giovanni di Bicci, 1360~1429)는 이 가문을 이끈 수장으로 피렌체의 귀족들과 대립, 평민들의 입장을 옹호하여 대중들의 지지를 받는 인물이었다.
조반니가 죽고 그의 아들 코시모 데 메디치가 뒤를 이었고, 그는 피렌체 공화국의 발전에 기여한 공으로 '국부'의 칭호를 받았다. 그는 16개 도시에 은행을 세우고 교황청 자금 유통을 맡아 막대한 재산을 축적했는데, 자신들의 재산을 피렌체 학예를 보호하고 장려하는 데 크게 투자하였다. 수많은 예술가들이 후원을 받았으며 르네상스의 걸작들이 탄생하게 되었다.
코시모의 손자인 로렌초 데 메디치(1449~1492)는 '위대한 자'로 칭송되었으며, 이때에 피렌체와 메디치가의 번영은 정점에 달하였다. 피렌체의 르네상스 문화가 최고조에 이른 것도 이때이다.

이 같은 새로운 학문을 두고, 르네상스 인문주의자 L. 브루니는 휴마니타스(Humanitas)라고 이름을 붙였다. 그 선구적 인물로는 선구자 단테, 페트라르카, 레오나르도 부르니, 피코 델라 미란돌라 등이 있다. 초기 선구적 예술가로는 마사초, F.안젤리코 그리고 '비너스의 탄생'으로 유명한 보티첼리가 있고, 조각에서는 도나텔로가 뛰어났으며, 건축분야에서는 F.브루넬레스키 등이 있다. 이어 미술가로는 레오나르도 다빈치, 미켈란젤로, 라파엘로가 있으며, 사상가는 에라스무스가 있다.

돈키호테
출처: Wikipedia

이탈리아에서 시작된 르네상스는 16세기에 프랑스와 영국, 독일을 비롯한 유럽 전역에 전파되었다. 영국에서는 미술이나 건축보다는 문학 분야에서 큰 성과를 이루었다. 토머스 모어의 『유토피아』와 셰익스피어의 4대 비극 작품이 16세기 영국을 대표하는 작품들이다. 프랑스에서는 이탈리아의 예술가들을 궁전에 초빙하였고, 학교를 세워 인문학을 전수받기도 했다.

폴란드의 경우는 이탈리아의 상인과 화가들이 들어오면서 폴란드의 르네상스가 시작되었다. 폴란드의 성직자 코페르니쿠스는 지구가 아닌 태양이 태양계의 중심이라는 지동설을 주장함으로써 근대 과학의 발달을 촉진하는 계기가 되었다.

스페인은 통일된 스페인 왕국의 후원으로 1492년 콜럼버스가 신대륙을 발견하여 새로운 세계를 개척하였고, 이 무렵 중세 기사들을 풍자한 세르반테스의 작품 『돈키호테』가 발표되기도 하였다.

이탈리아와 북부 유럽에서의 르네상스 운동은 문화 · 예술 · 자연과학 등 다방면에 걸쳐 큰 발전과 변화를 이루게 되었는데, 이 흐름은 서양 역사가 중세와 근대로 갈라지는 결과로 이어지게 되었다.

(3) 인본주의 특징

르네상스 인문주의는 이탈리아를 시작점으로 영국, 스페인 등 유럽의 여러 나라로 확산되었다. 각 나라마다 다양한 특징을 갖고 발전되었다. 하지만 르네상스 인문주의 모태는 이탈리아이기 때문에 이를 중심으로 그 특징을 살펴보면 다음과 같다.

첫째, 고대의 재발견이다.

고대의 재발견이란 고대 그리스와 로마시대에 꽃피웠던 문화와 예술의 중요성을 새롭게 인식하게 되었다는 점이다. 고대 그리스와 로마시대의 정신, 즉 인간성의 완성을 추구하였던 고대의 정신을 다시 발견하자는 것이다. 그리하여 고대의 재발견이란 인간의 재발견, 인간 중심적인 정신과 세계의 재발견을 의미하였다. 또 다른 의미에서 재발견이란 중세시대에 잘못 번역되거나 곡해된 고대 사상가들의 문헌을 복원한다는 뜻이기도 하다.

둘째, 신본주의(神本主義)에 대비되는 개념의 인본주의(Humanism)이다.

중세 기독교사회에서 인간이나 인간 개인의 존재는 인정받지 못했다. 하지만 르네상스 인문주의자들은 인간의 존엄성과 가치를 높이고자 하였으며, 인간의 독립과 자유를 강조하였다. 신과의 관련성 속에서의 인간이 아닌 독립적 개체로서 인간의 존엄성과 가치를 실현하는 것에 관심을 기울였다.

셋째, 새로운 개혁운동이자 사회 쇄신운동이었다.

중세 말기 교회의 분열 등 어지러운 사회 상황 속에서 새로운 사회 건설을 위한 정치적 · 사상적 대안의 모색이 필요하였다. 기존 기독교의 전통과 문화를 거부하고, 고대 그리스와 로마의 인본주의의 회복에서 그 길을 찾고자 하였다.

신으로부터 수동적이고 무기력한 인간이 아니라, 지성과 도덕성 나아가 완전성을 적극적으로 추구하는 인간의 모습을 찾고자 한 것이다. 한마디로 인간의 쇄신을 통한 사회의 쇄신을 추구한 것이다.

넷째, 인본주의는 당시 문화예술운동이었던 르네상스의 정신적 토대가 되었다.

인본주의는 르네상스의 선구자인 동시에 르네상스의 일부분이었다. 문화예술의 부흥운동 가운데 특히 인본주의는 고대 언어와 학문을 재발견하고 발전시킨 사상적 흐름이다. 르네상스가 근본적으로 예술운동이 그 핵심이라면, 인본주의는 정신운동이었다는 점에서 그 차이점을 갖고 있다.

다섯째, 인간의 쇄신과 개혁을 위하여 교육이 중요하다는 점을 강조하였다.

고대를 배우기 위해서는 고대 언어(그리스어, 라틴어)를 배워야 하는 언어교육이 중요시되고, 지식의 획득과 인간의 독자적 판단 능력 함양, 인간성의 완성을 위해서는 교육과 도야를 절대적인 도구로 인식하였다.

여섯째, 인본주의는 세속화의 출발점이다.

세속 학문과 과학 활동 그리고 예술 활동이 장려되었고, 그것은 인간의 문화와 문명의 급속한 발전을 가능하게 하였다. 이 같은 노력의 결과로 인본주의는 신본주의 세계에서 벗어나 근대 인간중심주의 세계를 여는 토대가 되었다(김창환, 2007: 56－61).

2. 인문주의 교육

르네상스 인문주의는 인간중심을 지향했기 때문에 교육의 내용과 방법 또한 탈중세적이었다. 인간 본연의 모습으로 회귀하고자 했던 만큼 그리스 고전, 인문적 교양에 치중하게 되었다. 하지만 추구하고자 했던 내용과 형태에 있어서 다소의 차이를 보여 크게 보아 ① 자유교양교육, ② 사회적 인문주의 교육, ③ 로마의 키케로의 고전을 추종한 키케로주의로 대별할 수 있다.

1) 개인적 인문주의: 자유교양교육Liberal Education

르네상스가 추구했던 진정한 이념을 달성하고자 한 교육이다. 고양된 존재자로서의 인간, 상식과 교양이 풍부한 인간, 조화로운 인간성의 소유자 등이 르네상스 시대에 꿈꾸던 인간의 원형이었다. 르네상스적 인간(Renaissance Man)[3]이라는 말에 내포되어 있듯 그 시대의 귀족들은 폭넓은 지식과 교양을 소유하고 모든 학문과 예술에 통달하고자 하였다.

자유교양교육 이념은 그리스 로마시대로 거슬러 올라가 그리스의 플라톤과 아리스토텔레스, 로마의 키케로나 퀸틸리안의 이념의 기반 위에서 보다 개인의 풍부한 지식, 덕성 등을 함양하는 데 주안점을 둔 교육이념이었다. 그래서 이 자유교양교육을 개인적 인문주의라고도 한다. 개인적 인문주의 교육목적을 요약하면 다음과 같다(손인수, 1998: 150－151).

첫째, 사고의 자유, 자기표현 및 창작적 활동의 자유가 교육의 목적이었다. 그리스 고전이 갖고 있는 아름답고 자유로운 인간성 함양을 위한 도야의 추구에 교육적 이상을 두었다.

둘째, 지성 · 육체 · 덕성의 조화로운 발달을 기초한 그리스인의 자유교육을 이상으로 하였다. 중세시대에 경시되었던 체육을 부활하고, 여성의 경우 육체의 아름다움뿐만아니라 정신의 아름다움도 다 같이 배양하여 지 · 덕 · 체의 조화로운 인간, 다방면에 걸쳐 다재다능한 능력을 소유한 인재 양성에 초점을 두었다.

셋째, 개인의 존중에 교육의 목적을 두었다. 인간 개성의 자유로운 발산, 자

---

3 천재 과학자이자 예술가인 레오나르도 다빈치, 조각가인 미켈란젤로, 화가 라파엘로, 과학자인 갈릴레오 갈릴레이 등이 대표적인 인물들이다. 이들 모두 어느 한 영역에 자신의 능력을 발휘한 것이 다재다능한 능력의 발휘를 통해 많은 부분에서 인류 문화 발전에 크게 기여하였다. 예를 들면, 레오나르도 다빈치만 보아도 그는 연금술사, 물리학자, 철학자, 수학자, 법률가, 군인, 군사학자, 시인, 음악가, 가수, 건축가, 기계전문가 등 20여 가지 직업 분야에 종사하였다. 이처럼 르네상스 시대에는 박학다식한 인물, 다재다능한 기술의 소유자가 칭송받았다.

유로운 인간 정신의 해방을 추구하는 르네상스 인문주의를 지향하였기 때문에 개인의 욕망이나 성격, 흥미 등을 존중하는 개성교육을 중시하였다.

2) 사회적 인문주의Social Humanism Education

이탈리아에서 시작한 르네상스 운동은 알프스를 넘어 북부 유럽의 독일, 네덜란드, 프랑스 등으로 전파되었다. 하지만, 르네상스 운동의 본원지였던 이탈리아처럼 북부 유럽의 제 나라들은 사회 전반이 문예부흥으로 이어지기에는 제반 사회적 조건이 무르익지 않았다.

그런 까닭에 사회적 변화 움직임은 사회개혁과 인간관계 개선에 중점을 두게 되었다. 개인의 행복보다는 사회의 종교적 · 도덕적 개혁에 초점을 맞춘 교육이 실시되었다. 교육내용은 고전탐구, 성서문학 연구, 어학교육에 집중되었다.

그 중심의 학자는 아그리콜라(Rodolphus Agricola)와 에라스무스(Erasmus)이다. 아그리콜라는 도덕적 실천을 교육의 목적으로 삼아야 한다고 주장하였고, 에라스무스 또한 종교적 경건을 강조하였다. 특히 에라스무스는 사회적 부조리와 모순, 그리고 교회의 도덕적 부패를 비판하였다. 이 같은 교회의 도덕성 회복 주장은 16세기 종교개혁의 사상적 발판이 되었다.

3) 키케로주의Ceceronianism

르네상스 말기에 이르러 교육은 고전중심의 교육에 치중하게 되었다. 그 결과 고전이 담고 있는 정신이나 내용보다는 고전의 형식에 집중되는 경향을 보여 위대하고 우아한 고전의 문장을 외우는 데에 열중하는 교육 형태를 띠게 되었다. 이를 언어주의(verbalism)라고도 한다.

고전의 문장 가운데 로마의 철학자 키케로(Marcus Tullius Cicero)[4]의 문장이 가

4 고대 로마의 문인, 철학자, 변론가, 정치가이다. 보수파 정치가로서 카이사르와 반목하여 정계에서 쫓겨나 문필에 종사했다. 수사학의 대가이자 고전 라틴 산문의 창조자이다.(두산백과)

장 우아하고 훌륭하다고 보아 이를 암송하거나 문장이나 귀결을 표현하는 교육에 열중하게 된 것이다. 이를 키케로주의라고 한다.

3. 교육사상가 에라스무스Desiderius Erasmus

에라스무스(1466~1536)는 16세기를 대표하는 사회적 인문주의자이다. 에라스무스는 네덜란드 태생의 가톨릭 사제로 그를 두고 세계주의자이자 근대 자유주의의 선구자로 칭송하고 있다.

그는 『우신예찬』(1509)을 통해 기존 가톨릭교회의 부패와 타락과 성서에 대한 사제의 독점을 비판하는 등 교회의 순수한 신앙과 경건의 회복 그리고 도덕의 재무장을 주장하였다. 이 같은 그의 주장은 종교개혁에 크게 영향을 미쳤다.

하지만 루터가 종교개혁을 주도할 때 에라스무스의 지지를 받고자 하였으나 번번이 그 요청을 거절하였다. 그 이유는 기존 교회에 근본적으로 반기를 들고 싶지는 않았기 때문이다.

에라스무스

에라스무스는 당시는 물론 후대 교육에 큰 영향을 미쳤다. 그는 인간을 이성의 동물로 보았고, 인간의 자유를 주장하였다. 그러므로 교육의 과제를 인간성과 종교성(경건성)의 통합에서 찾고 있다. 그 방법을 세 가지 통로에서 찾았다.

첫째는 경건교육으로 인간을 경건성으로 이끄는 것이 인간 삶의 목적이요, 교육의 목적이라 보았다. 경건성이란 성경과 그리스도의 정신에 따라 살 수 있도록 이끄는 것을 말한다.

둘째는 개인의 인간성을 함양하고 자유인으로 도야하는 인간교육이다. 이를

당시 면죄부를 판매하는 성직자들
출처: Wikipedia

즘[8](protestantism)이라는 이름을 가진 여러 종파가 나타났다.

종교개혁은 마르틴 루터(M. Ruther)에 의해서 시작되었다. 루터 이전에도 영국의 위클리프(John Wycliffe)[9], 체코의 후스(Huss)[10] 등 개혁의 선구자들이 있었지만, 본격적인 시작은 루터로부터 비롯된다.

종교개혁이 일어난 배경에는 왕권의 강화로 교황권이 추락하고, 교회의 분열과 성직자의 타락 등 교회 내부의 부패가 만연하였다. 즉, 교회가 가난한 이웃을 돌보지 아니하고 사치와 탐욕에 빠져 종교를 수단으로 여기는 타락한 성직자가 도처에 생겨났다. 이처럼 교회의 권위가 실추되고 교회에 대한 불신이 가득하여 쇄신을 요구하는 목소리가 높아져만 갔다. 이러한 가운데 종교개혁의 직접적인 발단은 루터가 1517년 교황 레오 10세가 성 베드로 성당을 개축할 목적으로 발매한 면죄부에 대해 95개 조항의 항의문을 비텐베르크(Wittenberg) 성당 목조 대문에 붙이면서 시작되었다. 가톨릭에 대한 반발이 확산되었고, 루터는 츠빙글리(H. Zwingli)[11], 칼뱅(J. Calvin)[12] 등과 함께 프로테스탄트 교리를 확립하였다. 이로서 오늘날 그리스도교는 가톨릭교회(구교)와 개신교회(신교)로 크게 나뉘게 되었다.

종교의 새로운 혁신운동인 종교개혁은 비단 종교계 내부의 갈등과 변화를 일으킨 것만은 아니었다. 제후와 농민과의 전쟁 반발의 요인이 되기도 하였고, 구교와 신교 간의 30년 종교전쟁(1618~1648)이 일어나기도 하였다. 또 정치

8 개신교, 즉 종교개혁의 결과로 갈려져 나온 기독교를 말한다.
9 영국의 기독교 신학자이며 종교개혁가. 최초로 영어 성서를 완역하였다.
10 보헤미아의 종교 개혁자, 순교자이다.
11 울리히 츠빙글리(1484~1531)는 스위스의 종교개혁자이다. 루터와 더불어서 종교 개혁의 양대 산맥이라 할 수 있다.
12 칼뱅(1509~1564)은 마르틴 루터 이후 가장 중요한 프로테스탄트 개혁가이자 신학자이다.

적으로는 입헌군주제 성립과 민주주의를 위한 윤리적 초석에 닦는 데에도 크게 기여하였다. 특히 교육 혁신에도 많은 기여를 하였다.

종교개혁이 갖고 있는 의미를 프로테스탄트의 윤리적 맥락에서 찾아보면 다음과 같다.

첫째, 순수한 기독교의 재발견과 성서를 신앙의 규범으로 제시하였다는 점이다.

종교개혁은 "성서로 돌아가자"를 기치로 내세운 성서주의, 복음주의의 입장이다. 즉, 사제를 통한 간접 신앙이 아닌 성서를 통한 직접 신앙에로의 방향 모색이었다. 루터가 라틴어 또는 히브리어로 기술되어 있던 구약성서와 신약성서를 자신의 모국어인 독일어로 번역한 것은 직접 신앙을 실천하기 위함에 있었다.

둘째, 인간은 평등한 존재로 태어난 권리적 존재라는 점을 강조한 것이다.

교황과 교회는 계급적으로 권위주의에 꽉 찬 조직사회였기 때문에 많은 부조리와 폐해를 초래하였다. 인간의 존엄성과 인격은 무시되어 왔으며, 가톨릭이 면죄부 판매와 같은 도덕적으로 타락한 모습을 보여주었기 때문에 이를 타파하고자 평등하고 공평한 새로운 사회건설을 목표로 하였다.

인간의 권리적 존재라는 인식은 교육에 있어서 교육의 기회균등, 즉 의무교육 주장으로 반영되기도 하였고, 정치적으로는 입헌 민주주의 색채를 띠게 되어 이후 여러 나라에서 입헌 국가 건설로 이어지기도 하였다.

셋째, 프로테스탄트의 윤리는 생산적인 직업윤리, 자본주의 정신의 모태가 되었다.

루터는 직업은 하나님이 인간에게 부여한 소명(calling)이므로 하나님 앞에 직업의 귀천은 있을 수 없다고 주장하였다. 누구나 자신의 직업에 충실하게 사는 것이 중요하다고 역설하였다. 즉, 독일어로 직업을 'Beruf'라고 하는데, 이 말에는 '신의 소명'(Calling of God)이라는 의미가 담겨 있다. 이처럼 루터가 직업의 중요성을 강조함으로써 직업의 소중함, 노동의 가치를 새롭게 부각한 것이다.

『프로테스탄티즘의 윤리와 자본주의 정신』의 저자 막스 베버(Marx Weber)는 이 책을 통해 근대 자본주의 탄생은 개인의 이기심이나 욕망에 의해 만들어진 것이 아니라 프로테스탄트들의 금욕정신, 검소와 절약, 근면생활과 경건의 윤리에서 출발하였다고 주장하였다. 이 같은 프로테스탄트 정신이 있었기 때문에 서구는 합리화, 공업화, 근대화를 이루게 되었다는 것이 막스 베버의 주장이다.

이처럼 종교개혁은 종교 내부의 혁신에 그치지 않고, 사회 제 영역에 커다란 파장을 끼치게 되었고, 르네상스와 더불어 중세적 질서와 권위를 일소하면서 17세기 철학의 부활과 과학 부흥의 촉진을 통해 서구사회가 근대사회로 나아가는 기폭제가 되었다.

2) 종교개혁 사상가 루터Martin Luther

마르틴 루터

(1) 생애

마르틴 루터(1483~1546)는 1483년 독일의 작센안할트 주의 아이스레벤(Eisleben)에서 태어났다. 그가 아버지의 염원대로 법률가가 되기 위하여 에르푸르트에서 공부를 하고 있을 때였다. 집에 잠깐 왔다가 돌아가는 길에 벼락이 그의 바로 옆에 떨어졌다. 그는 이것을 하나님의 메시지로 받아들이고, 부친의 반대에도 불구하고 아우구스티누스 은둔자 수도회 소속 검은 수도원에서 신부의 길을 시작하였다.

당시 로마 가톨릭교회는 부패하여 면죄부를 판매하는 등 폐단이 심했다. 루터는 여기에 적극적으로 반발하여 비텐베르크성의 만인성자교회의 문 앞에 '95개의 논제'를 붙여놓았다. 이로써 그는 가톨릭교회와 전면적인 대립으로 치달았으며, 이 95개의 논제는 대중에게도 폭발적인 영향력을 발휘했다. 루터는 교회가 인간의 죄를 면하거나 구원할 수 없으며 그것은 오로지 하나님의 은혜로서 가능한 것이라고 주장하였다.

『그리스도인의 자유에 대하여』(1520)는 『로마서 강의』(1515~1516)와 함께 초기의 신학사상을 잘 나타내고 있는데, 루터는 상황 속에서 자기를 형성하고 발언하는 신학자였기 때문에, 말년에 이르기까지의 많은 저서와 강의를 통하여 그의 사상을 남김없이 토로하였다.

(2) 교육사상

루터는 사제였지만 그의 사상은 종교적인 문제에만 국한되지 않았다. 종교인이었지만 그의 사상은 서양 근대교육 발전에 매우 중요한 위치를 차지할 정도로 크게 기여하였다. 루터는 설교나 서한을 통해 의무교육, 직업교육, 가정교육, 여자교육, 학교교육, 교직, 노동교육, 음악교육, 학교 도서관 등에 그 필요성과 가치에 대해 일관되게 주장하였다. 그의 주장들은 서양 근대교육 성립에 크게 기여하였는데 이를 정리하면 다음과 같다.

첫째, 루터는 의무교육의 필요성을 주창한 최초의 사상가이다.

루터가 가장 중요시한 것은 가정교육이었다. 그리고 그 다음 중요한 것으로 학교교육이라고 생각하였는데, 이 학교교육은 국가가 책임져야 한다고 주장한 것이다. 〈부모가 아이들을 학교에 보내야 하는 의무에 관한 설교〉(1530)와 〈시장과 시의원에게 보내는 서한〉을 통해 ① 남여, 빈부귀천의 차별없는 학교를 설립한다는 것은 교회의 책임이 아니라 국가의 책임이다. ② 학교교육은 전국의 자녀에게 빠짐없이 실시되어야 한다. ③ 국가와 부모는 아이들의 취학을 위하여 강제성을 발동할 필요가 있다고 자신의 생각을 피력하였다.

그 구체적 방안으로는 도시와 농촌 각각에 초등학교를 세울 것을 권고하기도 하였다. 이는 교육을 공적 책임에 귀속시키고, 국가가 마땅히 해야 할 의무가 교육임을 천명하였다. 루터의 이 같은 주장은 독일의 고타(Gotha) 공국과 미국 매사추세츠 주에서 의무교육령 제정(1642)이라는 결실로 이어졌고, 국가의 교육을 책임지는 공교육 사상의 확립과 국가주의 교육사상으로 이어지게 되었다.

둘째, 가정교육을 교육의 기본으로 삼았다.

루터는 가정에서 부모들이 자녀들의 교육에 충실히 해야 한다고 강조한다. 성스러운 결혼을 통해 만든 가정은 아동교육을 위한 가장 최적의 장소라는 것을 주장하였다. 〈결혼생활에 관한 설교〉(1519)를 통해 결혼은 '신적 제도'로 아동의 올바른 성장과 발달의 전제조건이 되며, 성직자도 세속적 결혼이 허용되어야 한다는 점을 주장하였다. 결혼가정 내에서 부모의 따뜻한 사랑과 관심 속에서 각각의 독립성과 자율성 그리고 책임감을 가진 아이로 성장되도록 양육되어야 한다고 설파한 것이다. 실제로 루터는 결혼 생활을 모범적인 가정으로 꾸렸다.[13]

하지만 가정에서의 교육이 중요하지만 여러 가지로 한계가 있기 때문에 학교교육이 더욱 중요하다고 루터는 주장한다. 〈시장과 시의원에게 보내는 서한〉을 통해 그의 생각을 잘 알 수 있다.

> "나는 하나님이 판단하시기에 교육을 소홀히 하는 것보다 세상 사람들에게 아주 무거운 짐을 지게 하고 벌을 받을 만한 현세적인 죄는 없다고 생각한다. 부모들은 여러 가지 이유로 이런 의무를 소홀히 한다. 첫째로, 어느 사람들은 효심과 정직성이 부족해서 할 수 있는데도 하지 않고, 타조처럼 자식에 대해 무관심하여, 그들을 위해서 아무것도 하지 않는다. 둘째로, 대다수의 부모들은 그것을 하기에는 부적합해서 자녀들을 어떻게 길러야 하고, 가르쳐야 하는지를 모르고 있다. 셋째로, 부모가 자격이 있고 기꺼이 그것을 하려고 해도 다른 일이나 가사 의무 때문에 그것을 할 시간이 없다. 각 부모가 개인교사를 고용하지 않는다면 공립학교에 교사들을 고용하는 것이 필수적이다. 그러므로 어린이들을 세심하게 관리하는 것은 시장과 시의회 의원들의 의무일 것이다"(Martin Luther, Letter to the Mayors and Aldermen of All the Cities of German In Behalf Christian Schools(성기산, 1998: 115 - 156 재인용)).

13 루터는 성직자였지만, 그녀를 따르던 수녀 카타리나 폰 보라와 결혼하여 가정을 꾸렸다. 그리고 슬하에 3남 3녀를 두었다. 독신으로 살아야 했던 성직자가 계율을 깨고 결혼할 수 있었던 것은 루터가 결혼은 '신적 제도'라고 여겼기 때문이다. 하나님이 아담과 이브를 천국에서 결혼하지 않았느냐고 루터는 생각한 것이다. 이후 개신교의 성직자들은 결혼을 통해 가정을 꾸릴 수 있게 되었다.

서한에서 알 수 있듯 가정교육이 중요한 일이지만 부모들의 무관심, 무지, 가사노동 등으로 인하여 제대로 된 교육을 할 수 없다. 따라서 시 당국에 이들을 세심하게 배려해야 한다고 주장하고 있다.

셋째, 직업교육의 중시이다.

루터는 노동의 가치를 배우고, 각자 자신이 좋아하는 분야에서 일할 수 있는 직업훈련이 필요하다고 강조하였다. 루터는 노동교육을 중시하고 학교에서 매일 한두 시간 공부하고, 집으로 돌아가 나머지 시간은 장사나 가사를 도와주는 것을 배워야 한다고 주장하였다. 즉, 생활에 필요한 직업훈련을 해야 한다는 것이다.

넷째, 음악교육의 중시이다.

루터는 성서 다음으로 음악교육을 중요하게 생각하였다. 정서 함양을 위해서였다. '음악은 신의 아름다운 고귀한 선물'이라고 하면서 1524년 『찬미가집』을 편찬하기도 하였다.

> "나는 항상 음악을 사랑한다. 우리들은 학교에서 음악을 가르치지 않으면 안 된다. 교사는 음악에 대한 기술을 가져야 한다. 그렇지 않으면 나는 그를 존경할 수 없다" (R. Ulich, opcit., 123; 손인수: 173).

다섯째, 교직의 중요성과 여성교육의 필요성을 주장하였다.

루터는 교직을 성직으로 생각하였다. 만일 성직자로 태어나지 않았다면, 교사가 되었을 것이라고 단언할 정도이다.

> "만일 내가 설교하는 일을 버리지 않으면 아니 될 경우에 처하게 된다면, 단연 교육자가 되기를 원한다."(위의 책, 같은 쪽)

루터의 이 주장은 그가 얼마나 아이들의 교육문제에 관심을 가졌는지 보여

주는 대목이다. 나아가 루터는 초등학교의 교사는 능력과 재능을 가진 여교사를 채용해야 한다고 주장하기도 하였는데, 이는 여교사 양성을 통해 여성 평등교육을 지향한 것이다.

여섯째, 체벌 금지, 흥미 유발 학습을 강조하였다.

학습의 가장 효과적인 방법은 놀이 등 흥미 유발이 최고의 방법이지, 체벌 등 강압적인 방법은 불필요하다고 주장하였다.

3) 종교개혁이 교육에 미친 영향

(1) 평등주의 교육 기초 마련

종교적 동기에서 일어난 종교개혁은 하나였던 기독교가 신교(가톨릭)와 구교(개신교)로 분열되고, 양자 간의 전쟁을 비롯한 종교적 갈등이 오랫동안 지속됨으로써 사회발전을 저해한 요소도 적지 않았다. 하지만 종교개혁 이후 성직자를 통해 믿어 왔던 간접 신앙을 직접 신앙으로 전환하게 만들었고, 각국에서 성서를 모국어로 번역하는 작업은 자연스럽게 모국어 교육으로 이어졌다. 오늘날 현대 독일어가 루터의 성서의 모국어 번역과정에서 문법이나 문장들이 체계화되었다고 할 정도로 성서번역 작업은 각국의 모국 언어 발달에 큰 영향을 미쳤다.

종교개혁은 사회에 큰 영향을 미쳤는데, 무엇보다 교육의 변화에 큰 변화를 초래하게 되었다. 이는 루터의 교육개혁 사상이 있었기 때문이다.

이 가운데 그의 의무교육 주장은 향후 최초의 의무교육령인 고타(Gotha)교육령(1642)의 제정 등으로 이어지게 되는 등 교육사적으로 끼친 영향을 정리하면 다음과 같다.

첫째, 성서해석을 양심의 자유와 이성의 권위를 토대로 하였다. 따라서 교육에서도 이성의 개발을 필요로 하게 되었다. 이러한 교육의 이성주의는 나중에 교육에서의 주지주의 발달을 가능하게 했다.

둘째, 성서가 일반 평민에게까지 개방되었다. 이에 힘입어 교육도 보편화되었다.

셋째, 새로운 직업윤리로 교육내용에서 실과교육을 강조하게 되었다.

넷째, 인간평등사상은 교육의 민주화를 촉진시켰다.

다섯째, 대중교육에 대한 교회와 국가의 책임을 강조함으로써 근대적 국가 교육제도의 실현을 보게 된다. 이후 교육이 종교로부터 독립하게 되고, 공립학교 제도가 실시되게 된 것은 그 원인을 따져보면 종교개혁 운동에 의한 학교제도에서부터 비롯된다.

여섯째, 전문적인 교사양성의 필요성이 강조되었다. 특히 루터는 초등학교에서 여교사를 채용할 것을 주장하였다(손인수 · 정채철, 1973).

(2) 의무교육령 제정

루터는 교회에서 강론을 통해 자신의 결혼관, 교육관 등 다양한 생각들을 대중들에게 공개 팸플릿을 통해 전달하였다. 그 중의 하나가 〈아동의 취학 의무에 관한 서한〉이다. 이 서한을 통해 루터는 최초로 초등교육의 의무교육을 주장한 것이다. 그가 주장한 의무교육론의 요지는 교육은 교회가 아니라 국가에서 책임져야 한다는 것이었다. 초등교육제도를 확립하여 보통교육의 보급, 의무교육 실시, 과학의 진흥, 교사의 양성 등을 주장함으로써 근대국가의 보통 의무교육제도의 사상적 기초를 제시한 것이다.

일반적으로 유럽 최초의 법적 의무교육령 반포는 중세시대 카를(Karl) 대제의 3차(787년, 789년, 802년)에 걸친 의무교육령이다. 하지만 근대적 법령과 내용으로 제도적 실시를 한 것은 독일의 작은 공국인 고타지역의 〈고타(Gotha) 교육령〉(1642)과 같은 해 미국의 〈매사추세츠(Massachusette) 교육령〉(1642)이다. 〈고타교육령〉은 루터의 주장에 기초하여 취학의 의무, 학교관리, 교과과정, 교수법을 제시하고 있으며, 중앙집권적 교육체제의 확립을 제시하고 있다.

이에 반해 〈매사추세츠 교육령〉은 캘빈주의로부터 영향을 받았는데, 부모와 고용주의 의무교육 규정, 지방자치단체의 학교 설치 의무와 의무교육 감독권 인정, 전 주민을 대상으로 교육세에 의한 무상교육제도의 실시를 내용으로 하고 있다. 내용적으로는 〈고타교육령〉보다 한 발 더 나아간 공교육제도라고 할 수 있다. 이후 유럽에서는 현재 독일의 북부에 위치하였던 옛 프러시아(Prussia) 공국에서 1717년 최초로 의무교육을 실시하였고, 차례로 각국에서 의무교육이 제도화되기 시작하였다.

4) 예수회의 창설과 구교의 교육

예수회 창설자 로욜라

종교개혁 후 가톨릭의 교세는 위축되었다. 하지만 반종교개혁 세력은 예수회(Jesuit Order, Society of Jesus)를 탄생시켰다. 이 예수회를 창설한 사제는 프란시스코 사비에르(Francisco Xavier)와 이냐시오 데 로욜라(Ignatius de Loyola) 등이다. 이들이 주축이 되어 파리에서 1540년 남자 수도회가 창설하였다. 특히 로욜라[14]는 이 수도회의 초대 총장으로 추대되었고, 죽을 때까지 그 직에 헌신했으며 로마학원의 창립(1551)자로도 알려져 있다.

예수회의 사상(로욜라의 사상)은 그리스도에 대한 복종과 교회봉사의 영성에 있었다. 이 같은 정신에 따라 개인의 인격 완성은 물론 나아가 이웃에게 봉사하기 위해 다양한 대외 사업을 전개하게 되었는데[15], 그중에서도 세계적으로 교육 사업에 많은 기여를 하였다.

예수회는 신앙심 확립, 세계 각국에 선교활동, 교육사업에 역점을 두었고,

14 예수회의 창립자이다. 군인(1518~21)으로 대불전쟁에 종군하던 중 1521년 팜플로나의 전쟁에서 양발에 포탄을 맞아서 중상을 입은 후 병상에서 세속의 허영에 빠졌던 자신을 되돌아 보고 회개하게 된다. 죽음의 위기에서 탈출한 후 몬세라트의 분도 수도원에서 수도자 생활을 시작하였다. 대표 저작은 『영신수련』(1548)이 있다.

15 중국에 천주교를 포교한 사람은 마테오리치로 그는 예수회 소속이었다. 그가 편찬한 책이 『천주실의』이다. 이 책이 조선시대에 전해져 천주교 전래의 계기가 되었다.

특히 세계적으로 청소년교육에 많은 활동을 펼쳤다. 예수회는 가톨릭의 정신과 사상을 올바르게 전파하기 위해 청소년 단계에서부터 교육이 필요하다고 보고, 세계 각국에 많은 학교를 세웠다. 1547년 처음으로 예수회 대학을 개설한 이래, 세계 100여 개 나라에 진출하여 226개의 단과대학과 종합대학을 설립하였고, 4천여 개의 중 · 고교와 기타 교육기관 등을 세워 운영하고 있다. 이 수도회가 한국에 들어온 것은 1954년인데, 1960년에 서강대학교, 1962년에는 광주가톨릭대학교가 이 예수회에서 설립한 학교이다.

예수회의 교육목적은 교회 지도자 양성에 있었다. 특히 라틴어를 잘 구사할 줄 알고, 신앙심이 투철한 지도자를 양성하고자 하였다. 교육제도는 상급과와 하급과로 구분하고, 상급과는 오늘날 대학, 하급과는 중등교육 수준이다. 하급과는 5~6년 과정, 상급과는 7~9년 과정으로 운영되었는데, 상급과를 졸업하면 교사 자격증이 주어지게 되었고, 만약 신부가 되고자 하는 사람은 상급과 졸업 후 4년 과정의 신학부에서 더 수학해야 한다.

예수회는 로욜라가 스페인 귀족 출신의 장교였던 관계로 군대조직을 모방하였다. 명령과 규율이 엄격했고, 위로부터 명령에 절대 복종할 것을 요구하였다. 이는 종교개혁 세력을 파괴하기 위한 목적도 갖고 있었기 때문이다. 모든 회원(가톨릭 신자)은 웅변과 설득, 교리를 올바르게 가르칠 수 있는 능력을 배양하고자 매우 엄격한 교육과정을 적용하였다.

교과목은 하급과의 경우, 라틴어문법과 그리스어, 수사학과 역사 등이었다. 상급과는 철학을 비롯하여 심리학, 천문학, 물리학 등 다방면에 걸친 교과목을 배워 교리 전파를 위한 폭넓은 교양 습득과 논리적 사고 함양에 역점을 두었다.

교육방법은 첫째, 강의와 반복 그리고 매주에서부터 매월, 매년에 걸쳐 정기적인 시험으로 암기 학습이 주를 이루었다. 둘째, 훌륭한 태도 함양을 위해 체육과 음악, 악기 연주도 배웠다.[16] 셋째, 경쟁 학습체제를 도입하여 개인과 개인, 학급과 학급 간 치열한 경쟁 구도 속에서 수업이 진행되었다.

16 신체운동을 할 것을 의무화했는데, 규정 49조에는 '모든 회원은 점심과 저녁 식사 전 15분간 신체운동을 하지 않으면 안 된다' 라고 규정하고 있다(체육학대사전, 2000, 민중서관).

생각 나누기와 심화하기

6장 르네상스와 종교개혁기의 교육

1 르네상스 운동의 발생 배경과 확산 과정에 대하여 조사하고 논의해 보자.

2 르네상스 운동은 학문과 예술을 비롯하여 서양의 문화 전반에 큰 변화를 일으킨 대 사건이었다. 르네상스 운동이 인류 문화와 역사 발전과정에서 어떤 영향을 미쳤으며, 그 주역들은 누구였는지 논의해 보자.

3 종교개혁으로 인한 종교적 대립과 갈등 양상은 어떻게 전개되고 그 결과는 어떻게 마무리되었는지 조사해보고, 종교개혁이 후대 교육에 미친 영향이 무엇인지 알아보자.

제7장

17세기 과학의 발전과 실학주의 교육

1. 근대철학의 발흥과 과학의 진전

서양 근대의 시작은 17세기이다. 15~16세기 르네상스 운동과 종교개혁을 계기로 다시금 인문주의 사상이 대두되었고, 종교적 구속과 억압으로부터 어느 정도 벗어나기 시작한 서구사회는 뉴턴(Newton) 물리학과 같은 자연과학에 관심을 기울이기 시작하였다. 아울러 생리학이나 해부학과 같은 신체 구조와 기능에 대한 연구가 광범위하게 진행되었다. 이에 따라 17세기는 '과학혁명의 시대'로 규정되고 있으며, 20세기 철학자 화이트헤드(Whitehead)는 17세기를 두고 '천재들의 세기'라고 불렀다.

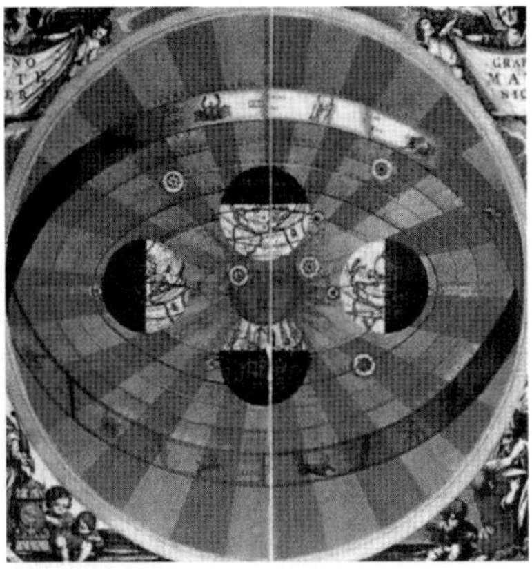
지동설을 설명한 그림

16세기 코페르니쿠스(Copernicus)로부터 비롯된 과학 연구는 케플러, 갈릴레오를 거쳐 지동설[1]을 확립

1 지동설은 태양이 우주의 중심이고, 지구는 행성의 하나로 자전을 하면서 태양의 주위를 공전한다는 이론이다. 지동설 이전에는 천동설이 지배적인 우주관이었는데, 천동설은 지구가 우주의 중심에 있고, 태양을 비롯한 모든 천체는 지구의 주위를 돌고 있다는 이론이다. 이 천동설은 고대 그리스 시대로 접어들면서 구체화되었는데, 특히 기원전 2세기 프톨레마이오스가 천동설을 잘 정리한 이후 1400여 년 동안 절대적 진리로 받아들여졌다. 천동설은 중세시대 크리스트교의 교리로 받아들여졌다.

시켰으며, 뉴턴이 만유인력을 발견하는 등 수많은 철학자와 과학자들이 등장하였다. 이들에 의해 천문학, 수학, 물리학, 해부학, 생리학 등 과학과 의학 분야가 급격히 발전하게 되었다. 또 18세기에는 프리스틀리 등에 의해 화학이 뒤늦게 이에 동참한다. 이러한 학자들의 학문연구와 성과들은 18세기 후반부터 시작된 산업혁명이 발발하는 원동력이 되었다.

17세기는 과학뿐만 아니라 근대철학이 발흥된 시기이다. 근대철학은 영국을 중심으로 나타난 경험론과 대륙에서 발전한 합리론이 대표적 사상이다.

먼저 경험론(Empiricism)은 지식이란 경험에 의하지 만들어지는 것이라고 보는 철학이다. 베이컨과 로크, 버클리와 흄 등이 대표적인 경험주의 철학자이다. 베이컨은 감각기관의 경험과 관찰로 얻은 지식만이 진정한 지식이라고 보았다. 관찰하고 경험한 구체적인 사실에서 출발하여 일반적인 원리를 도출하는 귀납법을 지식 탐구의 방법으로 제시하였다. 그 대표자 중 한 사람인 로크(J. Locke)는 그가 쓴 책 『인간오성론, Essay Concerning Human Understanding』(1690)에서 인간 관념의 궁극적 원천은 감각이고, 모든 정신작용은 단순한 감각자료를 결합하고 혼합하여 복잡한 개념적 도구를 만드는 것이라고 주장하였다. 또한 로크는 백지설(Tabula raza)을 주장하였다. 그는 인간의 정신이 원래 아무것도 쓰여 있지 않은 백지상태로 시작되어 경험에 의하여 그 내용이 채워진다고 주장하였다.

프란시스 베이컨

르네 데카르트

이와 같이 경험을 인식의 원천으로 생각하는 철학적인 인식 변화에 따라 교육에 있어서 암기보다는 경험과 실물교과를 중시하게 만들었으며, 실용성과 실천성을 강조하는 실학주의(realism) 교육이 탄생하게 된 것이다.

한편, 영국의 경험주의와 대비되는 대륙의 합리주의(Rationalism)는 프랑스의 데카르트(Rene Descartes)에 의하여 비롯되었다. 데카르트는 진리를 찾기 위해 지금까지 정립된 제 학설과 사상 등에 대해 조금이라도 의심할 여지가 있는 모든 것을 일단 의심해야 한다고 주장한다. 그래야만 완전히 명백한 진리를 발견할 수 있다고 믿었기 때문이다.

하지만 그가 찾아낸 진리는 의심하기를 멈추지 않고 계속 생각하고 있는 자신, 즉 나는 지금 의심(생각)하고 있다는 사실만큼은 부정할 수 없다는 사실이었다. 그래서 그 유명한 명제 "나는 생각한다. 고로 존재한다"(cogito ergo sum)가 성립되었다. 생각하는 존재는 곧 중세시대에는 무시되었던 인간 이성의 회복을 의미한다. 다시 말해 합리주의는 인간의 사유하는 능력인 '이성'에 대한 믿음에서 출발하여 진리에 다가서자고 주장하였다. 전통이나 관습의 권위를 부정하고 합리적 판단이나 추론 등을 통해 진리에 다가서려는 이성철학이 곧 합리주의인 것이다. 이 같은 데카르트의 철학은 이후 스피노자(Spinoza), 라이프니츠(Leibniz) 등으로 계승되고 칸트(Kant)에 의한 비판적 합리주의로 승화되었다.

이처럼 대륙의 합리론과 경험론은 그리스 철학 이후 철학의 본질과 임무를 다시 복원함으로써 근대 철학은 새롭게 시작되었다. 이후 두 체계를 통합하려고 시도한 칸트를 비롯하여 독일의 여러 철학자를 통해 '관념론'[2]이라는 새로운 사조가 생겨났다.

2. 실학주의 교육사상

르네상스 이후 후기 인문주의는 언어주의와 형식주의 독단에 빠지게 되었고, 종교개혁은 사회 전반에 걸쳐 지나친 도덕과 윤리만을 강조하였다. 이 같

2 관념론은 칸트(I. Kant), 피히테(J. Fichte), 셸링(F. Schelling)을 거쳐서 헤겔(G. Hegel)에 이르러 완성되었다.

은 인문주의 교육의 폐단을 극복하고자 대두된 교육사상이 실학주의(realism)이다.

실학주의는 일상생활에 실제로 유용한 지식과 자질을 갖춘 실용적 인간을 양성하자는 교육사상이다. 그 중심에는 교육사상가인 코메니우스(Comenius)가 있다.

실학주의의 탄생 배경에는 자연과학의 발달로 새로운 세계관의 형성과 경험과 관찰을 중시하는 경험주의 철학이 놓여 있다. 그래서 고전의 암송과 같은 인문적 교양보다는 자연과학과 같은 실용주의 교과목을 중시하게 되었고, 언어보다는 실물을 선호하는 방향으로 전환하기 시작하였다.

'언어 이전에 사물', '모든 지식은 감각으로부터'라는 표어는 실학주의 교육사상을 단적으로 잘 말해 주고 있다. 실학주의는 인문주의 교육의 형식주의에 반대하면서 실용성을 교육의 최고 목표로 삼았고, 모국어를 중시했으며 교육방법에 있어서도 여행, 관찰, 실험, 시청각 교재의 활용 등 과학적 방법의 도입을 강조하였다.

실학주의는 발달과정에서 그 강조점에 따라 인문적 실학주의, 사회적 실학주의, 감각적 실학주의로 구분된다.

1) 인문적 실학주의

인문적 실학주의는 고전연구를 통해 그 안에 들어 있는 실제적이고 실용적인 지식을 교육하여 현실생활에 유능한 인간을 양성한다는 목표를 갖고 있다. 고전을 중시했다는 점에서 인문주의 색채를 띠고 있지만, 그 실제 교육내용에 있어서는 고전을 통해 실생활에 활용할 수 있는 유용한 지식을 배운다는 점에서 차이가 있다. 사상가로는 라블레(F. Rabelais), 비베스(J. L. Vives), 밀턴(J. Milton)이 있다.

밀턴은 영국의 사상가이자 교육학자로 『교육론』(1644)을 저술하였는데, 그는 이 책을 통해 교육은 현실의 실제생활을 준비하는 일이라고 주장하고, 교육을 통해 자신의 직업상 직무에 필요한 능력과 지식을 얻는 것이 중요하다고 강조하였다. 문법, 수사학, 논리학 등 광범위한 인문 교과목을 배우되, 형식적인 암기나 작문 연습을 하는 것이 아닌 고전을 통해 현실생활에 유용한 지식과 능력을 배우는 것을 교육의 본질로 보고 있다.

2) 사회적 실학주의

사회적 실학주의는 세상 돌아가는 이치와 실정을 잘 아는 사회인을 양성하자는 데 교육목표를 두고 있는 사상이다. 즉, 교양이 풍부하면서도 예절 바른 인간 그리고 견문이 넓은 신사(gentleman) 양성을 교육목표로 삼았다. 이 사상은 상류계급을 대상으로 사회적 경험을 통해 심성을 계발하는 데 교육의 주안점을 두고 있는데, 서적보다는 사교 활동이나 여행 등 사회적 활동을 중시하였다. 또한 모국어와 자연과학에 대한 백과전서적인 지식이 필요하다고 주장한다.

대표적 사상가의 한 사람인 몽테뉴(M. Montaigne)는 생활 경험과 관계없는 관념적인 지식은 불필요하다고 주장하고, 암기 교육을 대신하여 이해 중심의 교육을 실시해야 한다고 제안하였다. 여행은 다양한 사회의 문화와 관습 그리고 인간행동을 익힐 수 있는 좋은 교육의 장이라고 주장하였다.

로크(Locke) 또한 교육을 신체적 · 도덕적 · 지적으로 균형 잡힌 인간 양성에 목표를 두어야 한다고 주장하였다. 따라서 강한 신체적 단련을 통한 건강한 신체를 소유하고 풍부한 사회적 경험과 교양을 아울러 갖춘 신사를 교육적 인간상으로 제시하였다.

3) 감각적 실학주의

감각적 실학주의는 실학주의의 가장 발전된 형태로서 코메니우스(J. A. Comenius)가 그 대표 인물이다. 감각적 실학주의는 자연과학적 지식을 존중하고, 이를 통해 얻은 자연과학적 지식과 방법을 교육에 적용해야 한다는 맥락에서 과학적 실학주의라고도 한다.

무엇보다 감각적 실학주의는 자연의 질서에 근거한 '합자연의 원리'에 따라 교육을 하고자 했으며, 감각적 직관을 중시했다. '말보다 사물'이라는 말이 시사하고 있듯 구체적 사물에 대한 감각적 지각을 학습의 출발점으로 삼았다. 즉, 사물과의 직접적 경험을 통한 학습이나 실물이나 표본에 의한 학습이 이루어져야 한다는 주장이다.

감각적 실학주의는 후대 교육학 발전에 큰 기여를 하였다. 특히 '합자연의 원리'는 루소의 자연주의 사상에 영향을 미쳤고, 코메니우스의 직관 교수는 페스탈로치의 교육사상에 연결되었다. 대표적 사상가로는 독일의 라트케(W. Ratke), 체코의 코메니우스가 있다.

3. 교육사상가

1) 라블레François Rabelais

프랑수아 라블레(1494~1553)는 가톨릭 수도사, 의사, 인문주의자였다. 몽테뉴와 함께 16세기 프랑스 르네상스 문학의 대표적인 작가 가운데 한 사람으로서 익살스럽고 풍자적인 걸작 『팡타그뤼엘』(1532)과 『가르강튀아』(1534)의 저자이다.

라블레의 교육사상은 서적 중심의 암기 위주의 학습에서 벗어나 일상생활에서 행동하는 인간, 학문을 실생활에 응용하고 활용하는 인간, 강제와 압박을 싫어하고 자유와 자율을 존중하는 인간 양성을 교육의 핵심으로 하고 있다. 라블레는 이와 같은 인간을 양성하기 위해서는 고전을 통해 배워야 한다고 주장하고 있는데, 고전에는 인간행동에 실제적이고 유용한 지식을 담고 있다고 강조하였다.

교육사학자가 칼 슈미트는 라블레의 교육사상을 ① 정신적 발달의 조건으로 체육의 중시, ② 자연관찰 중시, 실물에 의한 직관적 학습의 주장, ③ 자유적 사고형성을 교수의 목표로 중시, ④ 실용과 생활교육의 중시, ⑤ 흥미 위주의 유쾌한 교수와 관용적인 훈련법 등 다섯 가지로 압축하였다. 이 같은 사상적 입장을 근거로 그는 인문적 실학주의 사상가로 대표하고 있다.

2) 라트케Wolfgang Ratke

라트케(1571~1635)는 독일의 교육개혁을 주도한 사상가이다. 베이컨의 영향을 받은 그의 교육사상은 코메니우스의 교육사상 정립에 큰 영감을 주었다. 1612년 라트케는 독일 국회에 제출한 교육개혁을 위한 세 가지 건의서를 통해 새로운 교수법을 제시하였다.

그는 자연에 따라 ① 쉬운 것에서부터 어려운 것으로 진행, ② 사물에 의한 교육, ③ 경험과 실험을 통한 교수의 실시, ④ 구체적인 것에서 추상적인 것으로 진행, ⑤ 하나의 개념을 완전히 익히게 한 후 다른 개념을 가르칠 것, ⑥ 반복을 통한 학습을 시킬 것, ⑦ 언어학습은 모국어부터 시작할 것 등을 주장함으로써 객관적 자연주의 교육사상에서 그 선도적인 위치를 차지하고 있다. 그는 〈실물학교〉를 설립하여 6년제 과정의 실물 위주 교육을 실시할 것을 제안하기도 하였다. 라트케의 대표적인 저서로는 『새 교수법』(1610)이 있다.

3) 존 로크John Locke

존 로크(1632~1704)는 영국의 경험주의 철학의 계승자이자 계몽주의 사상의 개척자이다. 그의 저작과 주장은 볼테르와 루소에게 큰 영향을 미쳤고, 그의 사상은 프랑스 혁명은 물론 후일 미국 독립 선언문에 반영될 정도로 후대에 엄청난 파급력을 미쳤다. 그의 대표적인 저서로 경험주의 철학을 완성한 『인간오성론』(1690)과 근대 자유민주주의 성립에 기초가 된 『시민정부론』(1690), 교육 관련 저서인 『교육에 관한 고찰』(1693)이 있다.

존 로크

로크는 『인간오성론』을 통해 백지설(tabula raza)을 주장하였다. 백지설은 인간의 마음은 원래 '아무 글자도 쓰지 않은 백지'와 같이 텅 비어 있고 깨끗한 상태인데, 개개인마다 경험을 통해 이성과 인식을 위한 원료를 얻고 반성(reflection)을 통해 관념을 얻는다고 주장하였다. 즉, 백지상태에서 경험을 통해 관념을 획득하고 오성(悟性)[3]이라는 사고 능력을 발휘하게 된다고 보았다. 관념은 감각과 반성이라는 경험의 두 가지 차원을 거쳐 생겨나게 되는 데, 감각에 의해 단순관념이 반성에 의해 복합관념이 생겨난다고 하였다.[4]

이와 같이 로크는 감각적 경험을 중요하게 인식하였기에 신체의 중요성을 강조하였다. 따라서 강인한 신체, 이성에 의해 자기 통제를 할 수 있는 건전한 인격을 소유한 '신사'(gentleman)의 양성에 교육목표를 두었다. 로크에게 있어서 교육은 신체적 · 도덕적 · 지적으로 균형 잡힌 유용한 신사를 양성하는 일이며, 유용한 신사는 여행 등 다양한 경험을 통해 세계를 배우고 자신의 행복의 실현을 위해 노력하는 사람을 말한다. 로크의 교육사상은 『교육에 대한 고찰』에서 구체적으로 잘 드러나고 있다.

첫째 "건강한 신체에 건전한 정신이 깃든다"라는 격언을 내세우며 신체적 단련주의를 강조하였다.

둘째, 덕은 마음의 완성으로 단련주의와 엄숙주의를 표방하였다. 자신의 욕망을 억제하고 이성에 따라 행동하는 인간의 의지를 도야해야 한다고 주장하였다.

셋째, 지식은 오직 덕을 높일 수 있는 수단으로 신사에게 그저 필요한 교양

3 이성과 구별되는 개념으로, 사물을 논리적으로 이해하고 판단하는 고차원적인 사고 능력이다.
4 단순관념은 경험의 최소 단위로 시각이나 청각 등 감각기관을 통해 개별적이고 수동적으로 얻어지는 관념이다. 이를테면 '붉다' '덥다' '맛있다'와 같은 개념들이다. 이 단순관념이 조합되어 복합관념이 된다. 예컨대 사과의 복합관념은 붉은색, 둥근 모양, 달콤하고 향긋한 냄새와 맛 등의 단순관념을 조합되어 이루어진다는 것이다. 이 복합관념을 통해 우리는 사물을 구분하고 통합하여 인식한다는 것이다.

일 뿐이라고 주장하였다. 진리를 탐구하고자 함에는 습관 형성이 중요하다고 보았다. 지식 습득을 위한 교과로는 영어, 라틴어, 프랑스어, 미술과 산수, 천문과 지리 등 백과전서적인 지식을 제시하였다.

교육방법은 흥미 위주의 구체적 경험적 방법을 중시하였고, 논리적 사고과정 훈련을 위해 발표와 응용도 포함하였다.

4) 코메니우스Johann Amos Comenius

(1) 기본 사상; 범지학/범교육

코메니우스

코메니우스(1592~1670)는 체코의 신학자이자 교육학자이다. 근대교육의 창시자로 평가받고 있다. 자연의 원리를 따라 교육의 과학화를 주장하고, "모든 사람에게, 모든 지식을, 모든 방법으로"라는 범교육(汎敎育, Pampaedia) 사상을 전개하였으며, 성경과 인간과 자연에 관한 올바른 종합적 지식인 범지학(汎知學, Pansophia)을 주창하였다.

'Pansophia'의 'Pan'은 '모든', '전체적인', '보편적인' 등의 의미를 갖고 있다. 이는 우리말 한자어로 '범'(汎)으로 표현되는데, '범민족적', '범국가적', '범신론'에서의 쓰임새와 같이 전체적이고 보편적인 의미로 통용된다. 그래서 코메니우스는 범지학을 '보편적인 지혜'라고 설명한다. 여기서 '보편적인 지혜'란 '모든 사람에게, 모든 것을, 모든 방법으로'라는 의미를 담고 있다. 이 범교육을 통해 코메니우스는 평화로운 국가건설을 위한 평화주의 사상을 전개하기도 하였다.

독일의 교육학자 슈프랑거(Spranger)는 코메니우스의 교육학을 '연금술적 교육학'이라고 불렀다. 왜냐하면 17세기는 연금술사가 꽤 유행하였는데, 연금술이 하찮은 돌멩이나 광물에서 금은과 같은 귀중한 보석을 찾아내는 것처럼 성인의 축소판으로 취급 받았던 아동을 교육함으로써 황금과 같은 이상세계를 건설할 수 있다는 믿음이 코메니우스에서 찾아지기 때문이다.

아동의 중요성을 발견하고, 아동을 교육하여 전쟁이 없는 평화로운 세상을 만들어보고자 했던 것이 코메니우스가 추구했던 삶의 목적이자 교육이상이었다.

(2) 코메니우스의 생애

코메니우스는 1592년 3월 28일 보헤미아의 평화로운 모라비아(Moravia) 마을(현재 체코)인 니브체(Nivinitiz)에서 태어나 모라비아 형제교단의 가정에서 성장하였다. 하층 중간계급인 제분업자의 아들로 태어난 그는 유년시절 불우한 환경 속에서 성장하였다. 12세에 아버지가 세상을 떠났고, 곧이어 어머니와 두 자매들을 여의었다. 고아가 된 그는 어쩔 수 없이 친척집을 전전하다가 16세가 되어서야 비로소 라틴어학교에 입학해 정규 교육을 받을 수 있었다.

1611년 목사 수업을 위해 헤르본 아카데미(Academy of Herborn)에서 신학과 철학을 공부하였는데, 여기서 성서 주석가인 피셔(Johann Fisher)와 신학자이자 백과전서학자인 알쉬테드(Johann Heinrich Alsted)로부터 많은 영향을 받았다. 1913년 하이델베르크 대학에서 수학하면서 신비주의 사상과 교회 일치운동에 큰 통찰력을 얻었다. 학창시절에 그는 비베스(Juan Luis Vives), 라트케 등과 교류하며 그들로부터도 큰 영향을 받았다. 1616년 코메니우스는 24세의 나이로 형제교단의 목사 안수를 받았으며, 2년 후 목회자가 되었다.

코메니우스의 생애는 '30년 종교전쟁'의 소용돌이 속에서 이루어졌다. 보헤미아 형제교단의 출신인 코메니우스는 사회 · 경제적으로 보헤미아를 지배하는 독일에 대항하여 민족해방운동의 중심에 서서 활동하였다. 이 운동을 주도하였던 집단이 후스(Johann Huss)파였다. 보헤미아 형제교단은 후스가 조직한 기독교 단체로 성경에 기초를 둔 신앙과 실천을 중시한 개신교에 가까운 집단이었다. 그러나 이 집단은 후스의 종교개혁과 같은 완강한 무력투쟁을 부정하고, 온건 지향의 평화적인 단체인 동시에 교육과 문화 사업에 힘을 쓴 조직이었다. 그래서 성서를 보헤미아어로 번역하거나 인쇄 기술을 개량하였으며, 도서 출판 및 교수방법의 개선 등 전반적인 교육 · 문화활동을 활발히 전개하였다. 이 일련의 과정에 주도적인 역할을 수행한 사람이 바로 코메니우스였다.

30년 전쟁으로 말미암아 보헤미아는 가톨릭이 국교가 되었고, 신교의 목사는 국외로 추방되는 운명을 맞이하게 되었는데, 코메니우스 역시 예외는 아니었다. 코메니우스는 1628년 형제교단 단원들과 함께 폴란드의 리사(Lissa)로 망명, 이곳에서 김나지움(Gymnasium)의 교사가 되었으며, 1936년에는 교장으로 임명되었다.

이후 영국으로 건너가 그곳에서 범지학 사상을 더욱 구체적으로 정립하여 『빛의 길, Via lucis』(1641)을 저술하였다. 또한 전 세계인을 대상으로 공교육을 전담하는 '범대학'(Universal College)을 제안하기도 하였다. 이후 네덜란드 암스테르담으로 이주하였다. 이곳에서 말년에 병마와 절망 속에서 살다가 1670년 11월 15일 세상을 떠났고, 암스테르담 나아르덴(Naarden)에 있는 교회 묘지에 안장되었다.

(3) 코메니우스의 교육사상

코메니우스가 살았던 시기는 르네상스 운동(15~16세기)과 종교개혁(1517) 이후 17세기 근대 과학시대에로의 전환기이다. 중세 봉건시대로부터 탈피하고자 하였던 시대적 몸부림과 종교개혁의 여파로 인한 종교적 갈등이 공존하였던 시대였다.

이 시기는 르네상스 운동의 영향으로 인간성 회복과 지성을 강조하는 인본주의와 자연과학의 발달로 인한 실학주의를 각각 탄생시켰고, 교육적으로는 감각적 실학주의(sense realism)가 크게 주목받기 시작하던 때였다.

코메니우스가 주장한 감각적 실학주의는 자연과학이 이룩한 지식과 방법을 교육에 적용하자는 교육사상이다. 진리와 지식의 원천으로서 자연현상에 주목하면서 교육을 인위적 과정이 아닌 자연적 과정으로 파악하였기 때문이다. 즉, 교육의 방법을 자연의 방법에서 찾았으며, 인간에 대한 과학적 탐구와 이해를 통해 과학적인 교육원리를 정립하고자 하였다.

코메니우스는 신과 자연과 인간은 하나라는 삼위일체론을 주장하였다. 이 세계는 신이 창조한 세계로 자연은 곧 신의 의지로 질서가 움직이는 세계라고 보았으며, 이를 파악하는 것을 인간의 근본과제로 인식하였다. 그렇기에 그의 인생관은 신과 더불어 행복한 삶을 누리는 데 두었으며, 그것이 그의 교육목적이기도 하였다.

코메니우스의 교육사상은 그의 저서인 『대교수학, The Great Didactic』(1632)에 잘 나타나고 있는데, 그는 이 책을 통해 교육의 단계와 계통, 교육내용과 방법을 범지학에 기초하여 제시하고 있다.

가. 학교계통론(교육단계설)

6년 단위로 설계한 코메니우스의 계통적 학교교육론(학교계통론)은 현대 단선형 교육제도의 원형이 되었다. 학교의 설치는 각 마을에는 초등학교, 도시에는 라틴어학교, 주에는 대학을 두어야 한다고 주장하였다. 또한 남녀, 신분, 귀천에 구애 받지 않는 차별 없는 교육, 즉 의무교육 실시를 위한 이념적 기초를 제시하였다. 코메니우스가 제시한 계통적 학교교육론은 다음과 같다.

- 제1기 모친학교(0~6세): 가정에서 교육하는 단계로 일상생활과 사물에 관한 기초 지식과 도덕적 습관, 그리고 신앙의 기초를 쌓는 단계이다.
- 제2기 모국어 학교(7~12세): 아동에게 독일어를 읽고 쓰기, 셈하기 그리고 그 밖의 일반 기초지식을 가르친다. 6개 학년으로 나눠 쉬운 것에서 어려운 것의 순으로 하고, 수업은 4시간으로 오전/오후로 나누어 실시한다.
- 제3기 라틴학교(Schola Latin, 13~18세): 소년기 학생을 대상으로 독일어, 라틴어, 희랍어, 히브리어를 가르치고, 7가지 자유교과목, 자연, 과학, 지리, 역사, 윤리, 종교 등의 과목을 수학한다.
- 제4기 대학(Academia, 19~24세): 청년기 교육단계로서 신학, 의학, 철학, 법학 그리고 고전 등을 통해 교양을 쌓는다.

나. 교육방법

① 합자연의 원리

코메니우스는 그의 저서 『대교수학』(Didactia Magna)을 통해 "교수법의 정확한 질서는 자연에서 배워야 하며, 어떠한 장애물도 방해되어서는 안 된다"고 학습에서 자연의 원리를 강조하였다. 즉, 교육은 신이 만든 자연의 법칙에 따라야 한다고 전제한 후 '합자연의 원리'를 다음과 같이 제시하고 있다.

- 자연은 적절한 시기를 지킨다.
- 자연은 형상(form)을 주기 전에 재료(material)를 준비한다.
- 자연은 그 활동에 합당한 소재를 선택한다. 처음에는 먼저 합당한 소재를 적절하게 만든다.
- 자연은 그 활동에 혼동이 없으며, 앞을 향한 전진에 있어서 한 지점에서 다른 지점으로 분명히 나아간다.
- 자연의 모든 활동에 있어서 발달은 내부에서 시작된다.
- 자연은 그 형성과정에 있어서 일반적인 것으로 시작하여 특수한 것으로 끝맺는다.
- 자연은 비약하지 않으며 단계적으로 진행한다.
- 자연은 일단 시작한 것을 완성하기 전에는 중지하지 않는다.
- 자연은 장애물이나 유해한 것을 조심스럽게 피한다.

– 『대교수학』 제16장 –

② 직관의 원리

직관의 원리는 사물을 직접 관찰, 방문, 경험 등을 통해 감각적 경험을 중시하자는 것이다. 사물이 언어의 실체이므로 언어로 이해시키기에 앞서 사물이나 표본, 실례 등을 감각 경험을 통해 먼저 파악하게 되면 확실한 지식으로 발전하게 되며, 그 지식이야말로 영구적이라고 보았다. 코메니우스는 이 같은 직관의 원리를 보여주기 위해 세계 최초로 그림이 든 교과서(시각적 교과서)인 『세계도회, Orbis Sensualium Pictus』(1658)를 편찬하였다.

이 밖에도 코메니우스는 『어학입문』(1631)을 출판하였는데, 이 책은 단순 라틴어 교과서가 아니라 백과사전적 성격으로 인간의 기본적 지식을 체계적으로 정리한 책이다. 천지창조, 자연 세계, 인간, 다양한 직업, 사회적 관계, 도덕, 종교 등 청소년들이 이해할 수 있는 모든 내용을 짧은 문장으로 기술하고 있다.

생각 나누기와 심화하기

7장 17세기 과학의 발전과 실학주의 교육

1 17세기 근대철학이 부흥하고 자연과학이 급속하게 발전하였다. 철학과 과학의 부흥과 발전이 사회적으로 미친 영향에 대하여 알아보고, 특히 근대철학인 합리론과 경험론에 대하여 조사해서 논의해 보자.

2 코메니우스가 주장한 교육사상과 그의 교육단계론이 무엇인지 설명하고, 오늘의 교육제도에 비춰서 이를 토론해 보자.

3 현재 우리나라는 제4차 산업혁명으로 새로운 교수-학습방법 도입 등 교육현장에서 큰 변화가 일어나고 있다. 실학주의 교육사상이 갖는 현재적 시사점이 무엇인가 논의해 보자.

제8장

18세기 계몽주의와 자연주의 교육

1. 절대주의와 계몽주의 철학

1) 계몽의 의미

계몽사상은 17세기 후반기에서 시작되어 18세기에 이르러 그 전성기를 이루는 시대사상으로 프랑스, 영국, 독일을 중심으로 활발하게 전개된 사회사상이다. 계몽사상은 유럽의 근대를 관통하는 중심사상으로 등장하여 사회변화에 큰 파장을 미쳤고, 이후 근대국가 건설에 결정적인 영향을 끼쳤다.

'계몽'이란 말은 원래 '빛이 들게 하는 것'이라는 의미를 갖고 있다. 다시 말해 '어둠을 밝히는 것'을 의미한다. 계몽은 인간을 무지라는 암흑으로부터 이끌어 내어, 지식이라는 광명세계로 이끌어간다는 의미이다. 따라서 '계몽주의'란, 어리석고 몽매한 상태에서 살아가고 있는 인간들을 이성에 그 토대를 둔 지식에로 일깨워주려는 데 그 목표를 둔 근대 사조인 것이다.

칸트(Kant)는 계몽을 "미성숙 상태에서 벗어나는 것"이라고 정의하였는데, 여기서 미성숙이란 "다른 사람이 이끌어주지 않으면 자신의 지성을 사용할 수 없는 상태"를 말한다. 즉, 자기 스스로 알고자 하는 노력, 자신의 지성을 사용할 수 있는 용기를 발휘하여 자기 계몽에 이르러야 계몽이 완성된다는 것이 칸트가 주장한 계몽의 의미이다.

계몽사상은 신(神)·이성·자연·인간 등의 개념을 하나의 세계관으로 통합한 사상운동이었다. 계몽사상은 그 시대의 지식인은 물론 일반 서민들에 이르기까지 넓은 공감대를 형성하면서 정치, 철학, 교육, 예술 등에 혁명적인 발전을 가져왔다.

2) 사상적 배경

인식론적으로 계몽주의는 감각적 경험주의를 그 한 기반으로 삼고 있다. 계몽주의는 프랑스의 몽테스키외(Montesquieu)[1], 볼테르(Voltaire)[2], 루소(Rousseau)와 더불어 영국의 로크(J. Locke)와 벤담(Bentham)이 사상적 중심에 있다.

이 가운데 계몽주의를 탄생시킨 대표적인 두 철학자는 로크와 루소이다. 로크의 『시민정부론, Two Treatises of Civil Government』(1690)과 루소의 『사회계약론, Du contrat social』(1762)은 대의 민주주의, 시민의 자유, 인간의 존엄성 등을 강조함으로써 계몽주의 사상이 담긴 책들이다. 이들은 무지의 탈출과 인간해방, 그리고 독단적이고 권위주의적인 국가를 비판하면서 자연권에 기초를 둔 천부인권설을 주장하였다. 이는 국민 주권과 민주주의 국가 건설로 나아가는 데 필요한 사상적 근거를 제시하였다. 이 같은 사상들은 영국에서 명예혁명(1689), 프랑스에서는 프랑스 혁명(1789)을 촉발하게 만들었고, 미국에서는 독립전쟁(1775~1783)을 일으키는 사상적 원동력이 되었다.

3) 절대주의와 프랑스 혁명

계몽주의가 탄생한 18세기는 프랑스에서 절대 왕정이 군림하던 시대이다.

---

1 프랑스 계몽시대의 정치학자이다. 그의 저서는 프랑스 부르주아 혁명의 지도자들에게 대단히 많은 영향을 미쳤다. 그는 영국의 사상, 특히 로크의 영향을 받아 절대군주제를 격렬하게 반대한 인물이다.

2 프랑스의 철학자, 역사가, 문학자, 계몽주의 운동의 선구자이다. 디드로의 『백과전서』 간행에 협력했다. 계몽사상과 과학적 사고를 통해 절대왕정과 교회를 비판했으며, 희곡, 시, 소설, 역사 등 다방면에서 큰 활동을 펼쳤다.

프랑스 절대주의의 상징, 루이 14세

절대주의(absolutism)는 르네상스 시대로부터 계몽주의 시대에 이르기까지 유럽에서 일반화된 국가 형태로서 중앙 집권 국가, 관료 조직과 상비군, 왕권신수설, 중상주의 경제 정책 등이 그 대표적인 특징이다. 특히 "짐이 곧 국가"라는 왕권신수설(王權神授說)은 정치권력을 정당화하려는 논리적 근거로 통용되던 시대였다.

계몽주의자들은 '천부인권설'을 내세우며, 국가를 통치하는 국가 권력은 국민으로부터 나오고, 그 권력은 자유시민의 '일반의지'에 예속된 것이라고 보았다. 즉, 모든 사람이 자유와 평등의 자연권을 갖고 있다고 주장한 것이다. 그리고 이 같은 국민 주권주의에 바탕한 계몽주의 사상은 결국 당시 루이 16세가 다스리던 프랑스 절대 왕정을 무너뜨리는 프랑스 혁명(1789)을 촉발하게 되었다.

프랑스 혁명이 이념으로 내걸었던 자유, 평등, 박애정신은 사회변화의 추동력이 되어 사회 전반의 제도를 혁신하고 인권을 신장시키며, 인류애를 구현하는 박애주의 교육사상으로 연결되었다. 이 박애주의 교육사상은 최종적으로는 사회적으로 불평등한 조건 아래 놓여 있던 자유 상공업자, 이주노동자, 장애인 등 사회적 약자들에 대한 인권의 신장과 교육의 기회 제공이라는 새로운 인식 전환으로 이어지게 되었다.

루소에 따르면 국가는 하나의 도덕적 인격체로서 그 생명은 구성원들의 결합이고, 그 법은 일반의지의 행위이며 그 목적은 시민의 자유와 평등이다. 정부가 국민의 권력을 찬탈할 때 시민은 저항할 의무가 있다는 것이다.

이처럼 계몽주의 사상은 18세기 인간의 자유와 평등, 인권의 중요성을 강조함으로써 국민들을 계몽하기 시작하였고, 마침내 프랑스 혁명(1789)이라는 시대적 대사건을 만든 바탕 이념이 되었다. 프랑스 혁명의 발발로 절대주의 왕조(구체제: 앙샹레짐)는 타파되고, 프랑스는 시민, 자유, 평등의 가치를 중요시하는 새로운 근대사회로 이행하게 되었다.

2. 계몽주의의 교육

계몽주의자들은 무지한 인간들을 일깨우고 미성년(미성숙)의 상태로부터 벗어나기 위한 계몽의 실천 방법을 교육의 힘에 의존하였다. 프랑스 혁명 이후 유럽 사회는 근대학교 체제를 도입하고, 현대적 개념의 교육이념과 교육이상이 계몽사상의 일환으로 이 시기에 태어났다. 계몽주의의 핵심은 이성중심이며, 이성의 힘에 의해 인간은 우주를 이해하고 자신의 상황을 개선할 수 있다고 본 것이다. 지식, 자유, 행복이 합리적 인간의 목표라고 보았다. 이에 따라 계몽사상가들은 인간이 타고난 이성을 잘 계발하고 합리적 판단을 할 수 있게 된다면, 영원한 사회 진보가 가능하다고 믿었다. 그렇기에 계몽사상은 그 자체가 교육사상이자 교육운동의 성격을 갖고 태어난 사상인 것이다. 계몽주의 교육이 지향한 성격은 다음과 같다.

첫째, 보편적이고 개별적인 개인의 권리를 중요시하기 때문에 개인의 완성을 목적으로 한 개인주의 색채를 갖고 있다.

둘째, 이성에 의한 불합리성을 타파하는 비판적 이성을 계발하기 때문에 합리주의를 지향하였다.

셋째, 인간은 모두가 평등한 존재이기 때문에 그 누구도 소외되지 않는 평등교육론을 지향하였다. 이는 공교육 제도의 성립에 크게 영향을 미쳤다.

넷째, 사람은 천부인권의 소유자로서 개인의 권리와 경험, 흥미와 개성, 개인의 자연적 발달을 존중하는 자연주의를 표방하였다. 자연주의는 루소가 그 대표적 인물이며, 아동중심 교육사상 형성에 기여하였다.

아동은 더이상 성인의 축소판이 아닌 도야되어야 할 존재의 의미로 인식되고, 아동기의 중요성도 인식하게 되었는데, 이 또한 계몽사상에 힘입은 바 크다.[3]

다섯째, 과학적 세계관으로 계몽주의는 인간과 사회와 자연을 미리 정해진 법칙에 따라 작동하는 정교한 기계라고 보았다. 계몽주의는 이러한 인과론적이며, 객관적인 법칙을 발견하려는 과학적 세계관을 갖고 있었다. 따라서 후일 과학적 실리주의나 실증주의 사상 형성에 영향을 미쳤다.

3. 자연주의 교육사상

1) 자연주의naturalism

자연주의는 자연을 유일 · 절대의 근본 원리 또는 실체라고 여기며, 모든 가치 기준을 자연에 두려고 하는 철학사조이다. 자연을 뜻하는 'nature'는 라틴어 'natura'에서 유래하고 있는데 '태어나다'라는 의미를 갖고 있다.

어원에서 알 수 있듯 타고난 것, 순수한 것을 존중하고 받아들여야 한다는 의미를 내포하고 있다. "원래 타고난 것을 존중하자", "이러한 자연에는 아름다움이 있다", "이 질서에 따라 사는 것이 가장 올바르고 행복한 삶이다"와 같은 주장에서 알 수 있듯 자연주의가 지향하는 바는 그대로의 자연의 질서와 원리에 따라 살아야 한다는 것을 강조하고 있다.

3 필립 아리에스(Philippe Ariès)는 프랑스 역사학자이다. 그는 그의 저서 『아동의 발견』을 통해 서양 사회에서 현재적 의미의 아동(child) 또는 아동기(childhood)에 대한 개념의 확립은 17세 이후라고 주장하였다. 즉, 18세기에 들어서 비로소 아동기-청소년기-성년기-노년기라는 생활주기 개념이 확립되었고, 아동을 중심으로 근대 가족의 탄생과 모성애에 있어서도 그 이전보다 훨씬 질적 변화가 일어났다고 주장하였다. (Philippe Ariès, 문지영 역(2003). 아동의 탄생, 서울: 새물결)

자연주의는 크게 ① 객관적 자연주의(Objective Naturalism), ② 주관적 자연주의(Subjective Naturalism)로 구분할 수 있다. 객관적 자연주의는 외부 자연이 돌아가는 법칙과 원리를 도출하여 아동교육에 적용하는 것으로 '자연적 질서에 따른 교육', '자연에 일치하는 교육'을 말한다. 코메니우스가 대표적인 사상가이다.

이에 비해 주관적 자연주의는 루소가 대표적인 사상가로서 아동 내부의 자연성에 따르는 것이 교육의 본질이라는 사상이다. 여기서 아동 내부의 자연성이란 타고난 인성과 능력을 말하는데, 교육은 이 자연성에 주목하며 이를 계발하자는 사상이다. 자연성의 계발과 발달을 교육의 목적이라 볼 때, 교육은 곧 아동 내부에 존재하는 신성(神性)의 계발과 동일한 개념이다.

여기서 신성은 선성(善性: 순수하고 착한 마음)을 말하는데, 루소는 이 선천적인 선성을 잘 보호하고 온전하게 발달시키는 것을 교육의 본질로 보았다. 또한 인위적 습관에 물들지 않게 소극적인 태도로 아동의 자발성에 기초해야 한다는 것이다. 그리고 마지막으로 루소의 자연주의 교육은 인간의 감각기능과 내적인 계발을 지향하였다.

2) 루소Jean-Jacques Rousseau의 교육사상

(1) 생애

루소(1712~1778)는 1712년 스위스 제네바에서 시계수리공인 아버지 이삭 루소(Issac Rousseau)의 둘째 아들로 태어났다. 하지만 어머니가 루소를 낳고 열흘만에 세상을 떠나 루소는 고모 밑에서 양육되었다. 자식 교육에 무관심하였던 아버지였지만, 소설을 읽으라고 권하였는데 그 중 하나가 『플루타르크 영웅전』이었다. 비록 체계적인 독서는 아니었지만, 유년기의 이 독서들이 후일 그의 사상 정립에 작은 밑거름이 되었다. 이후 10세 무렵 아버지가 사망하고, 외삼촌인 베르나르 밑에서 성장하였다. 이때 법원 서기의 조수로 일하기도 하였고, 1725년에는 5년 계약으로 금속공장에 수습공이 되어 도제교육을 받기도 하였다.

1728년 16세에 교외로 나가 놀다가 늦어서 들어갈 수 없게 되자 혼나는 것

잔쟈크 루소

이 겁이나 탈출을 결심하였고, 이후 3년 동안 방랑생활을 시작하였다. 그러던 중 어느 천주교 신부의 소개로 바랑(Warens) 귀부인을 만나게 되었다. 이 인연으로 그녀 집에서 기거하면서 집사이자 연인관계 속에서 12년 동안 생활하였다. 이 시기 루소는 고전과 철학, 음악을 공부하였다.

그러다가 바랑 부인을 떠나 1742년 파리로 넘어가 음악교사로 힘든 생활을 이어가게 되었다. 1743년에는 베네치아 주재 프랑스 대사 몽테뉴의 비서로 활동하기도 하였는데, 1745년 무렵 기숙하던 하숙집의 하녀인 테레즈(Thérése Levasseur)와 동거하였다. 두 사람 사이에는 5명의 자녀가 있었으나 모두 경제적인 이유로 고아원에 위탁하였다. 이렇게 자식을 버렸다는 죄책감은 루소에게 평생토록 후회와 멍에를 안겨다 주었다. 후일 루소는 『고백록』을 통해 자식을 버린 잘못을 통렬히 반성하였다.

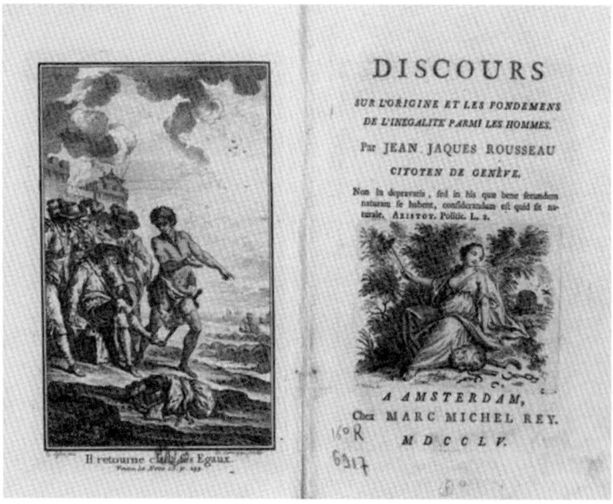

루소의 저서 『인간불평등기원론』(1775)

루소의 삶의 중반도 평탄치 못했다. 1749년 프랑스 백과전서파인 달랑베르(d'Aembert)로부터 『백과전서, Encyclopédie』 음악부문을 의뢰받아 집필하였다. 이듬해인 1750년 38세 때에 디종(Dijon) 아카데미의 현상 공모에서 『학문예술론』이 당선되어 일약 파리 사교계에서 유명세를 얻기 시작하였다. 이후 악보 필경사로 생계를 이어가며 학문연구와 저술 활동에 전념하게 되었다. 그 과정에서 『인간불평등기원론』(1755), 연애 소설 『신 엘로이즈』(1761), 정치학 이론서 『사회계약론』(1762), 교육 소설 『에밀, Émile』(1762)을 집필하여 차례로 이 세상에 내놓았다.

루소의 저작들은 세상에 많은 변화를 가져왔다. 먼저 『사회계약론』은 프랑스 혁명을 야기하는 사상적 바탕이 되었고, 『에밀』은 자연주의 교육이라는 새로운 교육의 방향을 제시하였으며, 『신 엘로이즈』는 후일 독일 낭만주의를 태동하는 자극제가 되었다.

하지만 『에밀』이 출간되자 스위스의 신교와 프랑스의 구교 모두로부터 비판을 받게 되었다. 파리의회가 이 책의 압수 명령 및 체포령을 내리자 루소는 프랑스를 탈출하여 스위스로 도피했다. 하지만 스위스 제네바 당국도 『에밀』과 『사회계약론』에 대해 유죄 판결을 내리고 책을 소각하게 됨에 따라 유럽에서 도피해야 하는 국제 미아 신세가 되었다.

『에밀』 이후 루소는 도피와 은둔생활을 반복하다가 1778년 66세의 일기로 파리 북쪽 에르므농빌에서 생을 마쳤다. 도피 중 동거녀였던 테레즈가 의지할 수 있는 유일한 사람이었기에 1768년 56세 때 그녀와 결혼하였고, 8년간의 도피생활을 마치고 1770년 파리로 돌아왔다. 루소가 죽은 후 유작으로는 그의 자전 『고백론』(1881)과 『루소는 장 자크를 심판한다』(1782), 『고독한 산책자의 몽상』(1782년) 등이 있다.

(2) 교육사상: 주관적 자연주의와 소극적 교육

교육사상사에 있어서 루소는 독창적이고 독보적인 인물이다. 루소는 당시의 교육이 너무나 지식과 권위 중심의 교육이라는 점을 비판하고, 교육이 새롭게 나아가기 위한 방향을 설정하고 이정표를 제시한 인물이다.

루소는 계몽주의 철학자였다. 그가 있었기에 프랑스 혁명이 가능했다고 나폴레옹이 이야기할 정도이다. 하지만 교육에 있어서는 그는 계몽주의 교육사상가가 아닌, 반계몽적인 자연주의 교육사상을 펼쳤다. 그가 교육의 새로운 방향을 제시한 책이 바로 『에밀』이다. 『에밀』은 전 5편으로 구성되어 있는데, 제1편은 총론과 1~5세의 유아기, 제2편은 6~12세의 아동기, 제3편은 13~15세까지의 소년기, 제4편은 16~20세까지의 청년기, 그리고 5편은 에밀의 아내가 되는 '소피'라는 여성에 대한 교육을 다루고 있다. 이 책을 통해 루소는 인간의 자유와 자연의 중요성과 가치에 대하여 주장하였다.

루소의 자연은 코메니우스의 외부에 있는 객관적 자연이 아닌 인간 내부의 주관적 자연을 말한다. 주관적 자연은 사람마다 타고난 천성과 같은 것을 의미한다. 주관적 자연은 개개인마다 천성이 다 다르다고 보는 입장이다. 따라서 이 같은 주장은 각각의 개성과 흥미를 존중하는 교육이 되어야 하는 것으로 귀결된다.

또 루소는 강제적이고 계획적인 교육을 거부하였다. 선하게 태어난 본성은 교육을 통해 망치게 되기 때문에 소극적 교육론을 폈다.

『에밀』의 첫 문장은 "조물주의 손에서 나올 때 모든 것은 선했지만 인간의 손 안에서 모든 것은 타락한다"라는 말로 시작한다. 루소는 인간이란 원래 자연 상태의 선한 존재였지만, 문명화된 사회에서는 악에 물들어 타락하게 되기 때문에 자연의 선한 상태를 보존하는 것이 교육의 책무가 되어야 한다고 주장하였다.

루소는 아동기의 특수성과 가치를 중요하게 보았다. 아동기란 어른이 되기 위해 교육받고 훈련받아야 하는 때가 아니라, 그 나름의 삶의 즐거움과 행복을 향유하는 시기여야 한다는 것이다. 아이들에게 스스로 자신의 삶을 생각하고 행복을 만들어 가는 자유를 부여하는 것이 교육의 올바른 방향이라고 보았다. 아동에게 자유의 부여는 자칫 방종이나 방임이 될 수 있다고 우려할 수 있다. 하지만 루소는 섣부른 교훈이나 도덕을 주입하지 말고 차라리 아동이 타고난 자연을 잘 지키는 것이 오히려 참된 인간교육이 될 수 있다는 것을 역설적으로 주장한 것이다.

그래서 후대 학자들은 루소의 교육을 '소극적 교육'이라고 정의하고 있다. 이 '소극적 교육'이란 아무 것도 하지 않는 교육을 의미하지 않는다. 루소는 순수하고 선한 존재로 아동을 보기 때문에 오히려 과도한 지식의 주입이나 도덕 훈련 등으로 아동의 순수성을 훼손하는 것이 독이 될 수 있다고 보고 있다. 악덕에 물들지 않도록 경계시키고 예방하면서 향후 지식 습득을 위한 자발적인 능력들을 완성하면서 자연적인 성장을 돕게 하자는 것이 루소의 아동관이자 교육사상인 것이다.

(3) 범애파의 교육

루소의 교육사상에 영향을 받아 독일과 스위스를 중심으로 범애파(Philanthropists)가 탄생하였다. 범애파는 루소에 그 사상적 원천을 두고 바제도(J.B.Basedow, 1723~1790)와 잘츠만(C. G Salzman) 등이 대표적인 사상가인데, 범애파의 교육은 〈범애학교, 汎愛學校〉의 창설을 통해 구체화되었다.

〈범애학교〉는 자연주의 교육원리를 학교에 실천하고자 한 일종의 시범학교로서 6세에서 18세까지의 학생을 수용하는 김나지움 형태의 학교였다. 집이 부유한 학생에게는 비싼 수업료를 받고, 능력이 뛰어나거나 앞으로 교사가 될 학생은 수업료를 면제해 주었다.

범애파의 교육자들은 성선설을 신봉하였으며, 행복주의 · 공리주의에 입각하여 교육목적을 공익적 · 애국적 생활의 준비로 삼았다. 나아가 심신의 조화 완성을 목표로 지육보다 훈육에 중점을 두었다. 아동의 권리를 인정하고, 강제와 처벌보다 훈계와 명예심의 환기 등을 교육방법으로 삼았다. 그리고 교과는 실용교과를 우위로 삼았으며, 모국어와 근대 외국어를 존중하였다. 교육방법으로 흥미 · 직관 · 자기활동을 원리로 삼았다.

최초의 〈범애학교〉는 1774년 J. B. 바제도가 독일의 데사우에 세운 학교이며, 특히 잘츠만이 만든 슈네펜탈(Schnepfenthal)학교는 유명하여 오늘날까지 존속하고 있다.

〈범애학교〉를 창설한 바제도는 루소의 『에밀』과 독일 김나지움 교사교육은 아동을 위한 공익적이고 애국적인 행복한 생활을 위한 준비에 그 목적을 두어야 한다고 강조하였다. 이에 따라 아동의 존중을 시작점으로 하여 자연의 순서에 따라 쉬운 것에서 어려운 것, 가까운 데에서 먼 곳으로 교과를 구성해야 한다고 주장하였다.

또한 그는 직관교수를 중시하였는데, "모든 지식은 감관(感官)으로부터 온다. 사물에 대한 경험은 우리들의 선생이다"고 전제하고, 『초등교본』에 100개의 동판을 포함시키는 등 사물, 그림, 모형에 의한 교수를 강조하였다. 체벌을 금지하였으며, 아동의 선행을 장려하기 위해 석차, 표창, 상패 등을 활용하였다(안상원: 1985, 111).

잘쯔만은 바제도로부터 영향을 받아 범애학교의 교사가 되어 학교가 폐쇄(1793)될 때까지 함께 하였다. 잘쯔만은 모든 교재는 생활 체험에 기반이 되어야 한다고 주장하고, 여행과 야외학습 권장, 공동생활 및 체벌보다는 훈육을 중시하였고, 학교를 가정처럼 조직해야 한다고 주장하였다.

4. 산업혁명과 빈민교육

산업혁명(industry revolution)은 1770년에서 1830년에 걸쳐 영국에서 펼쳐진 기술 혁신과 새로운 제조 방식으로 인해 일어난 경제적·사회적 큰 변화를 의미한다. 산업혁명은 사회 구조를 근본적으로 변화시켰다. 새로 발명된 기계와 기술 혁신은 소규모 수공업 생산 방식을 대규모 공장제 생산 방식으로 전환시켰고, 생산성 증대와 자본주의 체제 성립을 가능하게 하였다.

산업혁명은 자신의 농지를 빼앗기고 도시로 유입된 도시 농민과 대량 기계생산으로 파산하게 된 전통 수공업자들은 하층 계층으로 전락하고 말았다. 그래서 브르주아와 프롤레타리아라는 새로운 신분 계층이 형성되었다.

도시가 팽창하면서 지금껏 사람들이 겪지 못한 어려운 문제들이 등장하기 시작했다. 실업과 범죄, 주택, 위생, 교통과 같은 문제가 발생하였다. 노동계급과 자본계급과의 갈등이 심화되기 시작하였고, 급속하게 팽창한 도시빈민과 실업자, 아동에 대한 노동 착취 등을 해결하기 위한 다양한 법과 제도의 마련은 물론 이들을 위한 새로운 교육제도도 탄생하였다.

1) 일요학교Sunday school

이 학교는 영국 공장 노동자의 자녀들을 위해 일요일에 열리는 학교로 1780년 레이크스(Robert Raikes)가 세웠다. 성서와 초보적인 종교교육 및 읽기, 쓰기, 산수를 가르쳤다. 이 학교는 지식의 전달보다는 아동들의 타락과 비행을 사전에 막으려는 설립 목적을 갖고 있었다. '전국 일요학교 진흥협회'의 창설 후 급속하게 확산되었고, 미국으로 전파되어 미국 국민 대중교육 보급에 큰 기여를 하였다.

2) 자선학교Charity school

자선학교는 1680년 영국에서 빈민의 자녀만을 입학 조건으로 설립된 학교이다. 학생들을 위해 수업료는 물론 학용품, 의복 등을 무료로 제공하였다. 빈민의 자녀들이 불량 청소년으로 타락하는 것을 사전에 막기 위한 일종의 소년보호시설 기능을 수행한 학교였다.

3) 벨-랑카스터 조교법Bell-Lancaster Monitorial System

이 제도는 자선학교에 다니는 학생들의 수가 폭발적으로 증가하자 이를 해결하기 위해 하나의 고육책의 일환으로 생겨난 제도이다. 조교제도는 상급생 중 우수한 학생을 선발하여 이들을 보조교사(조교)로 활용함으로써 한 사람의 교사가 수많은 학생을 가르칠 수 있게 한 제도이다. 큰 대강당과 같은 교실에 학생들은 꽉 차 있고 중간이나 뒤편에 앉은 학생들은 교사의 말을 전해 들을 수 없기에 조교들을 중간중간에 배치하여 교사의 교육내용을 학생들에게 전달하는 방식이다.

로버트 오언

4) 교육개혁가 로버트 오언Robert Owen

로버트 오언(1771~1858)은 영국의 사회개혁주의자이자 공상적 사회주의자이다. 그는 1800년부터 스코틀랜드의 뉴 나라아크(New Lanark)에 있는 방직공장의 총지배인으로 있으면서 자신이 경영하는 공장 노동자들의 교육환경을 외면할 수 없어 1816년에 〈성격형성학원〉(Institution for the Formation of Character)을 세우고 부설로 〈유아학교〉(Infant school)를 설립하였다. 그가 이렇게 공장 내 학교를 설립한 까닭은 교육을 통한 사회의 모순과 부조리를 척결하고 사회개혁을 추진하기 위함이었다.

그가 활동하였던 19세기의 영국사회는 인클로저 운동(enclosure movement)[4], 러다이트 운동(Luddite Movement, 1811~1917)[5]과 차티스트 운동(Chartism, 1837~1848)[6]이 상징하는 바와 같이 산업혁명의 여파로 인해 사회적 진통이 극심한 때였다. 사회의 사회·경제적 혼란과 위기는 극에 달하였고, 이 같은 사회적 모순과 혼란을 극복하면서 모든 사람이 행복한 삶을 누릴 수 있다는 대안적이고 희망적인 사회건설을 꿈꾸던 시기였다.

이 같은 상황에서 오언은 무지, 빈곤, 질병으로 고통받고 있는 도시빈민이나 공업노동자의 삶과 자녀교육에 큰 관심을 가졌다. 그리고 아동노동 착취 제한 등을 골자로 한 1819년 '공장법'을 의회에 제출하는 등 산업혁명으로 인해 야기된 사회 부조리와 모순을 개혁하는 데 앞장섰다. 이 같은 오언사상의 근원에는 인간 평등과 해방을 사상의 근간으로 하는 공상적 사회주의(utopian socialism) 이념이 깔려 있었다.

오언은 노동자들의 삶의 질적 향상을 비롯하여 인간의 평등을 위한 사회개혁 수단으로 교육을 선택하였다. 당시 노동자들의 빈곤의 악순환, 범죄의 만연이 지속된다는 근원이 사람들의 무지에 있기 때문에 무지를 퇴치하고 바람직한 성격을 형성하는 것만이 새로운 사회건설을 할 수 있다고 믿었기 때문이다.

그가 〈성격형성학원〉을 열면서 무지의 추방이 그가 구상하던 협동적 행복공동체의 선결조건이었다. 오언은 〈성격형성학원〉의 부속유치원으로 〈유아

4 근세 초기의 유럽 영국에서, 영주나 대지주가 목양업이나 대규모 농업을 하기 위하여 미개간지나 공동 방목장과 같은 공유지를 사유지로 만든 일. 이로 인해 중소 농민들은 농업 노동자 또는 공업 노동자, 도시빈민으로 전락하였다.

5 1811-1812년 사이에 영국에서 일어난 기계 파괴 운동으로 수공업자들이 자신들의 일자리를 빼앗은 섬유기계를 파괴하는 폭동을 일으킨 사건을 말한다.

6 1837년, 영국에서 보통선거권의 획득을 목적으로 일어난 노동자의 정치운동이다. 로버트 오언 등이 중심 인물이었다.

학교〉를 설립하였고, 이를 통해 유아기 조기교육을 실시하여 합리적인 성격을 형성하고자 했던 것이다.

자연 속에서 유아들을 개방적으로 공간 안에서 뛰어 놀게 하고, 자연과의 실물을 직관을 통해 다양한 경험을 쌓게 하면서 유희와 음악, 체육 등을 병행함으로써 유아의 조화로운 발전을 통해 바람직한 성격 형성이 이루어진다고 판단하였다. 교육내용과 방법으로는 주입식 교육이나 훈련이 아닌 자연관찰이나 실물교과를 통한 직관교육, 무용과 음악, 놀이를 통한 정서교육, 체벌을 배제한 자유교육 그리고 무엇보다 아동의 내적 자발성에 기초한 계발교육을 실시하였다.

5. 특수교육의 성립과 전개

18세기는 근대 특수교육이 성립되고 특수학교가 설립된 역사를 갖고 있다. 최초의 특수학교는 1760년 에페(Abbe Charles Michel Épée)가 세운 〈파리농학교〉이다. 이어 1778년 독일의 하이니케(Samuel Heincke)가 라이프니츠에 〈공립 구화학교〉를 설립하였다.

맹교육은 1784년 아우이(Vanlentin Haüy, 1745~1822)가 〈파리맹학교〉를 설립하였다. 이 같은 유럽에서의 장애아동을 위한 특수교육의 시작은 미국으로 전파되어 갈라우뎃(Thomas Hopkins Gallaudet)에 의해 1817년 〈코네티컷 농학교〉, 1832년에는 하우(Samuel Gridley Howe)에 의해 〈파킨스맹학교〉의 설립으로 이어졌다.

정신지체학교는 프랑스의 백치교육의 선구자인 세강(Édouard Séguin)이 미국으로 건너가 하우(Howe)와 함께 1850년 설립한 〈매사추세츠 정신지체학교〉[7]가 최초의 정신지체 특수학교이다.

이와 같이 유럽에서 특수학교 설립이 가능했던 것은 계몽주의 사상의 영향

7 학교 명칭은 'Massachusetts School for the Idiotic and Feeble Minded Children'

이 크다. 계몽주의 철학자 로크와 루소 그리고 디드로와 같은 사상가들이 장애 아동에 대한 인권에 대한 강조와 더불어 그들에 대한 교육의 필요성과 가능성을 주장하였기 때문이다. 이에 힘입어 많은 의사와 교육학자들이 연구와 교육실험을 진행하기 시작하였다.

먼저 프랑스 최초의 농교사인 페레(Jacob Rodrigue Péreire)는 농아를 대상으로 감각훈련을 통한 농교육의 새로운 가능성을 개척하였다. 또한 프랑스 내과의사 이따르(Itard)는 아베롱의 숲에서 발견한 야생아 빅터(Victor)를 대상으로 5년간 쉼 없이 교육실험을 진행함으로써 정신지체교육을 위한 많은 연구 업적을 축적하였다.

그의 연구는 감각훈련에 의한 지능의 발달을 촉진하는 것이 가능하다는 가설에 근거하고 있다. 후일 이 연구 성과들이 세강(Seguin)의 백치교육을 위한 생리학적 연구방법론과 몬테소리(M. Montessori)의 교구를 통한 새로운 교수법에 크게 영향을 미치게 되었다. 근대 특수교육은 계몽주의 철학의 이론과 주장에 힘입어 성립됨으로써 서양교육사 발전에 한 획을 그을 수 있었다.

생각 나누기와 심화하기

8장 18세기 계몽주의와 자연주의 교육

1 계몽주의 사상이 담고 있는 이념과 지향점을 알아보고, 계몽의 의미를 현대적 관점에서 재해석해 보자.

2 루소는 정치적으로 계몽주의자였으나 교육에 있어서는 반계몽주의, 즉 자연주의 교육사상을 전개하였다. 루소가 자연주의 교육사상을 전개한 배경과 이유에 대하여 알아보고 토론해 보자.

3 존 로크가 주장한 백지설(Tabula raza)의 의미와 그가 주장하는 교육의 원리와 방법은 무엇인지 알아보자.

제9장

19세기 신인문주의 교육

1. 신인문주의 사상

19세기는 "사상의 세기"라고 규정할 정도로 다양한 사상이 전개된 세기였다. 18세기는 계몽주의 철학과 프랑스 혁명(1789)의 결과로 사회 전반이 자유민주주의를 향해 성큼 나아가는 듯하였으나, 나폴레옹의 등장으로 그의 침략을 받은 각 나라는 민족국가 이념의 형성이 촉진되고 국가주의 사상이 대두되었다.

경제적으로는 18세기 후반부터 시작된 영국의 산업혁명의 여파로 자본주의 체제가 성립되었으며, 이에 따라 사회적으로 빈곤과 실업, 빈부격차 심화, 아동노동 착취 등 다양한 사회문제가 생겨나고 이를 해결하기 위한 다양한 사상과 제도가 확립되었다. 이와 같은 정치적·경제적 혼란으로 말미암아 정신적인 측면에서는 사상적 성찰의 반성을 계기로 삼아 다양한 사상이 전개되기 시작하였다.

이에 따라 문예사조상으로 18세기 계몽적 이성에 대립하여 인간의 감성이나 심미적 태도를 중시하는 낭만주의(Romanticism)가 탄생하였다. 문예 쪽에서의 새로운 사상이 낭만주의라고 한다면 교육은 신인문주의(Neo－Humanism) 사상이 성립되었다.

신인문주의는 계몽주의의 합리주의와 주지주의, 공리주의와 개인주의에 대한 반발로 생겨난 사상이다. 계몽주의가 인간의 이성과 지성을 갖고 인생을 해석하는 경향이라면 신인문주의는 이성과 지성으로 설명할 수 없는 인생의 심오함과 비밀을 감성적·심미적인 태도로 이해하려는 입장이다. 즉, 낭만주의는 문예나 철학의 쪽에서 계몽사상이 인간을 지나치게 기계시하는 것에 대한 반발로 인간의 정의를 존중하고, 인간성의 원만한 발달을 숭상하며, 역사와 민족에 가치를 두려는 사상이다. 이 같은 흐름이 교육에서는 신인문주의로 발전하였던 것이다.

신인문주의는 르네상스 인문주의(구인문주의)를 극복하고자 한다는 맥락에서 의미 부여된 이름이다. 신인문주의 학자들은 구인문주의가 중세적 교권의 속박에서 벗어나 완전하고 자유로운 인간의 모습을 고대 그리스와 로마의 자유인 속에서 발견하고, 그리스와 로마의 고전을 탐구한다고 보았다. 하지만 신인문주의 학자들은 구인문주의가 이탈리아의 중심 라틴 민족에 의해 주도되었고, 라틴 문화의 형식적 아름다움에 지나치게 몰입되어 인간성 회복이라는 본래의 취지와 목적을 상실하였다고 보았다. 언어중심의 키케로주의에 빠진 것이 그 단적인 예라 할 것이다.

그래서 신인문주의는 구인문주의가 추구한 고전 문화의 발굴이나 모방을 극복하기 위해 현재의 문화에 투영하고자 했다. 이를 위해 보다 근원적인 고대 그리스 문화 전체를 연구의 대상으로 하여 참다운 인간성의 본질을 찾고자 하였다. 나아가 그리스 문화의 본질인 인간성의 원만한 발달을 이념으로 삼아 계몽주의의 주지주의를 배격하고, 역사와 민족성을 바탕으로 국민적 자각과 각성을 강조하는 역사주의와 국가주의 사상의 고취로 이어지게 되었다.

19세기는 사상적으로 볼 때, 역사주의, 민족주의, 국가주의 등 다양한 사상이 전개되었다. 주요 사상은 독일을 중심으로 많은 사상가가 출현하였다. 프랑스와 영국이 각각 프랑스 혁명과 산업혁명을 일으켜 앞서 나아갔다면, 독일은 관념철학을 계승 발전시켜 감으로써 인간과 국가가 나아가야 할 정신적인 방향을 제시하였다고 평가받고 있다. 대표적인 사상가로는 먼저 언어학자 요한 게스너(Gesner), 독일의 시인 하이네(H. Heine), 극작가이자 예술비평가인 레싱

(Lessing), 문학자이자 철학자 헤르더(Herder), 시인이자 극작가 프리드리히 실러(Schiller), 『파우스트』의 저자 대문호 괴테(Goethe), 베를린 대학의 설립자이자 언어학자인 훔볼트(Humboldt), 독일 관념철학의 대표자 헤겔(Hegel), 비판철학의 창시자 칸트(Kant), 악성 베토벤(Beethoven) 등이 이 시기를 대표하는 사상가이자 예술가들이다.

다양했던 신인문주의 사상 가운데 공통분모를 찾아 축약하면, 첫째 고대 그리스 문화의 핵심인 인간성의 조화로운 발전 추구, 둘째 인간의 보편성보다는 각자의 개성과 역사 및 민족의 특수성 강조, 셋째 개인의 삶에 있어서 사회와 역사와 문화전통의 중요성 강조로 정리된다(신차균 외, 2006: 269-272).

이 같은 사상을 배경으로 신인문주의 교육사상이 탄생하게 되었는데, 지식·정서·정의의 조화로운 발달을 지향하는 교육, 국민교육 진흥 등으로 발전하게 되었다. 신인문주의의 갈래는 여러 가지가 있지만 두 가지 사상으로 대별된다.

첫째, 개인의 발달과 아동의 자연적 본성을 계발하자는 계발주의 교육사상이고 둘째, 국가의 존속과 국민의 역량을 키우고자 한 국가주의 교육사상이 신인문주의를 대표하는 교육사상이다.

이 사상들을 이끈 대표적인 사상가는 페스탈로치(Pestalozzi), 프뢰벨(Fröbel), 헤르바르트(Herbart), 피히테(Fichte), 콩도르세(Condorcet) 등이다.

2. 계발주의 교육사상

1) 사상적 핵심

계발주의 교육사상은 아동의 심리적 내부를 들여다보고 인간발달의 원리에 일치하는 교육을 해야 한다는 사상이다. 즉, 교육은 외부로부터 어른들이 생각하는 지식을 강제로 주입하는 것이 아니라 아동의 자연스런 발달에 맞추고 아동의 욕구나 흥미 등을 고려하여 아동의 잠재능력과 자질을 계발하자는 주장이다. 그래서 이를 '심리적 계발주의'라고 부른다.

또한 지력뿐만 아니라 머리, 손, 몸과 마음 등에 내재한 여러 능력의 조화적 계발을 도모하고, 이를 통해 도덕적 품성의 계발을 교육의 목적으로 하고 있다. 교육방법으로는 아동에게 자기활동과 창조의 기회를 부여해야 한다고 강조하고, 노작과 유희(놀이), 노래와 율동 그리고 그림그리기 등 활동중심 교육과정을 주장하였다.

이 같은 특징은 무엇보다 루소의 자연주의 사상에 영향을 받은 것으로서 개인의 자연적 성향을 구속하지 않고 자연스러운 발달을 이루도록 참된 교육을 해야 한다는 점이다(내적 자발성 강조). 또 하나의 특징은 아동을 성인의 축소판이 아닌 고유한 개성과 정신을 가진 존재로 파악했고, 그래서 개별 아동의 욕구와 흥미를 인정하고 노력하는 과정을 중요시 하였다는 점이다(아동의 흥미와 노력 강조). 아동기(childhood)의 중요성을 알았기 때문이다.

그리고 계발주의는 전인적 발달을 지지하였다. 즉, 지 · 덕 · 체의 조화로운 계발과 아동 내부의 다양한 능력을 조화롭게 발전시키는 데 주안점을 두었다(전인교육 지향).

2) 페스탈로치Johann Heinrich Pestalozzi의 교육사상

페스탈로치

페스탈로치(1746~1827)는 스위스의 교육자이자 빈민교육의 실천자였다. 그가 실천한 개혁적 교육사상이 후대 교육에 큰 영향을 미쳤기에 우리는 그를 근대교육의 아버지로 추앙하고 있다. 페스탈로치는 루소의 책 『에밀 Emile』을 읽고 큰 감화를 받아 고아들을 위한 빈민교육에 앞장섰고, 인간성의 도야를 목표로 하는 인간교육을 내세우며 가정교육과 초등교육의 중요성을 강조한 교육자이다. 그의 교육사상의 핵심은 지 · 덕 · 체의 조화로운 발전을 도모하는 전인교육을 통한 사회개혁의 주장에 있다. 후일 그의 이 같은 교육사상은 프뢰벨, 헤르바르트, 나아가 미국의 진보주의 교육사상에 큰 영향을 미쳤다.

(1) 생애

페스탈로치는 1744년 스위스의 취리히에서 태어났다. 아버지는 의사였으나 33세의 나이로 병사했다. 그때 그의 나이 6세였다. 페스탈로치는 어머니와 누이의 돌봄 속에서 성장하다보니 어린 시절 부끄럼이 많았고 겁이 많은 소년이었다. 하지만 가난한 이웃을 돌보며 생활하던 개신교 목사였던 조부로부터 큰 감화를 받게 되었고, 그를 통해 마음속에 조금씩 빈민 구제의 뜻을 품기 시작하였다.

취리히 초등학교와 라틴어 학교를 거쳐 취리히 대학에 입학하였는데, 대학에 다니는 동안 페스탈로치는 사회운동 단체에 가입하여 활동하였다. 처음에는 목사가 되기 위해 신학을 공부하였으나 빈민구제의 뜻이 있었던 탓인지 전공을 법학으로 바꾸었다. 이때는 그가 루소의 『에밀』을 읽고 큰 감화를 받은 직후였다.

변호사가 되기 위해 열심히 법학을 공부하던 중 건강을 잃게 되어 시골로 요양을 가게 되었다. 이곳에서 페스탈로치는 농업개량을 통한 농장을 경영하면서 빈민교육 사업이야말로 자신에게 맞는 직분임을 발견하였다. 취리히 근교에 땅을 구입하여 농장을 열고 노이호프(Neuhof)라 이름 지은 후 그가 꿈꾸는 민중구제 사업을 본격적으로 시작하였다. 그의 생은 크게 네 개의 시대로 구분된다. ① 농장 경영과 빈민교육을 시작하였던 노이호프(Neuhof)시대, ② 정부가 만든 고아원을 맡아 운영하던 슈탄츠(Stanz) 시대, ③ 옛 고성을 빌어 공립학교를 개설 운영하던 부르크도르프(Burgdorf) 시대, 그리고 ④ 그가 마지막 인생을 교육사업에 몰두할 수 있었던 이베르돈(Yverdon) 시대로 나눠 살펴볼 수 있다.

① **노이호프(Neuhof) 시대:** 농장 경영과 빈민학교를 개설하여 운영하던 시기이다. 농장 경영은 흉년 등으로 뜻대로 되지 않았다. 하지만 그는 이에 좌절하지 않고 1774년 이곳에다 빈민학교를 설립한 후 떠돌아 다니던

고아들을 모아서 이들에게 의식주를 제공하면서 기초교육을 실시하고 농사일과 방직 기술교육 등 기술교육을 시켰다. 하지만 뜻대로 되지 않아 1778년 문을 닫았다.

이후 페스탈로치는 노이호프에 은거하면서 신문과 잡지에 사회와 교육과 관련된 다양한 기고 활동을 전개하였고, 동시에 그의 교육사상이 담긴 저서를 출간함으로써 점진적으로 명성을 얻기 시작하였다. 교육이 '자연에 따라야' 한다는 것, 가정의 안정은 인간 행복의 기초라는 것을 제시한 『은자(隱者)의 황혼』(1780), 교육소설 『라인하르트와 게르트루트』(1781~1787) 등이 이 시기에 저술 출판된 책들이다.

② **슈탄츠**(Stanz) **시대**: 프랑스 혁명(1789)의 여파로 스위스 안에서도 자유를 찾아 폭동이 일어나기도 했고, 나폴레옹이 스위스에 헬베티아 공화국을 수립하는 과정에서 많은 전쟁 고아가 발생하였다. 이에 따라 공화국 정부는 고아원을 설립하고 이를 페스탈로치에게 위탁 경영을 맡겼다.

6개월 동안 이곳을 맡아 경영하면서 그는 고아 교육에 대한 애정과 헌신을 다함으로써 그의 교육사상을 심화하는 계기를 마련하였다. 비록 6개월의 짧은 기간이지만 고아들을 위한 빈민교육에 온갖 정성을 쏟다보니 교육의 본질은 사랑에 있음을 알게 되었고, 인류애가 교육정신의 전형이라는 사실을 깨달았다.

③ **부르크도르프**(Burgdorf) **시대**: 슈탄츠 시대를 끝내고 페스탈로치는 베른 주에 있는 작은 도시 부르크도르프에서 초등학교 보조교사 자리를 얻어 일하게 되었다. 이곳에서 페스탈로치는 자신이 생각하는 교육이론과 방식을 통해 아이들을 지도하여 성과를 얻었으나 그의 교육방식을 이해하지 못한 교장과 갈등 끝에 학교를 그만두게 되었다. 이후에 중산층이 다니던 시민학교에 교사로 취임하여 자신의 교육이론을 실험해 가면서 점차 그의 교육성과가 교육당국으로부터 인정되어 마침내 1800년 고성(古城)을 빌려 여기에 초등학교를 설립하였다.

그의 명저 『게르트루트는 어떻게 그의 아이들을 가르치는가?』(1801)가 이 시기에 출판된 책으로 이 책을 통해 그의 교육이론의 핵심인 직관교수론을 더욱 심화시켜 나갔다. 이어 『어머니의 책』(1803), 『직관의 A, B, C』(1803)의 저술을 통해 페스탈로치 교육사상을 체계화하기에 이른다. 이 시기 교육학의 창시자 헤르바르트(Herbert)가 이곳을 방문하기도 하였다.

④ **이베르돈**(Yverdon) **시대:** 학교 운영에 성과가 나던 중 부르크도르프시의 내부 사정에 의해 학교를 뮌헨부흐제(Münchenbuchsee)로 옮기게 되었다. 그러던 중 이베르돈(Yverdon)시의 초청을 받아 그곳으로 옮긴 후 페스탈로치는 약 20년(1805~1825) 동안 교육에만 전념하였다. 이 무렵 명성과 학문은 최고점에 이르게 되어 학교에 수업 참관하고자 하는 교육자와 교사가 끊이지 않았고, 일부는 오래 머물며 그의 교수법을 배우기도 하였다. 유치원의 창시자도 프뢰벨도 이때 이곳을 찾아 페스탈로치로부터 교육적 영감과 감동을 받게 된다.

페스탈로치는 말년에 그가 교육사업을 시작하였던 노이호프로 다시 돌아갔다. 이곳에서 자서전 『백조의 노래』(1826)를 출간하였다. 페스탈로치는 1827년 2월 부르크도르프에서 운명하였다. 페스탈로치의 묘비명에는 이렇게 적혀 있다.

여기에 하인리히 페스탈로치 잠들다.
1746년 1월 12일 취리히에서 탄생하여 1827년 브루크도르프에서 가시다.
노이호프(Neuhof)에서의 빈민의 구제자,
린하르트(Leinhard)와 게르트루트(Gertrud)에서는 민중의 목자
부르크도르프(Burgdorf)와 뮌헨부흐제(Münchenbuchsee)에서는 초등학교 창설자
이베르돈에서는 인류의 교사
진실한 인간, 기독교인, 시민
모든 일을 남을 위해 했을 뿐, 그 자신을 위해서는 아무것도 하지 않았다
축복이 있으라, 그의 이름에!

(2) 교육사상

페스탈로치의 교육사상의 핵심은 인간성 계발을 통한 사회개혁에 놓여 있다. 인간을 어떻게 바라다보느냐에 따라 교육사상은 크게 달리 전개되는데, 페스탈로치야말로 종전과 다른 인간관, 자연관 등을 가졌기에 그의 교육사상은 시대를 뛰어넘는 새로운 것으로 이해되고 있는 것이다.

가. 인간관

페스탈로치의 인간관은 무엇보다 인간의 평등에 입각하고 있다. 페스탈로치는 『은자의 황혼』에서 “인간은 왕좌에 앉아 있거나 초가집의 그늘에 누워 있거나 모두가 평등하다”라고 갈파하고 있다. 평등이 인간의 본질을 이루고 있기에 교육 또한 평등교육이 되어야 한다고 보았으며 그는 빈민교육에 매진한 것이다.

평등한 인간관과 더불어 페스탈로치는 인간은 선천적으로 본성, 본능, 소질을 갖고 태어났는데, 이런 것들을 인간정신의 근본력이라 하였다. 이 근본력을 정신력(지적인 힘), 심정력(도덕적인 힘), 감각력(신체적인 힘)이 골고루 조화로운 발전을 이룰 때, 사람의 인간성이 제대로 드러나고 참된 교육, 즉 원만하고 균형잡힌 전인적 인격을 가진 인간교육이 실현된다고 보았다.

나. 교육원리와 방법

페스탈로치의 교육원리는 코메니우스와 루소의 자연주의 교육사상을 계승하고 있기에 ‘합자연의 원리’이다. 인간성 자체의 발전을 위한 주관적 자연주의가 그의 교육사상의 근본원리로 성립하고 있다. 독일의 철학자 나토르프(P. G. Natorp)[1]는 페스탈로치의 ‘합자연의 원리’에 포함되어 있는 교육방법을 5가지로 정리하고 있다.

① 자발성의 원리: 아동 내부에 있는 자연적인 힘을 자발적으로 발전시키는 것으로 계발식 방법이며, 타율적인 훈련보다 자율적인 것을 중시하였다.

---

1 독일의 철학자이자, 마르브르크 학교의 교육자이다. 저서로는 『사회교육학』이 있다.

② 직관의 원리: 아동의 직접적인 경험이나 체험을 교육의 기본원리로 삼는 것으로 직관의 3요소인 수(數), 형(形), 어(語)에 주의를 기울인다. 실물교육, 노작교육을 강조하였다.
③ 방법의 원리: 질서와 단계에 따라 교육이 행해져야 한다는 것이다. 예컨대 아동의 인식 단계가 대상 식별에서 인상명료화를 거쳐 명확한 관념의 정의에 이르기까지 단계적으로 이루어져야 하듯 교육의 계열성을 주장하였다.
④ 조화의 원리: 지력(지식/Head), 도덕성(정서/Heart), 신체(기능/Hand)의 조화로운 발전을 추구하는 전인교육을 지향하고 있다.
⑤ 사회의 원리: 페스탈로치는 그의 저서 〈린할트와 겔르루트〉에서 주장하는 "환경이 사람을 만들고 사람이 환경을 만든다"는 기본 신조에서 알 수 있듯, 사회적 관계를 중시하였다. 특히 신뢰와 사랑을 기반으로 하는 모자관계가 도덕교육의 기초가 되며 사제지간의 신뢰감 형성도 매우 중요한 요인이라고 주장하였다.

이 같은 자발성의 원리 등 페스탈로치의 기본 교육사상은 후일 진보주의 교육사상 정립에 기반이 되어 아동중심 교육사상 발전에 기여하였다.

2) 프뢰벨Friedrich Wilhelm August Fröbel의 교육사상

프뢰벨

(1) 생애

프뢰벨(1782~1852)은 1782년 4월 21일 독일 튀링겐에 있는 한 마을인 오버바이스바흐(Oberweissbach)에서 루터교회 목사의 5형제 중 막내로 태어났다.

하지만 어머니를 생후 9개월 만에 여의고, 고독한 유·소년기를 보냈다. 프뢰벨은 우울하고 사색이 깊은 소년이었다. 하지만 주변으로부터 인정받지 못하고 오히려 친구나 이웃으로부터 바보로 조롱받았다. 요즘 말로 왕따를 당하였던 것이다. 이런 일들이 계속되자 프뢰벨은 초등학교를 그만두고 산림 측량사이며 관리관의 조교가 되었다. 프뢰벨의 이 같은 선택은 결과적으로 그의 교육사상 형성 과정에 결정적인 영향을 미치게 된다. 조교 생활을 하는 동안 신비스러운 삼림 생활을 통해 자연 속에 하나님의 오묘한 권능이 역사하고 있다는 사실을 깨닫게 되었다.

그때부터 프뢰벨은 모든 사물 가운데 숨겨져 있는 보편적인 법칙 및 통일성을 추구하는 것을 사유와 사색의 중심과제로 삼게 되었다. 17세에 튀링겐(Thüringen)의 숲을 떠나게 되었지만 이미 그때부터 자연의 통일성과 보편성에 관해 지속적인 관심과 사유의 깊이를 확장하기 시작하였다.

이후 프뢰벨은 1799년 독일 예나(Jena)대학에 입학한다. 당시 예나대학은 독일 낭만주의를 싹틔운 곳이었다. 18세기 말부터 19세기 초 초기 낭만주의는 자아의 무한한 확장, 세계와의 합일이 가능한 절대 자아의 원리를 굳건하게 내세운 피히테, 셸링, 슐라이어마허의 철학을 이론적 기초로 삼았다. 이곳에서 슐레겔 형제, 티크, 노발리스 등과 함께 '낭만파' 모임을 결성해 예술, 철학, 역사, 정치 등에 대해 토론하였다. 자연히 프뢰벨은 이 낭만주의 철학으로부터 영향을 받게 되었다.

하지만 프뢰벨은 예나대학에 재학하던 중 작은 빚을 지게 되어 감옥에 들어가게 되었고, 이후 학업을 중단하고 낙향하였다. 낙향 후 농사 견습생으로 생활을 하던 중 1802년 부친이 세상을 떠나자 자신의 길을 찾고자 독일 내에서 유랑생활을 시작하였다. 측량사가 되기도 하였고, 회계사가 되기도 하였으며, 개인 비서가 되기도 하였다.

그러던 중 1809년 프뢰벨은 페스탈로치와 만나면서 교육에 눈을 뜨기 시작하였다. 페스탈로치와의 만남은 프뢰벨에게 교육에 대한 관심을 불러일으키는 대사건이 되었다. 마침내 그는 페스탈로치 정신에 입각하여 교육자로서의 생을 살기로 결심하게 된다. 프뢰벨 자신만의 인간관에 기초하여 페스탈로치의 교육 경험으로부터 발견한 원리를 결합하여 이를 완성하고자 하였다.

이 같은 생각을 심화시키기 위해 11년간이나 중단하였던 학문 연구를 위해

1811년 29세의 나이에 독일 괴팅겐 대학에 입학하였다. 이후 베를린 대학교로 옮겨 이곳에서 연구를 심화하였다. 베를린 대학교에서 광물학자 봐이스 교수 밑에서 공부하면서 우주 발전에는 모두 보편적인 법칙이 존재한다는 사실을 확신하게 되었다. 즉, 그의 사상의 근저인 인간과 자연은 일체라는 것과 모든 자연계를 지배하는 보편적인 법칙이 존재한다는 생각을 더욱 원숙하게 발전시키게 된 것이다.

학교 교사가 되고 난 후 프뢰벨은 1805년 이베르돈에 있는 페스탈로치를 방문하고 그의 실천과 사상에 강한 영향을 받아 1808년부터 2년간 페스탈로치가 운영하던 학교에서 머물렀다. 프뢰벨은 페스탈로치를 통해 교육의 근본적인 통일 원리를 탐구하였던 것인데 신, 자연, 인간에 대한 그의 이해와 사상 정립에 큰 영감을 받았다.

프뢰벨에게 영향을 미친 또 하나는 군 생활이었다. 프뢰벨은 1814년 5월 나폴레옹 전쟁 당시 약 1년 동안의 군 생활을 하였는데, 군 생활 동안 그는 정신과 육체의 상호 관련성을 깨우쳤고, 또한 국민교육사상을 형성하게 되었다. 전쟁이 끝나고 다시 베를린으로 돌아와 광물박물관의 관리인으로 일하게 되었다.

그 후 프뢰벨은 고아가 된 생질과 더불어 다른 형의 두 조카를 교육하기로 결심하면서 마침 이웃에 살고 있는 몇몇 어린이들을 모아 학교를 운영하기로 결정하였다. 그의 신교육 이론을 실험해 보기 위한 것이었다. 마침내 1816년 튀링겐의 그리스하임에 〈일반독일교육원〉을 설립한 것이다.

1817년 프뢰벨은 이 학원을 루돌슈타트(Rudolstadt) 인근의 카일하우(Keilhau)로 이전하고 학교다운 모습과 내용을 갖춰가기 시작하였는데, 1825년경에는 25명의 학생들이 재학할 정도로 점차 발전하기 시작하였다. 이 시기 프뢰벨은 피히테가 주장한 국민교육사상에 깊이 공감하여 독일 민족주의를 지지하는 여러 개의 소논문들을 발표하기도 하였다. 프뢰벨은 1826년 『인간교육』을 저술했고, 1833년에는 『인간교육의 개요』를 연이어 출간했다.

그리고 마침내 유아교육에 착수하여 놀이가 합자연적인 발달을 이룬다는

프뢰벨이 세운 최초의 유치원
출처: Google

것을 깨닫고, 1837년 놀이 도구인 은물(Gabe)[2]을 개발하였다. 은물은 신과 자연과 인간의 전체를 상징하고, 이 상징을 통하여 유아에게 신과 자연과 인간의 일체를 교감시키고자 한 것이다.

1839년에는 장난감 중심의 유아교육에 대한 강연회를 시작하면서 그의 명성을 높이 쌓아갔다. 같은 해에 '어린이 작업소'를 만들고 이것을 유치원이라 부르기 시작했다. 그로부터 1840년 유치원의 효시인 〈일반독일유치원, Der Allgemeine Deutsche Kindergarten〉을 설립했다. 1842년에는 유치원 여교사 과정을 개설했으며 1844년에 『어머니와 애무의 노래』를 발간했다. 1845년부터 여러 해 동안 유아교육 이념과 사상을 전파하기 위해 강연 여행을 다니기도 했다.

하지만 1851년 8월 프뢰벨이 설립한 유치원이 무신론적이며 사회주의 성향을 지녔다는 이유로 프로이센 독일 정부에 의해 금지령이 내려졌다. 프뢰벨은 이 금지령의 철회를 위해 탄원서를 제출하는 등 백방으로 노력했지만 받아들여지지 않았다. 이듬해인 1852년 6월 21일 세상을 떠났다.

(2) 교육사상

프뢰벨의 교육사상은 신, 자연, 인간이 상호 불가분의 관계에 있다는 입장이다. 그의 사상은 루소와 페스탈로치 교육사상의 연장선에 놓여 있는데, 루소가 '자연성'을 강조하고, 페스탈로치가 '인간성' 계발에 주목한 것에 반해

2 독일에서는 가베(Gabe), 미국에서는 기프트(Gift), 일본에서는 은물(恩物)이라고 부른다. 가베(Gabe)라는 단어는 "선물", "천분", "재능", "천성"이라는 의미로 쓰인다. 즉, 프뢰벨은 은물을 하느님께서 내려주신 '거룩하고 은혜로운 선물'로 보았다. 은물은 모든 사물을 올바르게 인식해야 한다는 데에 교육목적을 두고, 기하학적인 기본 형태와 일정 수, 크기, 색채로 구성되어 있다.

프뢰벨은 '신성(神性)'에 교육의 중심점을 두었다. 이는 모든 만물 안에는 신이 상주하여 활동하고 지배한다는 이른바 만유재신론(萬有在神論), 즉 범신론(汎神論)의 세계관에 기초하고 있다. 범신론은 모든 우주만물에 신이 존재한다는 세계관이다.

우주만물에 신이 존재하는 것처럼 인간에도 신적 속성이 있다고 보았기 때문에 이 신성의 개발이 프뢰벨의 교육목적이 된 것이다. 신성의 속성은 창조성, 활동성, 자유, 자발적 자기활동, 노작활동 등으로 본 것이다.

이와 같은 프뢰벨의 교육사상은 통일의 원리, 자기발달의 원리, 놀이 및 작업의 원리, 연속적 발달의 원리로 정리된다.

가. 통일의 원리

프뢰벨은 세계가 외관상 복잡한 것처럼 움직이는 것 같지만 본질은 하나로 통일되어 있다고 보았다. 즉, 만물의 근본 바탕에는 모든 것을 지배하는 보이지 않는 힘이 있으니 이 힘을 곧 '신(神)'이라고 본 것이다. 신이 우주만을 지배하는 영원한 법칙의 주체라고 본 것이다.

프뢰벨은 그의 저서 『인간교육』에서 "만물의 유일한 원천은 신의 안에 있다. 신은 만물 안에 상주하여 활동하고 또 지배한다. 그러므로 신은 만물의 원천이다"라고 주장하였다. 이 같은 자연관은 결국 신에 의해 만물은 조화, 통일, 융합에 의해 작동되는 것으로 이해되고 인간교육도 인간에게 내재한 신성을 충분히 발현시키는 것이 된다.

나. 자기발달의 원리

신성은 창조성, 활동성을 포함하고 있는데, 이 같은 활동은 자유와 자율을 기반으로 한다. 즉, 신성은 일체의 외부의 간섭이나 속박을 배제하고 생명 내부의 자유스러운 조화와 발달로 전제될 때 발현되고 있다고 보았다.

인간교육도 아동의 자기활동을 기반으로 해야 한다는 것이다. 자기활동이란 자신의 내적 동기에 결정되고, 자신의 흥미로부터 촉발되며, 자신의 의지에 의해 지지되는 활동인 것이다. 자신의 창조적 결정과 흥미 그리고 의지가

최초의 은물
출처: Google

결합될 때 창조가 탄생되기 때문에 그의 자기발달의 원리를 창조적 자기발달의 과정으로 생각한 것이다.

다. 놀이 및 작업의 원리

프뢰벨 교육의 핵심에는 은물이 있다. 이 은물을 창안한 이유는 놀이와 작업을 아동들에게 시키기 위함에 있는데, 이는 놀이와 작업이 교육의 수단이 되어야 한다고 보았기 때문이다.

아동들은 열심히 뛰어다니며 놀거나 무엇인가를 만들기도 하면서 성장한다. 이는 율동과 무희와 같은 뛰고 행동하는 운동적 놀이와 은물과 같은 장난감을 갖고 여러 형태의 탁상놀이를 하는 것을 작업적 놀이로 구분할 수 있는데, 이 작업적 놀이가 아동발달에 반드시 필요한 것으로 본 것이다. 그러므로 은물을 통해 놀고 만들며 활동하다보면 자연스럽게 감각기관이 발달하고 우주의 법칙과 원리를 깨닫게 된다고 주장하였다.

가베(Gabe, 은물)

가베(Gabe)에는 두 가지 사전적 의미가 있다. 첫째는 게벤(Gaben)이라는 선물의 뜻이 담겨져 있고, 두 번째로는 베가붕(Begabung)으로 천분, 재능, 천성이라는 의미가 있다.

은물은 모두 형체, 면, 선, 점의 네 가지 영역으로 나누어져 있고, 재구조라는 종합의 영역을 추가하였다. 형체에서 점까지의 배열은 3차원의 세계(형체), 2차원의 세계(면), 1차원의 세계(선)의 순으로 감각에 의해 세계를 관찰하는 정신구조에 바탕을 두고 배열되었으며, 마지막 이념의 세계(점)는 통일 점에 해당한다.

단순한 것에서 복잡한 것, 가벼운 것에서 무거운 것, 구체적인 것에서 추상적인 것, 잘 알려진 것에서 덜 알려진 것으로 전개되는 원리를 갖고 있다.

라. 연속적 발달의 원리

연속적 발달이란 발달이 연속적으로 이루어져야 한다는 것을 뜻한다. 아동의 발달은 단절이나 비약이 없으며, 다만 점진적이고 연속과 계속이 있을 뿐이다. 유아기, 소년기, 청년기에 이르는 과정에 일관된 생명이 연속하고 있다. 각각의 시기에는 그에 따른 요구가 있고 이 요구가 충족되고 확충됨으로써 성인으로 성장한다.

이 연속적 발달관은 아동의 현재를 중시하는 아동존중의 교육원리가 되고, 교육은 미래생활을 위한 준비가 아니라 아동의 현재의 흥미, 요구, 특성 등을 존중하는 아동중심 교육사상으로 루소, 페스탈로치의 사상을 계승·발전하게 되었고, 듀이(J. Dewey)로 연결되게 되었다. 몬로(P. Monroe)는 듀이가 행한 실험학교는 "프뢰벨의 교육원리를 유치원 이상의 단계에 적용하려고 한 운동"이라고 주장하였다.

3) 헤르바르트Johann Friedrich Herbart의 교육사상

(1) 생애

헤르바르트

헤르바르트(1776~1841)는 근대 과학적 교육학의 창시자이다. 그는 독일 올덴부르크(Oldenburg)에서 태어났다. 아버지가 법률가였기에 경제적으로 비교적 안정된 가정에서 성장하였다. 하지만 어린 시절 허약한 신체 때문에 학교에 다니지 못하고 가정교사와 어머니의 손에 가정교육을 받으며 성장하였다. 12세 때 처음으로 올덴부르크 김나지움에 정식으로 입학·졸업한 후, 예나대학교에 입학하여 피히테(Fichte) 밑에서 공부하였다.

이후 인터라켄대학교에서 강사로 재직(1797~1800)하게 되었는데, 이때 페스탈로치와 깊은 친교를 나누기도 하였고, 이후 1802년부터 괴팅겐대학으로 자리를 옮겨 이 대학에서 오랜 동안 재직하였다. 괴팅겐대학에 재직하는 동안 그의 대표적인 저술인 『페스탈로치의 직관의 ABC』(1802), 『일반교육학』(1808) 등을 차례로 출간하였다.

이 같은 업적을 인정받아 1809년 칸트(Kant)의 후임으로 쾨니히스베르크대학교 교수로 임명되었다. 헤르바르트는 이 대학에서 1833년까지 교육학을 강의하다가, 1833년 괴팅겐대학으로 돌아와 이곳에서 철학교수로 평생을 재직하였다.

이곳에서 1835년 『교육학강의개요』[3]라는 저술을 출판하여 교육학적 체계를 정립하기에 이르렀다.

(2) 교육사상

> "과학으로서의 교육학은 실천철학(윤리학)과 심리학에 의존한다. 전자는 도야의 목적을, 후자는 진로와 방법을 지시한다."

헤르바르트가 그의 대표적인 저술인 『교육학강의개요』(1841)에서 주장한 언명이다. 헤르바르트는 교육학이라는 분야는 윤리학에서 교육의 목적을 찾고, 심리학에서 교육의 방법을 찾아 하나의 학문으로 체계화해야 한다고 주장하였다. 교육학을 하나의 학문으로 체계화하는 데 큰 공헌을 하였기에 헤르바르트를 근대 '과학적 교육학'의 창시자라고 부른다.

헤르바르트의 교육사상은 "교육의 유일한 그리고 완전한 일은 도덕성이라고 하는 개념으로 요약된다"는 말에 함축되어 있다. 즉 교육의 최고의 목적은 도덕성의 함양, 다시 말해 도덕적 품성의 도야에 두고 있다. 헤르바르트의 교육학의 체계는 교육목적을 도덕적 품성의 도야에 두고, 이를 위해 두 개의 학문인 윤리학과 심리학을 도입·활용해야 하며, 세 개의 교육방법인 관리, 교수, 훈육을 순차적으로 실시해야 한다고 주장한다.

먼저 도덕적 품성의 도야를 위해서는 다섯 가지의 기초적 이념을 제시하고 있다.

① 내면적 자유의 이념: 도덕적 판단과 의지가 일치하는 것, 즉 동일인의 인격의 내부에 있어서의 도덕적 자유를 말함

② 완전성의 이념: 강력한 의지, 충실, 조화. 이 세 가지의 조건을 구비하고

3 이 책은 1841년 재판되어 출판할 때, 책 이름을 『일반교육학강의』로 바꿨다.

활동하는 상태를 말함

③ 호의의 이념: 타인의 행복도 자기 의지의 대상으로 삼는 것을 의미함

④ 정의의 이념: 두 개의 의지가 서로 양보하고 침해하는 않는 상태를 의미함

⑤ 보상의 이념: 의지의 결과로 생긴 행동에 책임을 지는 것을 의미함

헤르바르트에 있어서 도덕성은 이 다섯 가지 도덕적 이념들을 실현해 나가는 실천적 도덕이며, 이러한 도덕성을 함양하는 것이 교육의 목적이 되어야 한다고 주장하였다. 헤르바르트는 이 도덕성을 실현하기 위한 교육방법으로 관리, 교수, 훈육을 들고 있는데, 이 세 가지는 분리되어 있는 것이 아니라 상호보완적 관계에 있다.

첫째, 관리는 교수의 예비적 단계이다. 교육적인 기본적인 태도와 습관을 형성시키는 활동이다. 아이의 신체적·감각적 욕망을 억제하기 위해 외적 권위(감시, 금지, 명령, 위협, 처벌 등)와 사랑을 통해 교육을 위한 준비를 시키는 단계이다.

둘째, 교수는 가장 핵심적인 교육단계로 헤르바르트는 교육적 교수와 비교육적 교수로 구분하여 설명하고 있다. 비교육적 교수가 단순한 지식이나 기능의 전수를 목적으로 하는 것에 반해 교육적 교수는 의지를 도야하며 도덕적 품성을 형성하는 것을 말한다. 교육적 교수를 일으키는 방법은 지식이 감정과 결합하여 흥미를 유발할 때 가능하다고 보았다.

이어 교수단계로서 명료, 연합, 계통, 방법을 제시하고 있다. 교육이란 흥미(관심) 유발이 중요하다고 보고 여섯 가지(경험적·사변적·심미적·동정적·사회적·종교적 흥미)의 '다방적 흥미'를 유발시켜야 한다고 주장하였다. 다방적 흥미를 유발할 수 있는 방법으로 전심(專心)과 숙고(熟考)를 들고 있는데, 전심은 자기를 비우고 대상에 집중하는 것을 말하고, 숙고는 전심에서 얻은 관념을 다른 관념들과 비교하면서 연합해 보는 것을 말한다.

셋째, 훈육은 교재를 매개로 하지 않고 직접적인 학생의 정서에 영향을 줌으로써 도덕성 함양을 도모하는 교육방법이다. 구체적 방법은 명령, 상벌, 교훈, 모범을 제시하고 있는데, 그 중에서도 교사의 모범을 매우 중시하였다.

헤르바르트 이후 그의 이론은 헤르바르트 학파라고 하는 계승자들에 의해 더욱 심화·발전하게 되었는데, 질러(J. Ziller), 라인(Wilhelm Rein)이 대표적인 학자들이다. 질러는 헤르바르트의 네 단계 교수법을 다섯 단계인 분석, 종합, 연합, 계통, 방법으로 확장시켰고, 라인은 이를 재차 예비, 제시, 연합, 총괄, 응용이라는 다섯 단계로 재설정하였다.

이처럼 헤르바르트는 주변 학문에 자리하였던 교육학을 독립된 학문으로 체계화함으로써 '과학적 교육학'을 수립하는 데 기여하였으며, 교수단계에서 흥미와 훈련의 개념을 도입한 것은 매우 독창적 이론 수립이라고 이해되고 있으며, 특히 '흥미' 유발 이론은 20세기 미국의 존 듀이(J. Dewey)에게 큰 영향을 준 것으로 평가되고 있다.

대표적인 저서로는 『페스탈로치의 직관 ABC』(1804), 『일반교육학』(1806) 등이 있다.

3. 국가주의 교육사상

1) 형성 배경

국가주의(nationalism)는 국가의 보존과 번영을 최고의 가치로 생각하는 이념이다. 개인주의, 무정부주의, 사해동포주의에 반대되는 국가 개념이다. 즉, 국가의 지속적인 존속과 번영을 목표로 국가와 민족에 대한 충성심, 애국심, 애착심을 필요로 하고, 국가의 발전이나 위기 극복을 위하고자 할 때 국민적 단합과 단결을 요구하는 국가 이념이다. 이와 같이 국가에 대한 이념에 기초하여 교육을 국가 발전과 존속을 위한 수단으로 삼는 것이 국가주의 교육사상이다.

국가주의 교육사상은 일찍이 고대 그리스의 도시국가 스파르타가 그 대표적인 본보기고, 플라톤의 대표적 저서 『국가론』도 철인국가론을 통해 강력한 국가주의 교육체제 확립을 위한 철학적 구상이었다.

서구 역사에서 국가주의 교육사상의 시작은 19세기부터이다. 19세기에 들면서 군사력과 경제력을 갖춘 민족국가가 등장하게 되고, 타 민족의 식민 지배를 받던 국가의 민족 해방 독립운동이 펼쳐지면서, 이탈리아반도의 통일(1861), 독일의 통일(1871)이 이루어지게 되면서 국가주의 교육사상이 본격화되기 시작하였다. 또 산업혁명의 여파는 상공업의 발달과 원료 확보 및 생산품 판매를 위한 소비시장을 얻기 위해서 식민지 개척을 포함한 국가 간의 경쟁이 치열하게 전개되기 시작한 것도 국가주의 교육사상이 형성되는 배경이 되었다.

이 무렵 프랑스 혁명(1789)의 발발은 주변에 위치한 절대 군주 국가들은 자국에 프랑스 혁명사상(자유, 평등사상)이 침투하는 것을 두려워 한 나머지 프랑스에 무력으로 간섭하였다. 프랑스 국민들은 이들에 대항해야 한다는 애국주의에 기반한 국가주의 사상을 고취하였고, 때마침 쿠데타로 집권한 나폴레옹(1769~1821)은 이를 침략전쟁의 구실과 이념으로 악용하였다. 이에 따라 전쟁에 참여하는 각국들은 프랑스처럼 애국주의와 국가주의 사상을 더욱 고취하게 되었는데, 가장 대표적인 사상가는 독일의 피히테(Fichte)이다.

국가주의 사상가는 피히테 이외에 프랑스 혁명 후 시민들의 권리와 평등을 자각시키기 위한 국민 계몽의 필요성에 입각하여 프랑스 공교육 확립에 앞장선 콩도르세(Condorcet)가 있다. 또 영국에서는 산업혁명의 여파로 발생한 빈곤문제와 사회 부조리를 교육을 통해 개혁하고자 했던 공상적 사회주의자 로버트 오언(Robert Owen)이 국가주의 교육을 주장하였다. 미국에서도 평등이념을 교육을 통해 실현하고자 했던 미국의 호레이스 만(Horace Mann)[4] 등이 있다.

4 미국의 교육행정가, 교육사상가. 미국의 공교육 제도의 수립자.

2) 공교육과 국민교육제도 확립 과정

국가주의 교육사상은 자국의 부국강병을 위해 지적 · 신체적 · 도덕적으로 훈련된 개인을 요구하고 보통교육을 실시하여 자국민의 교육수준을 높이려는 데 있었다. 이 같은 국가 주도의 보통교육은 종교개혁과 산업혁명으로 인한 자본주의 체제의 발달, 시민혁명의 평등사상, 근대 민족국가의 수립을 배경으로 각국에 확대되었다.

국가주의 교육은 교육의 국가 통제와 주도성 강화, 의무교육의 강화를 통해 공교육 이념의 제도화를 추진하고, 교육은 인간의 기본적 권리라는 이해 속에서 교육의 기회 균등 이념의 확산으로 발전하게 되었다.

국민교육제도의 역사적 발달과정은 일찍이 독일(프러시아)에서 시작되었다. 독일은 1713년 의무취학령을 발표하고 5~12세 아동의 의무 취학과 학교 시설과 교사 봉급을 국가 보조로 규정하였다. 이후 1763년 '일반지방학사통식'을 제정하여 취학의무 연령 규정, 빈곤층의 수업료 등을 골자로 공교육제도를 발전시켰다. 이어 1803년 '프로이센 법전' 속에 학교와 대학은 국가기관이라는 점을 확인하면서 공교육과 종교의 분리 작업을 진행하였다.

프랑스는 1763년 라 샬로테(La Chalotais)[5]가 제수이트 교단을 추방하고 교육의 국가 통제라는 국가교육론을 주창하여 실현하였고, 프랑스 혁명기에 들어서서 남녀평등 무상교육과 의무교육을 주장한 콩도르세를 비롯한 다양한 교육법령을 마련하여 실시하였다.

영국은 산업혁명 이후 빈민교육운동이 일어나 레이크스의 〈일요학교〉 운영, '벨 – 랭카스터 조교법'(상급생이 조교가 되어 하급생을 지도하는 대량 교육방식)이 탄생하였고, 19세기 후반에는 오언을 중심으로 공교육제도 개선을 위한 개혁운동이 활발히 일어났다. 이를 계기로 1876년 '기초교육법'을 통해 의무교육제도의 확립을 거쳐 1944년 '교육법(Butler)'을 통해 공교육체제를 완성하였다.

5 프랑스의 정치가이자 검찰 총장을 역임하였다. 예수회가 관장하는 학교를 포함한 교육개혁이 필요하다는 보고서를 작성 프랑스 개혁을 실현하였다. 이 보고서가 유럽 국민교육론의 최초의 저작인 『국민교육론』이다.

미국은 독립 이후 의무적으로 공립학교의 설치를 포함한 공립 무상교육제도의 전개가 시작되었는데, 1834년 펜실베이니아 주에서 '무상학교법'에 의해 전 국민 취학 교육제도가 시행되었다. 이후 호레이스 만에 의해 미국에 의무교육제도가 추진되었으며, 그 결과 1852년 매사추세츠 주에서 의무교육제도가 확립되었다.

국가주의를 대표하는 교육사상가는 독일의 피히테(Fichte)와 슈라이어마허(Schleiermacher), 영국의 오언(Owen), 미국의 호레스 만(Horace Mann), 프랑스의 콩도르세(Condorcet) 등이 있다.

3) 국가주의 교육사상가

(1) 피히테Johann Gottlieb Fichte

요한 고틀리프 피히테

피히테(1762~1814)는 헤겔, 프리드리히 셸링과 더불어 독일 관념론을 대표하는 사상가이다. 피히테는 독일이 나폴레옹에 의해 위기에 처하게 되자 1807~1808년 사이에 14차례에 걸쳐 베를린 대학 강당에서 〈독일 국민에게 고함, Reden an die deutsche Nation〉이라는 연설을 했다. 피히테는 연설을 통해 독일 민족이 국가적 위기에서 탈출하고 새로운 국가를 건설하기 위해서는 국가가 국민의 교육을 책임지고 무상교육을 근간으로 하는 국가교육을 주장하였다.

그는 독일 연방이 프랑스 나폴레옹 군대에게 나라가 무참히 짓밟히게 된 원인은 독일 민족 개개인의 이기심과 나태함, 도덕적 타락에 있다고 보았다.

피히테는 "독일이 왜 패망하였는가?"라고 국민들에게 물었다. 프랑스 군대는 강하고 우리 군대가 약했기 때문인가? 그는 '아니다'라고 단언했다. 독일이 패망한 것은 독일인의 이기심과 도덕적 타락 그리고 나라가 어려울 때 사회 지도층들의 수수방관이 국가를 망쳤다고 열변을 토했다.

그의 연설은 "이제 독일을 재건할 길은 무엇인가?"라는 최종 물음에 이르게 되었고, '국민교육을 통한 민족혼의 재건'이라는 결론에 다다랐다. '독일

국민에게 고함'은 독일인의 우월성과 강대함을 재건해야 한다는 외침이었다. 피히테의 열변에 감동한 독일 국민들은 자신감과 용기를 회복했고, 도덕 재무장과 민족혼을 깨우치는 운동이 대대적으로 일어났다.

피히테는 국민교육, 공교육, 의무교육을 강력하게 주장한 독일의 철학자이다. 그는 교육을 국가의 위기로부터 벗어날 수 있는 수단이 되어야 한다고 전제하고 모든 계급이나 남녀의 차별 없이 모든 국민에게 교육의 의무를 강제해야 한다고 주장하였다.

(2) 콩도르세Marquis de Condorcet

콩도르세(1743~1794)는 프랑스 혁명기(1789~1799)의 계몽사상가이다. 그는 무지몽매한 프랑스 시민들을 계몽할 수 있는 방법은 교육에 있다고 보았다. 콩도르세는 1792년 자유, 평등, 인권에 기초하여 프랑스 '공교육의 일반조직에 관한 보고 및 법안'을 마련하였고, 이를 통해 프랑스 공교육제도를 확립하는 데 크게 기여하였다.

그가 제안한 교육개혁 법안의 골자는 교육은 국가의 의무이자 책임의 강조, 철저한 기회균등의 원칙, 단선형 공영 학교체제 운영, 무상교육과 장학제도 운영, 교회 등으로부터 교육의 중립성 보장, 남녀공학 주장 등의 내용을 포함하고 있다. 당시의 사회환경을 생각할 때 획기적인 주장으로 이를 통해 콩도르세는 프랑스 공교육체제를 기초한 인물이 되었다.

(3) 호레스 만Horace Mann

호레스 만(1796~1859)은 미국의 교육행정가이다. 매사추세츠 주의 초대 교육감으로 재직하면서 미국 교육개혁에 앞장 선 인물이다. 호레스 만은 "교육은 사회라는 기계의 장치이자 인간조건의 가장 위대한 평등장치"라고 주장하며 빈약한 교육환경을 개선하는 데 중점을 두었고 시민들을 위해 주 예산으로 공립초등학교를 설립하여 공교육 확산에 노력하였다. 공통의 언어, 문화, 도덕교육을 강조하였으며, 미국에 사범학교를 최초로 설립한 인물이다. 교육감 재직시 모든 교육자료를 『12년보』로 발간하여 공개하였다.

생각 나누기와 심화하기

9장 19세기 신인문주의 교육

1 19세기 신인문주의 교육사상이 전개된 시대적 배경과 교육의 특징을 알아보자.

2 페스탈로치의 3H 교육에 담긴 의미를 알아보고 전인교육 사상에 대하여 논의해 보자.

3 프뢰벨의 은물이 상징하는 것이 무엇인지 알아보고, 은물의 현대적 의미에 대하여 토론해 보자.

4 국가주의 교육사상이 후대 교육에 미친 영향이 무엇인지 알아보자.

제10장
20세기 신교육의 전개

1. 새교육운동

20세기는 자본주의의 발달로 인해 계급 간의 불평등 야기 등 사회적 갈등과 모순이 심화되는 동시에 이를 해결하고자 하는 각종 대안이 모색되는 시기였다. 또한 산업혁명 후 과학기술의 놀라운 발전은 세상의 변화를 주도하였으며, 국민 주권과 같은 민주주의 이념과 제도가 보편화되어 가는 시기이기도 하였다.

교육에 있어서 각국은 이 같은 사회변화에 부응하여 책임감 있는 민주시민 양성, 과학기술 발전에 필요한 창의적인 인간 형성을 교육목표로 정하고, 이를 달성할 수 있는 교육방법을 모색하기 시작하였다. 교사 중심의 권위적이고 주입식 교육에서 탈피하여 학생 중심의 경험 중시, 실생활 중심 및 사회 중심의 교육을 중요시하는 교육개혁 움직임이 전개되기 시작하였다. 약 30년간에 걸쳐 일어난 이 교육개혁 운동을 '새교육운동(new education movement)'이라고 부른다.

이 운동의 발단은 19세기 루소의 영향을 받아 설립된 〈범애학교〉가 그 시작이라고 할 수 있다. 페스탈로치와 프뢰벨 등에 의해 전개된 새로운 형태의 학교실험도 이 '새교육운동'의 큰 범주에 포함된다. 이 같은 정신을 이어받아 20세기에 들어서면서 다양한 학교교육 개조운동이 전개되었다. 그 대표적인 신학교로는 〈전원학교〉, 〈노작학교〉, 〈향토학교〉 등이 설립되었고, 새로운 학습지도법이 고안되었으며, 듀이의 '실험학교' 운영 등 새로운 학교개조운동이 활발히 전개되기 시작하였다.

2. 각종 신학교

1) 세실 레디의 〈신학교〉

이 학교는 1889년 영국의 세실 레디(Cecil Reddie)가 전원지대인 애버츠호움(Abbotcholme)에 세운 기숙제 학교이다. 유럽 최초의 신학교(new school)인 이 학교는 영국의 전통적인 중등학교에 대한 개혁적 대안으로 설립되었다. 새로운 교과목의 도입과 노작교육 실시, 기숙사에서 교사와 아동간의 사랑과 신뢰관계 형성 등을 목표로 운영되었고, 인근 국가의 신학교 운동에 영향을 미쳤다.

2) 에드몽 드몰랭의 〈에콜 데 로슈〉

에드몽 드몰랭(E. Demolins)은 영국 신교육 학교를 방문한 후 영국의 신학교 체제를 프랑스에 도입하자고 제안하였다. 그는 앵글로 색슨 영국인이 우월한 것은 교육에 있다고 판단하였던 바 1899년 신교육과 관련된 저서인 『신교육, L'Education Nouvelle』을 출판하였고, 이 이념에 기초하여 파리 근교에서 〈에콜 데 로슈〉(Ecole des Roches)라는 프랑스 최초의 신학교(new school)를 설립하였다. 이 학교는 중고등학생을 대상으로 한 학교였다.

3) 리츠의 〈전원학교〉

〈전원학교〉는 리츠(Herman Lietz)가 독일 베를린 근교에 세운 최초의 신학교이다. 이 학교는 초등학교로서 기숙제 학교로 운영되었는데, 오전에는 일반 수업을 진행하고 오후에는 농장에서 사육, 목공, 농경 등 노작활동을 하였다. 리이츠는 이 학교를 2개 더 세웠고, 이후에는 〈전원고아원〉까지 설립하였다.

정기섭(2006)은 리츠가 〈전원학교〉를 설립한 목적과 교육원리는 다음과 같이 분석하고 있다. 첫째, 리츠는 산업화 · 도시화를 통해 나타난 사회의 타락을 새로운 학교설립을 통하여 극복하고자 한다. 둘째, 새로운 학교교육의 이념과 방법적 원리들은 그가 독자적으로 창조한 것이라기보다는 과거의 위대한 교육자들로부터 배운 것이다. 셋째, 새로운 학교교육의 목적은 도덕적 품성도야에 있다. 이것은 비판의 대상인 수업학교와 미래의 학교인 교육학교를 구분하는 기준이 된다. 넷째, 품성도야는 학생에게 자연적으로 내재되어 있는 다양한 능력들의 조화로운 발달을 통해 실현될 수 있다(정기섭, 2006).

4) 케르셴슈타이너의 〈노작학교〉

〈노작학교〉(Arbeitserziehung)는 독일의 케르셴슈타이너(G. Kerschensteiner, 1865~1932)가 세운 학교이다. 이 학교는 페스탈로치의 '일하면서 배우는' 노작교육사상을 이어 받는 케르셴슈타이너가 당시 교과 중심으로 운영되던 초등학교 교육을 개선하고자 설립하였다. '노작'(勞作)이라는 말 역시 케르셴슈타이너가 1908년 취리히의 페스탈로치 기념제에서 '노작학교'라는 말을 처음 쓰면서 이후 보편적으로 사용하는 용어가 되었다.

케르셴슈타이너는 이 학교를 통해 노작교육사상을 체계적으로 심화시켰는데, 손을 중심으로 하는 수공작업을 통해 일을 완성하는 기쁨을 체득하는 동시에 근면, 책임, 헌신 등의 도덕적 품성을 강조하였다. 또 케르셴슈타이너는 지식교육을 최소화하고 일과 작업 등의 노작의 기쁨을 맛보는 직업교육이 매우 중요하다고 주장하였다. 이어 노작활동 속에서 공동체성을 주장하면서 노작공동체를 지향하는 교육원리가 시민교육의 중요한 방법적 원리로 자리잡게 되었던 것이다.

5) 닐의 〈서머힐〉

〈서머힐〉(Summerhill School)은 닐(Alexander Sutherland Neill, 1883~1973)이 1921년 영국 서픽 주에 자유 대안학교로 설립한 학교이다. 이 학교는 오늘날 세계 대안학교의 시초로 자리매김되고 있는데, 5~16세의 아이들이 입학하는 완전 기숙제 학교로 철저한 자유주의 교육을 기반으로 하고 있다. 평균 25명의 남학생과 20명의 여학생으로 구성된 작은 학교이다. 수업참석 여부를 스스로 결정할 정도로 학생들의 자율적 판단에 맡기는 수업방식이다.

시험도 없고 성적표도 없으며, 안전과 건강문제 및 타인의 권리 침해에 관련된 일이 아니면 학생들은 하고 싶은 것을 자유롭게 할 수 있다. 하지만 놀이를 하더라도 그냥 노는 것이 아니다. 아이들은 놀이를 기획하고 도구를 만들어 가며 스스로 창의력과 탐구심을 길러가면서 놀이 속의 규칙과 규율을 만들고 이를 통해 대인관계와 사회성을 기른다.

영국 서머힐 스쿨

하지만 모든 것이 자유는 아니다. 기숙사 생활은 자치회가 마련한 취침 규율을 따라야 하며, 수업을 가지 않더라도 일주일에 두 번 열리는 학생자치회의에는 반드시 참석해야 한다. 이때 교장을 비롯한 교직원도 이 자리에 참석하는 데 학생들과 똑같이 동일한 발언권과 투표권이 주어지게 될 뿐이다. 이렇게 알아서 놀다보면 아이들의 흥미와 호기심은 어느덧 공부 쪽으로 눈을 돌리고, 마침내 13세 무렵이면 제 발로 교실을 찾게 된다.

이 같은 〈서머힐〉 학교를 만든 닐은 '아동은 선하다'라는 교육철학에서 출발하여 아이들이 즐겁고 행복하게 살게 해 줄 목적으로 이 학교를 설계하였다. 지적인 능력 이상으로 정서적 능력도 중요하다고 판단하여 아이들에게 자유롭게 뛰어놀면서 수공예 등을 장려하였다. 자유는 방종이 아닌 서로를 존중하는 가치관과 믿음 속에서 진정한 자유가 있기에 이 학교에서는 그 어떤 강제나 강압이 허용되지 않는다. 스스로 성장하도록 시간적 여유와 공간을 제공할 뿐이고, 가장 자유스러운 상태에서 자신의 인생을 스스로 설계하도록 고안된 학교인 것이다.

서머힐은 열린교육(Open Education) 등 세계의 많은 대안학교 설립에 큰 영향을 미쳤다.

6) 호러스 맨, 헨리 바너드의 미국 공교육제도 혁신

미국의 공교육제도 확립에 있어 빼어놓을 수 없는 인물이 호러스 맨(Horce Mann, 1795~1859)과 헨리 바너드(Henry Barnard, 1811~1900)이다. 이 두 사람은 페스탈로치과 프뢰벨의 교육사상이 미국에 영향을 미치게 되면서부터 아동중심 교육사상을 현장에 적용한 인물로 평가되고 있다.

호러스 맨은 미국 매사추세츠 주 교육감으로 피선된 후 빈민계층을 위한 공립보통학교 설립과 여성 평등교육에 앞장선 결과 1852년 매사추세츠 주에서 가장 우선적으로 의무교육제를 확립하였다. 그리고 미국 최초로 주립 사범학교를 설립하였으며, 교사의 자질 향상을 위해 교육 강습회를 조직하기도 하였고, 공립학교 교사의 지위와 처우 개선 및 학교 도서관 보급에 공헌하였다.

바너드 역시 미국 코네티컷 주 초대 교육장으로 재임하면서 사비를 들여 교육에 관한 백과사전적인 《미국 교육저널, American Journal of Education》을 발간하였고, '미국 교육진흥협회'를 만드는 등 미국 교육개혁에 크게 기여하였다.

이 무렵 미국 신교육의 아버지로 칭송되고 있는 파커(Francis Wayland Parker, 1837~1902)는 교사로 재직 중이던 1872년 독일의 헤르바르트 등의 교수법을 연구 시찰하고 1875년 미국으로 귀국한 후 매사추세츠 주 퀸시(Quincy)시의 장학관이 되었다. 그는 과학 · 예술 · 공예 등을 교육과정에 포함시키는 등 실험적 · 진보적인 아동중심교육을 미국에 도입하였다. 이를 '퀸시운동'(Quincy Movement, 1875)이라고 한다.

'퀸시운동'은 페스탈로치의 정신을 교육에 실천하자는 운동으로 자기표현과 자기실현의 원리를 강조하고 있다. 이에 그는 학교교육에 있어 직관교육, 자율학습, 교과통합 등 초등교육 교육과정 개혁에 앞장섰다. 나아가 사회활동과 예술을 교육과정의 핵심으로 포함시켰으며, 교육은 아동 개개인의 인성 발달에 목표를 두어야 한다고 강조한 진보주의 교육의 개척자이다.

7) 루돌프 슈타이너의 〈발도로프학교〉

〈발도로프학교〉는 루돌프 슈타이너(Rudolf Steiner, 1861~1925)가 1919년 독일 슈트트가르트에 〈자유 발도르프 학교〉를 세우며 탄생한 자유 대안학교이다. 〈슈타이너학교〉라고도 한다.

루돌프 슈타이너

슈타이너는 오스트리아 태생으로 인지학(人智學, 독일어: anthroposophie)의 창시자이다. 인지학은 당시 유행하던 신지학(神智學)에 대비하여 그가 만든 철학사상이다. 이 인지학에 기초하여 슈타이너는 인간 본성에 대한 바른 인식에 기초해서 아동의 잠재 능력을 개발하고자 하였다. 즉, 교육은 인간 본성의 표면 아래 숨겨진 본성을 드러내야만 한다고 보았다.

교육에서는 신체 - 정신 - 영혼의 조화로운 교육을 강조하기 때문에 신체(손과 발)를 이용하여 정신과의 협력적인 발전을 도모하는 '노작교육'을 교육 내용으로 한다.

슈타이너는 인간이 육체 · 영혼 · 정신의 3가지 요소로 이루어져 있다고 보았다. 탄생에서부터 성인이 될 때까지 약 20년 동안 3단계인 영유아기, 아동기, 청소년기로 나뉘어 성장하고 자아가 독립한다고 주장하였다. 자아가 독립하는 시기까지 각 단계에 맞는 교육을 전개하고, 아이들의 생각과 능력을 존중해야 한다는 것이 발도로프 교육의 핵심이다.

이 같은 교육목적을 달성하기 위해 발도로프학교에는 몇 가지 특별한 교육방법을 도입하고 있다.

첫째, 아동의 발달과정에 맞춘 교육이다. 발달주기를 영아기, 아동기, 청소년기로 나눠 6~18세 동안 12년간 일관된 내용과 방식으로 진행하였다.

둘째, 에포크 수업(Epochen Unterricht)이다. 주기집중수업이라 한다. 이 에포크 수업은 한 과목을 매일 2시간씩 3~6주일 동안 집중해서 공부하는 특별한 수업방법이다. 아동들의 체내 리듬을 생각해 주로 아침 교시에 시작하고, 주요 교과목은 예술적인 수업, 영어, 프랑스어 등 외국어 등을 대상으로 한다.

셋째, 8년 담임제이다. 입학 후 8년까지 같은 교사가 담임을 맡아 주요 교과목을 가르친다. 8년의 기간 설정은 아동의 발달주기를 고려한 결과이다.

넷째, 오이리트미(Eurythmy)이다. 오이리트미는 음악을 곁들여 내면의 소리를 몸으로 표현해 내는 것이다. '보이는 대화', '보이는 노래' 또는 '몸으로 해석된 대화와 노래' 등으로 일컬어진다. '보이지 않는 것'을 '보이는 형태'로 하는 〈의식의 예술〉이라고 할 수 있다.

이 밖에 발도로프학교의 특징으로 저학년의 경우 교과서가 없으며, 시험성적표가 없다. 다만 학습적 성취, 발달 사항, 재능 등이 세부적으로 성적표에 기재될 뿐이다. 또 학교 운영은 교사들의 자치적인 행정방식으로 운영되는 특징을 갖고 있다.

8) 듀이의 〈실험학교〉

〈실험학교〉(Laboratory School)는 미국의 진보주의 교육 철학자인 존 듀이(John Dewey)가 자신의 진보주의 교육이론을 실험하기 위해 1896년 시카고 대학 안에 세운 학교이다. 듀이 스쿨(Dewey's School)이라고도 한다. 당시 학교는 교사 2명, 아동 16명으로 시작하였는데, 6년 후에는 교사 23명, 대학 출신의 조수 10명, 아동 140명을 수용하는 학교로 발전하였다. 이 학교는 4~14세의 아동을 수용하였는데, 4~5세 아동교육은 가정교육의 연장으로 생각하여 회화, 구성적 작업, 이야기, 노래, 유희 등을 일과로 구성하였다.

듀이가 이 학교를 설립한 목적은 학교가 어떻게 하면 학생들이 각자의 능력을 발달시키고 욕구를 충족시켜가며 공동체 사회에 적응할 수 있는가를 찾아가는 데에 있었다. 듀이는 이 학교에서 얻은 경험을 토대로 그의 진보주의 교육철학을 구체화하였다.

듀이의 〈실험학교〉가 지향한 교육의 방향은

① 생활 자체가 교육의 경험이 되어야 한다.

② 학습은 사회적 활동의 부산물이다.

③ 학습의 검증은 사려 있는 행위로써 새로운 사회 상황에 대응할 수 있는 개인의 능력을 가지고 행한다.

④ 학교교육은 사회의 진보에 유익한 영향을 미친다는 등의 가설에 입각하여 운영되었다.

3. 20세기 신교육사상

1) 노작교육사상

(1) 형성과정

노작교육은 독일어 'Arbeitserziehung'의 번역어이다. 노작이라는 용어를 처음으로 사용한 사람은 케르셴슈타이너(Georg Kerschensteiner, 1854~1992)이다. 그는 페스탈로치의 사상을 기반으로 노작을 통한 인간교육의 이상을 학교교육에서 실현하고자 하였다. 이와 같은 그의 생각은 후일 미국으로 건너가 프래그머티즘과 결합하여 듀이의 보편적 직업교육으로서의 노작교육론에 이르게 된다.

노작교육은 일찍이 중세수도원에서 육체노동의 필요성이 부각되었고, 이후 16세기 들어 공상적 이상사회를 구상한 토마스 모어(Thomas More, 1477~1535)와 캄파넬라(Tommaso Campanella, 1568~1639)가 노동과 교육을 연결하고자 하는 논의 속에서 조금씩 확산되기 시작하였다.

이후 루터(Luther)는 종교개혁 후 설교를 통해 노동과 직업의 가치를 강조하면서 가정에서의 가사노동의 교육적 의미를 역설하였다. 로크(Locke) 또한 자신의 교육론에서 신사도 생산적인 일을 배워야 한다고 주장하며, 노작을 통한 생활과 건강의 중요성을 주장하였다.

18세기 들어 루소(Rousseau)는 『에밀』을 통해 "노동은 사회적 인간의 필수적 의무"라는 전제 아래 부단한 노작 속에서 아동들은 다양한 것을 관찰할 수 있고 자연을 통해 스스로 배움으로써 인격적 도야가 시작된다고 주장하였다. 특히 수공이야말로 인간이 취할 수 있는 최고의 자연스러운 노작이라고 강조함에 따라 노작교육의 맹아가 형성되었다.

하지만 현대적 의미에서 노작사상을 본격적으로 전개한 사상가는 페스탈로치(Pestalozzi)이다. 페스탈로치는 인간은 자연적 단계, 사회적 단계, 도덕적 단계로 발전해 간다고 주장하면서 '기초도야'의 이념을 제시하였다. '기초도야의 이념'이란 손(기능력), 머리(지능력), 가슴(심정력)을 조화롭게 발전함으로써 인간도야가 완성된다고 보았다. 이 원리를 통해 페스탈로치는 노작의 원리를 생활의 원리로 발전시켰는데, 직업적 차원에서의 노작활동이 가정에서부터 이루어져야 하고 이를 통해 인간도야가 완성된다고 주장하였다(김정환, 1982 : 62).

영국의 로버트 오언(R. Owen) 또한 노작교육사상의 발전에 큰 기여를 한 인물이다. 오언은 그가 만든 방직공장과 〈성격형성학원〉에서 일찍이 육체적 노동, 협동적인 작업의 중요성과 필요성에 대해 주장하였다. 후일 그의 사상은 마르크스(Marx)에 의해 보다 구체화되기 하였다.

이후 케르셴슈타이너(Kerschensteiner)가 페스탈로치 사상을 실현하고자 〈노작학교〉를 세웠으며, '은물'을 만들어 아동의 손을 통한 놀이교육을 시작한 프뢰벨(Frőbel)을 거쳐 미국으로 건너가 듀이(J. Dewey)에 의해 노작교육사상은 더욱 심화되고 발전하게 되었다.

(2) 노작의 의미와 노작교육의 성격

노작(勞作)은 독일어로 'Arbeit'(work)이다. 이 용어를 교육현장에서 해석의 초점을 어디에 두느냐에 따라 다양하게 정의되어 왔다. "정신적으로 자기 스스로 하는 활동"(Gaudig), "수공적 활동"(Kerschensteiner), "작업을 하면서 무엇을 만들어 내는 일"(Seinig) 등 학자들마다 다르게 의미를 해석하고 있다. 동양권에서는 "힘껏 자신의 힘을 쏟아 창조하고 창작하고 구성하는 활동"의 의미로 애쓰고 힘쓰는 것을 뜻하는 노(勞)와 단순 작업의 작이 창작의 작을 뜻하는 작(作)을 결합해서 노작(勞作)으로 번역해 왔다.

이와 같은 다양한 학자들의 견해를 종합해보면 다음과 같다. ① 정신적으로 자기 스스로 행하는 일인 정신적 노작, ② 만들고, 깁고, 수선하는 등의 수공예를 뜻하는 수공적 활동, ③ 스스로 심고 기르고 수확하는 등의 근로적 노작, ④ 컴퓨터, 기계 다루기 등 현 기술문명과 관련된 노작으로 분류하고 있다(정훈, 2009: 58 – 59)

노작의 의미를 해석해보면 다음과 같다. ① 노력하여 무엇인가 만들어낸다는 작업의 의미를 포함하고 있다는 점에서 놀이와 다르며 '노동'과 비슷하다. ② 노작은 사회적 생산물을 염두에 두지 않고 결과보다는 과정에 일차적 관심이 주어져 있고 과정상 소외될 가능성이 적다는 점에서 노동과는 구별된다.

③ 노작은 놀이와 노동의 연속선상에서 중간적 위치에 있는 인간활동으로 내적 만족, 사회적 관련, 창조적 변용의 세 가지 차원에서 놀이와 노동이 구별된다(김기민, 1992 : 104 - 105).

정리하면 노작은 다양한 정신적 특성을 신장시킬 목적으로 이루어지는 육체적 활동이면서 작업하여 무엇인가를 만들어내는 활동인 것이다. 그래서 일정한 절차나 기술에 익숙하게 만들면서 개인적 차원의 변용, 집단적인 협동의 가능성을 열어주는 활동이라고 할 수 있다.

하지만 노작은 어떤 직업을 위한 훈련과는 신중히 구별되어야 한다. 이에 대해 듀이는 다음과 같이 노작교육의 목적을 분명히 하고 있다.

> "노작은 어떤 직업을 위한 준비를 하는 훈련과는 신중히 구별되어야 한다. 그 차이의 근거는 노작의 목적이 활동 자체에 속해 있다는 것이다. 즉, 노작의 목적은 각종 관념과 그 관념이 행동으로 구현된 것과의 사이에 부단한 상호작용이 일어나서 성장이라는 사실을 초래할 수 있는 것이지 외부적인 실용을 운운하는 것은 아니다"(J. Dewey. 1889 :92)

듀이의 주장에서 알 수 있듯이 노작교육은 육체와 정신의 조화를 통해 인간을 성장시켜 전인교육을 지향하고 있다고 할 수 있다. 종합적으로 노작교육은 아동의 직접적인 경험을 소중히 하면서 성장을 목적으로 하는 육체적 활동이며, 통제와 규율에 움직이는 것이 아닌 개방적 환경 속에서 참여자들의 자유로운 조작과 자율적 선택에 의해 다양한 작업이 이루어지는 활동인 것이다.

그리고 노작교육은 사회에서의 삶의 양식을 어느 정도 반영하면서 작업을 통해 무엇인가 끊임없이 만들어가는 과정인 동시에, 개인적 차원에서 새로운 시도와 창조 및 집단의 협력을 통한 집단 창작의 가능성을 열어주고 있다는 데 교육적 의의를 두고 있는 교육사상이다.

(3) 교육원리

노작교육의 원리는 노작교육을 주장한 사상가들마다 차이가 있다. 페스탈로치, 케르셴슈타이너, 발도로프, 듀이 등의 주장에서 볼 수 있는 원리는 다음과 같다. ① 육체와 정신의 조화와 통일을 지향, ② 인간이 살아가는 사회와 자연환경과의 경험과 상호작용을 통한 통합성을 추구, ③ 사회 속에서 노동을 통한 삶을 사전에 경험시키고 직업세계의 이해에 중점을 둔 생활의 준비 교육의 성격을 갖고 있다. 그리고 무엇보다 지식 중심의 교육에서 탈피하여 노작활동을 통해 진정한 자신의 능력과 모습을 발견할 수 있는 기회를 제공한다는 측면에서 교육적 의의가 있다.

노작교육의 원리는 이를 추구한 페스탈로치에서부터 듀이에 이르기까지 사상가들의 주장마다 다르다. 하지만 공통적인 성격을 종합해보면 다음과 같다(정모근, 1995, 211 - 213).

첫째, 체험의 원리

케르셴슈타이너는 가장 훌륭한 노작교육의 목표는 노작활동 가운데서 자기 충실성 그리고 이로부터 즉물성(관념이나 추상적인 사고가 아니라 실제의 사물에 비추어 생각하고 행동하는 성질)이 어떻게 신장되는가를 스스로 음미하며 체험하는 것이 중요하다고 강조하였다.

둘째, 수공노작(手工勞作)의 원리

수공적 노작은 단지 모든 기예의 기초가 아니라 모든 과학의 기초가 된다. 따라서 단순히 손으로 하는 직업의 준비가 아닌 인간생활의 기초로서 실시되어야 한다.

셋째, 자발성의 원리

아동기의 본성은 활동성과 능동성에 있다고 보고, 이를 바탕으로 생활의 모든 장소에서 배우게 되며, 활동의 충동 속에서 새로운 경험의 세계를 맞이하게 된다. 이때 아동들은 개척자적인 정신을 갖고 관찰, 탐구, 의심해 보면서 창조성을 얻게 되는 것이다.

넷째, 생산성의 원리

노작교육의 생산성의 원리는 사회생활을 반영하는 활동에 참여하여 작업을 통해 무엇을 만들어내는 활동이다.

다섯째, 협동성의 원리

공동 노작을 통해 학생들은 도덕적 습관을 갖게 되며 타인에 대한 헌신적이고 도덕적 정신을 배운다. 개성적 활동과 함께 타인을 이해하게 되고 자신의 개성이 통할 수 있는 공동체에 봉사하게 되며, 유용한 공민으로서의 길과 도덕적 · 자율적 인격의 형성이라는 길을 가게 된다.

여섯째, 교육통합의 원리

노작교육은 각 교과의 내용을 학생들에게 의미 있게 전달할 수 있는 토대로서 전인(全人)을 지향하며 지 · 덕 · 체의 조화로운 발달을 도모한다.

이상에서 노작교육의 의미와 성격 그리고 원리를 종합할 때 노작교육의 가치는 크게 두 가지로 압축된다(김기민 1992: 108 – 109).

첫째, '의미 있는 학습의 전개'이며, 다른 하나는 '삶의 다양한 측면의 통합'이다. 먼저 '의미 있는 학습의 전개'의 가치는 학생들의 능동적인 작업을 통하여 각 교과의 내용을 학생들의 구체적인 경험과 관련시켜 각 교과에서 추구하는 이해와 안목의 형성에 기여한다는 교육적 가치를 지닌다는 점이다.

둘째, '삶의 다양한 측면의 통합'의 가치는 교육은 전인을 지향하며 지 · 덕 · 체의 조화로운 발달을 도모한다. 노작교육은 삶의 경험을 독특한 개념과 탐구방식으로 구조화하는 교과들의 내용을 총체적으로 통합하다는 측면에서 교육적 가치를 가진다.

마리아 몬테소리

2) 몬테소리 교육사상

"어린이의 감춰진 힘을 알아내어 칭찬하고 그 힘의 성장을 돕고 보조하겠다는 의도를 가지고 겸손히 다가가야 한다. 그렇게 하면 어린이의 진정한 품성이 내면의 힘을 가지고 우리 앞에 드러날 것이다."

– 마리아 몬테소리

(1) 생애

마리아 몬테소리(Maria Montessori, 1870~1952)는 1870년 이탈리아 카라발레(Chiaravalle)에서 외동딸로 태어났다. 그녀는 16세에 〈레오나르도 다빈치 기술학교〉에 입학하여 수학, 역사, 지리, 기하학, 소묘, 물리학, 화학, 식물학, 동물학 그리고 2개의 외국어를 배웠다. 졸업 후 그녀는 의학을 공부하기로 결심하였는데, 당시 여성이 이 분야를 공부하는 것은 사회적으로 허용되지 않은 시대였다.

의대에 진학하고자 했지만 그녀의 꿈은 몇 번이나 좌절당했다. 하지만 이에 실망하지 않고 여러 경로를 거쳐 1893년 마침내 의학대학에 진학할 수 있게 되었다. 하지만 그녀가 여성이라는 이유로 교수는 물론 일부 의대생들로부터 괴롭힘과 구박을 당하기도 하였다. 해부학 강의실에서 벌거벗은 시신을 남자들과 함께 공부한다는 것은 부적절하다고 인정되어 강의가 끝난 후 그녀 혼자서 시신 해부를 하도록 요구하기도 하였다.

이와 같은 역경을 극복하고 몬테소리는 1896년 의학박사로 〈로마대학〉을 졸업하였다. 그녀는 대학병원 정신과에서 조수로 일하게 되었는데, 그때 지적장애아동을 처음 접하면서 장애아는 의학적 처치와 더불어 교육적인 치료가 필요하다는 것을 절감하였다. 1898년 국립장애인학교의 책임자가 되었고, 1906년 로마정부로부터 위임받은 로마시 빈민가 출신 3-6세의 어린이 60명을 맡게 되었다. 그녀는 여기서 독창적인 '몬테소리 교육법(The Montessori Method)'을 고안하게 되었다.

몬테소리에 의하면 아동은 본래 정신적으로 자기발전의 가능성을 가지고 있다. 그렇기 때문에 교육은 아동이 자유롭게 자기표현과 자기발전을 하는 것이라고 보았다. 그녀는 ① '놀잇감'을 이용, 아동의 감각을 발달시켜 자발적 흥미를 불러일으키는 학습을 유도하며, ② 활발한 자기활동으로 자기교정·훈련이 된다고 보았다.

그녀가 지적장애아에서부터 비장애 어린이에까지 교육방법을 적용시킨 '감각훈련 놀잇감(creative materials)'을 발견한 것은 프뢰벨의 '은물(恩物)'을 능가하는 수확이라 하겠다.

(2) 카사 데 밤비니

몬테소리(M. Montessori)의 〈어린이집, Casa dei Bambini〉은 1907년에 로마 근교인 산로렌즈(San Lorenzo) 지역에서 도시 빈민을 위한 주택단지사업의 일환으로 학령 전 유아를 위하여 설립되었다.

몬테소리의 교육은 개인의 자발성과 자기통제에 기반을 두고 있다. 몬테소리 교구는 '어린이는 스스로를 가르친다'는 것을 전제로 어린이가 자기 스스로를 창조하는 것을 돕기 위해서 만든 것이다

이와 같은 새로운 교육적 혁신을 이룬 몬테소리는 아동들이 자율성과 자발성을 배울 수 있도록 하며, 자기개발에 적합한 환경을 만들어 갈 수 있는 준비된 환경의 중요성을 강조하였고, 감각훈련이 모든 정신발달의 기초가 된다고 주장하였다.

몬테소리의 〈어린이집〉은 아동이 직접 도구를 나르고 작업할 수 있도록 아동의 크기에 알맞게 설비된 기구가 마련되었다. 아동의 발달 단계에 알맞게 고안된 교구를 통해 '준비된 교육환경' 속에서 아동 스스로 자유로운 선택과 활동을 통해 학습과 성장을 도모하려는 목적을 갖고 있다. 일상생활 훈련, 감각교육, 산수교육, 언어교육, 문화 및 지리교육, 동·식물 보호 등이 주된 교육과정이었다.

(3) 아동관과 교육관

몬테소리는 유아를 외부 환경에 수동적으로 반응하는 존재가 아닌 능동적인 존재로 보았다. 이에 따라 어린이의 자발적인 활동을 존중해야 하며, 유아들의 활동을 간섭하지 말고 교사는 어린이의 정신을 존중하고 활동을 관찰하며, 도움을 제공하는 역할을 수행해야 한다고 주장하였다. 이 점이 종전의 아동관과 교육관을 새로운 방향으로 전환하게 만들었다고 할 수 있다.

몬테소리 교육사상에 있어서 중요한 키워드는 '정상화(normalization)'이다. 정상화란 준비된 환경 내에서 아동이 자기 자신의 내면적인 발달에 따라 환경을 접하여 그 의미를 파악하는 것을 의미한다. 정상화는 어떤 대상에 집중할 때 생기게 되는 데, 그렇게 될 수 있도록 잘 고안되고 정비된 교구를 기반으로 자기활동에 의한 작업을 통해 이를 이룰 수 있다고 보았다.

기본적으로 몬테소리는 자신의 교육사상을 민감기와 흡수정신의 아동관에 기초하여 준비된 환경과 자동교육이라는 교육관을 통해 전개하고 있다.

가. 민감기

몬테소리는 유아는 특정 행동에 감수성이 예민하여 쉽게 배울 수 있는 민감기가 있다고 보았다. 민감기는 0~6세 사이를 말하는 데, 개별 유아마다 각기 그 행동 특성이 다르게 나타난다고 주장하였다. 따라서 교사는 개별 아동의 행동특성을 잘 관찰하여 최적의 발달이 되도록 도와주는 것이 중요하다고 보았다. 민감기는 질서에 대한 민감기(1개월 ~2세), 세부인식에 대한 민감기(2~3세), 걷기활동의 민감기(18개월~3세), 언어 획득의 민감기(0~3세)로 구분된다.

나. 흡수정신

몬테소리는 유아의 정신을 '흡수하는 정신'으로 정의하고 있다. 유아 내부에 있는 정신능력을 통해 환경을 받아들이며, 스스로 경험하며 배우게 되는 유아의 특성을 말한다. 이 흡수정신은 무의식적인 단계(0~3세)와 의식적 단계(3~6세)로 구분하였는데, 무의식적인 단계(0~3세)는 보기, 듣기, 맛보기, 냄새 맡기 등을 통해 감각이 발달한다는 점이고, 의식적 단계에서는 의도적이고 계획적으로 환경과 상호작용을 시도하며, 특히 자신이 좋아하는 것을 직접 경험하고자 하는 욕구와 의지가 강하게 나타난다고 판단하였다.

다. 준비된 환경

준비된 환경이란 유아의 올바른 성장과 발달을 촉진할 수 있도록 계획된 환경을 말한다. 대표적인 것 중에 하나가 몬테소리 교구이다.

준비된 환경은 교사의 안내에 따라 유아들이 어떤 자료를 스스로 선택할 수 있는데, 두 가지 범주를 중요하게 생각하였다. 하나는 자료와 연습이고, 다른 하나는 환경을 준비하는 교사에게 그 중요성을 두었다. 몬테소리에게 있어 환경은 유아에게 자양분을 주는 장소로, 특히 교실환경은 자유, 구조와 질서, 실재와 자연, 미와 분위기, 교구, 사회성 발달이 중요하다고 강조하였다. 하지만 여기서 자유라는 것은 무한대의 자유선택을 허용한다는 의미가 아니라 독립성과 의지 그리고 내적 규율을 포함하는 자유를 말한다.

라. 자동교육

몬테소리는 유아는 성장해가면서 스스로 내면적인 에너지에 의해 학습을 하는 능동적인 존재로 보았다. 유아는 준비된 환경 속에서 유아가 선택한 교구를 갖고 능동적으로 활동을 할 때 학습이 이루어지는 것을 말한다. 이는 교구를 통해 활동하는 과정에서 실수를 범하더라도 스스로 그 잘못을 깨닫고 조정하게 됨으로써 학습이 이루어진다는 것을 의미한다.

(4) 교육내용과 방법

몬테소리는 자신의 교육내용을 유아의 심리적 발달에 따라 운동교육, 감각교육, 언어교육으로 나누고 있다. 하지만 미국몬테소리협회와 국제몬테소리협회에서는 몬테소리 교육내용을 일상생활훈련, 감각교구, 언어교육, 수학교육, 문화교육으로 구분하여 제시하고 있다.

가. 일상생활훈련

일상생활은 스스로 옷 입기, 청소하기, 이 닦기. 물 따르기, 인사하기, 감사하기 등과 같은 일상생활에 가장 필요한 기본적인 생활습관과 예절의 습득 및 사회활동에 필요한 기술 발달 훈련을 말한다.

나. 감각교구

감각교구는 시각, 촉각, 청각, 미각, 후각 등 5감각의 발달에 도움을 줄 수 있도록 고안되어 있는데, 수학교육과 언어교육의 확장에 도움이 되도록 제작되었다.

다. 언어교육

유아의 의사소통능력의 발달을 위해 풍부한 언어를 습득하도록 도와준다. 동시에 의사소통 시 언어를 효과적으로 사용할 수 있는 구체적인 기술발달에 목표를 둔다. 읽기보다는 쓰기를 먼저 하였는데, 그 이유는 쓰기가 읽기보다 덜 추상적이라는 데 있었다. 자유로운 대화를 중시하여 구두 언어교육(Oral Language)에 집중하였는데 노래하기, 질문하기, 경험담 이야기하기 등을 실제로 활용하였다.

라. 수학교육

유아의 논리적 사고력 발달에 주 목표를 두고 다양한 교구를 통해 정확성, 동일성, 서열, 양, 차이들에 대한 개념을 기르게 한다.

마. 문화교육

문화교육은 지리, 생물, 역사, 과학, 미술, 음악 등의 영역을 포함하고 있으며, 다양한 학습을 통해 아동이 사회 속의 한 인간과 예술이나 습관, 자연환경 등 다양한 삶의 형태를 이해할 수 있도록 돕는 데 그 목적을 두었다.

(5) 교사관

몬테소리는 전통적인 교사와 구별하기 위해 교사라는 용어를 사용하지 않고 안내자(guider) 또는 지도자(director)라는 용어를 사용하였다. 몬테소리가 주장하는 교사는 다음과 같은 역할을 수행하는 사람이다.

첫째, 환경을 준비하는 제공자로서의 역할이다. 유아의 발달단계와 흥미에 적합한 환경을 준비하여 유아 스스로 환경과 상호작용이 잘 이루어지는 역할을 수행한다.

둘째, 조력사로서의 역할이다. 환경을 기획하고 관리하는 것을 포함하여 유아들이 준비된 환경에서 잘 활동할 수 있도록 도와주는 역할을 말한다.

셋째, 관찰자로서의 역할이다. 유아의 교구 선택이나 몰입 정도, 교구 사용방법 등을 주의 깊게 관찰하고, 유아의 민감기를 고려하여 학습효과를 증진시킬 수 있도록 적절한 배려 역할을 수행한다.

넷째, 촉진자로서의 역할이다. 준비된 환경 속에서 유아가 선택한 교구활동을 수행할 때 실수를 하거나 어려움을 호소할 때 정확한 시범을 보여 학습효과를 촉진하는 역할을 수행한다. 그러나 교사의 적극적인 개입은 금물이다.

다섯째, 교사는 외적인 강요나 행동의 통제를 배제하고 유아의 모든 활동을 보호, 생명 존중과 내적 신비를 존중해야 하는 보호자로서의 역할이다.

3) 구성주의 교육사상

현대의 교육적 흐름은 학습자중심의 교육에 의한 자기주도적 학습능력과 고차적인 사고력 함양을 요구하고 있다. 이에 따라 구성주의는 행동주의와 인지이론으로 대표되는 객관주의 교육론[1]에 대한 새로운 교육 패러다임으로 등장하였다.

(1) 구성주의

구성주의는 지식은 어떻게 형성되며, 학습은 어떻게 이루어지는가에 대한 이론이다(강인애, 1998: 23. 재인용). 모든 지식은 인식 주체인 개인의 주관에 의해서 구성되며, 개인 각자의 경험을 바탕으로 능동적으로 구성된다고 본다. 즉, 하나의 객관적인 지식이 교사에게서 학생에게 그대로 전달되는 것이 아니라, 교사로부터 전달된 지식이 학생 각자의 경험과 능력에 따라서 각자의 새로운 지식으로 만들어진다고 주장한다(서진원, 2009: 85). 구성주의는 피아제의 발생론적 인식론의 관점과 비고츠키의 사회문화적 관점에 그 기초를 두고(조경원 외, 2004: 420), 개인의 인지적 작용에 비중을 두는 인지적 구성주의와 사회적 관계와 상황을 중시하는 사회문화적 구성주의로 나누어진다.

가. 피아제의 인지적 구성주의

피아제

피아제(J. Piaget, 1896~1980)는 스위스의 심리학자이자 인지발달 연구의 선구자로서 생물학에서 사용하는 '적응' 개념을 자신의 발생론적 인지론에 적용하였다. 인지변화, 즉 학습은 인지적 갈등(불균형)을 경험할 때 발생하는데, 동화(assimilation)[2]와 조절(accommodation)[3]이라는 기제를 사용하여 평형화를 유지하려는 과정에서 이루어진다고 보았다.

또한 인지발달은 생득적 요인인 성숙과 환경적 요인이 상호작용하는 가운데 발달과정의 틀 안에서 이루어진다고 보았다.

---

1 사건이나 사물의 의미가 객관적인 세계 내에 원래부터 있어서 그것을 발견함으로써 지식습득이 이루어진다고 본다. 즉, 진리 혹은 실재는 인식 주체와는 무관하게 존재하며 인간은 이성과 감각경험을 통해 진리를 획득해 나간다고 본다. 플라톤 이후 데카르트의 합리주의, 영국의 경험주의, 논리 실증주의 등이 이에 속한다.

2 새로운 정보 혹은 새로운 경험을 이미 자신이 가지고 있는 도식(schema) 또는 인지구조(cognitive structure)에 맞추어 이해하고 받아들이는 것을 말한다.

3 새로운 정보 혹은 새로운 경험을 인식하기 위해 기존의 도식이나 인지구조를 수정하거나 새롭게 형성하는 것을 말한다.

즉, 질적인 변화를 가져오는 인지발달과정에 대해 감각운동기[4]를 시작으로 전조작기[5], 구체적 조작기[6]를 거쳐 형식적 조작기[7]에 이르는 4단계로 설명하고 있다. 이렇듯 피아제는 자기중심적인 전(前)논리적 단계에서 점차 사회화에 따라 논리적 단계로 발전을 보인다는 발생론적 관점에서 인식론을 제시하고 있다(김춘경, 2016).

따라서 인지적 구성주의는 피아제의 인지발달이론에 근거하여 지식구성의 요인을 개인의 내면적 작용으로 보고, 지식은 학습자 개인에 의해 능동적으로 구성되며 상호작용은 인지갈등을 촉매하는 역할을 한다고 보았다. 학습은 선행지식이 재구조화되면서 이루어지고, 학습활동은 탐구적이며 발견적으로 이루어진다. 그러므로 교사는 적절한 학습자료를 제공해 주고 학습환경조성을 해주는 촉진자 · 안내자로서의 역할을 해야 하며, 직접 지도는 최소화해야 한다고 하였다.

나. 비고츠키의 사회문화적 구성주의

레프 비고츠키

레프 비고츠키(Lev S. Vygotsky, 1896~1934)는 구소련 심리학의 대표적 발달이론을 구축한 심리학자이다. 심리학계의 모차르트라 불릴 만큼 재능을 가졌음에도 불구하고 37세로 요절하였다. 그는 사회적 맥락 속에서 상호작용을 통해서 지식이 구성된다고 보고, 사회문화적 구성주의에 기초적인 관점을 제공하였다. 지식은 먼저 사회적인 차원에서 구성되며, 이것이 개별적인 인간들의 상호작용에 의해 개인 안에 내면화됨으로써 재구성된다고 보았다. 또

4 생후 2세까지의 시기로 생득적인 신체적 반사능력을 터득하고, 유쾌하거나 재미있는 활동을 하는 데 관심을 갖는다. 모든 사물을 자기중심적으로 파악하며, 대상영속성을 획득한다.

5 2세부터 7세까지의 시기로 외부세계에 대한 내적 표상 또는 사고를 통하여 환경을 상징적으로 조작하는 방법을 배운다. 사물의 이름을 인지하고 언어가 발달한다.

6 7세부터 11세까지의 시기로 사고과정에 논리가 나타나기 시작하고, 사물을 분류할 줄 알며, 개념을 형성한다.

7 11세에서 15세까지의 시기로 사고방식에 질서가 잡히고 논리적 사고력을 터득하여 유연한 정신적 실험을 할 수 있게 된다. 추상개념을 조작하고, 가설을 세우며, 자신의 생각과 타인의 생각에 함축되어 있는 의미를 이해하는 방법을 배운다.

한 마르크스의 영향을 받아 인간은 타인과의 관계 속에서 영향을 주고받으며 성장하는 사회적 존재로 보고, 한 개인을 이해하기 위해서는 그가 속한 사회, 문화, 역사적인 측면들을 살필 것을 강조하였다.

비고츠키에 의하면 정신활동은 특정한 사회에서 공유·축적된 도구를 매개로 이루어지는데, 그중에서도 사고를 직접적으로 매개하는 언어를 중시하였다. 또한 발달은 사회적 상호작용과정에서 타인을 모방하고 이를 내면화하면서 고등정신능력을 향상시킴으로써 이루어진다고 보았다(김춘경, 위의 책).

따라서 사회문화적 구성주의는 비고츠키의 사회적 인지발달이론에 근거하여 지식구성의 주요 요인을 인간의 인지적 작용과 사회적 관계의 상호작용에 의한 것으로 보고, 학습에 영향을 미치는 사회적인 요소에 관심을 갖는다(방선욱, 2005: 192).

학습은 근접발달영역(ZPD: zone of proximal development)[8]에서 효과적인 상호작용을 통해 사회적 지식과 가치를 습득하며, 교수는 학생들과 함께 지식을 구성하며 이루어진다고 보았다. 따라서 교사는 촉진자·공동참여자로서의 역할을, 학습자는 능동적인 사회적 참여를 통해 학습이 이루어진다. 협동학습, 프로젝트학습, 발견학습 등 교수방법의 이론적 뒷받침이 되고 있다.

(2) 구성주의 교육론

구성주의에서는 교육을 학습자의 능동적 구성활동을 조성하고, 도와주고, 촉진하는 것(목영해, 2009: 83)으로 정의한다. 학습자는 스스로 구성해서 인식해 나가는 능동적이고 창의적인 존재이며, 교사는 학습자가 자기이해를 구성할 수 있도록 도와주는 조력자이자 안내자로서 그 역할을 설명한다. 이에 따라 교육과정은 학습자가 역동적이고 능동적으로 구성해 나가는 인식의 네트워크로서 고정되어 있는 것이 아니라 학습자에 의해 재구성된다.

---

8 실제적 발달수준과 잠재적 발달수준 사이의 거리이다. 실제적 발달수준은 이미 성숙한 단계의 역량과 기능을 의미하고, 잠재적 발달수준은 아동 혼자 독립적으로 해결할 수 없지만, 타인의 도움이 있으면 문제를 해결할 수 있는 수준의 능력을 의미한다. 따라서 성인의 안내 혹은 더 능력있는 또래들과의 상호작용을 통해 두 수준 사이의 간극을 줄이고, 더 높은 발달수준으로 도달할 수 있다고 보았다. 이때 동료나 성인에 의해 제공되는 조력을 비계(scaffolding)라 한다.

구성주의 수업의 원리는 다음과 같이 정리해 볼 수 있다(목영해, 2009: 84 - 86).

첫째, 능동적 참여의 원리이다. 수업계획 수립단계에서부터 학습자를 참여시켜 목표 · 내용 · 전개방법 등의 결정에 학습자의 의사가 반영되도록 하여 학습동기를 유발시키는 것이다.

둘째, 유의미적 관련성의 원리이다. 유의미적 학습이 이루어질 수 있도록 수업을 실생활과 연관지어 전개하면 적극적이고 능동적인 참여로 이끌 수 있다.

셋째, 아이디어 활성화의 원리로서 학습자의 창의적 아이디어 발산이 권장되고, 창출된 아이디어가 활성화되는 형태로 수업이 전개되어야 한다.

넷째, 협동적 상호작용의 원리이다. 구성적 인식활동은 사회적 상호작용 속에서 이루어지므로 학습자들 간 또는 학습자와 교사의 협동적 상호작용을 촉진할 수 있는 형태로 전개되어야 한다.

다섯째, 풍부한 학습환경의 원리이다. 환경과의 지속적인 상호작용 속에서 인식활동이 일어나므로 풍부하고 다양한 환경을 활용하는 수업이 전개되어야 한다.

여섯째, 비정형화의 원리이다. 학습자의 성향 및 능력, 학습내용, 수업의 진척상황, 구비되어 있는 학습환경에 따라 수업형태가 달라지므로 수업을 정형화하지 않는다.

구성주의 교육론에 의하면 학생 각자마다 다른 구성적 인식활동을 보장해 주어야 하므로, 학교의 교육과정을 체계화하는데 어려움이 따르고, 이로 인해 자칫 기초학력이 저하될 가능성이 크며, 자기주도적인 능력이 부족한 학생에게는 적절치 못하다는 문제점에도 불구하고 학습자 중심의 교육, 정보화시대의 교육에 많은 시사를 주고 있다.

생각 나누기와 심화하기

10장 20세기 신교육의 전개

1 몬테소리 교육사상의 기본 교육원리를 조망하고, 후대에 미친 영향에 대하여 논의해 보자.

2 노작교육 사상의 기본 교육원리를 알아보고 현대적 의미에 대하여 토론해 보자.

3 발도로프 교육의 교육원리와 에포크수업 등 주요 운영 원칙들이 갖는 교육적 의미에 대하여 토론해 보자.

PART

3

한국교육의 역사

미래 교육에 대한 예견과 준비는 과거에 대한 올바른 분석과 이해를 전제로 이루어진다. 따라서 우리의 교육 현실을 올바로 이해하고 변화하는 세계에서 미래의 교육을 준비하기 위해서는 교육을 제대로 볼 수 있는 안목을 길러야 한다.

3부에서는 우리나라 교육의 역사를 원시사회, 삼국시대, 통일신라시대, 고려시대, 조선시대, 개화기 및 일제강점기 그리고 해방 이후 등으로 구분하여 살펴봄으로써, 한국이라는 독특한 문화 공간의 긴 역사적 흐름 속에서 계승해야 할 교육적 전통이 무엇인가를 찾아내고, 이를 토대로 개혁의 기반을 창출해 나가고자 한다.

한국교육사에 대한 통찰과 이해를 통해 한국교육문제의 근원을 밝혀내고 해결의 실마리를 찾아보고자 한다. 반성적 태도로 교육의 역사를 고찰하고 음미할 때 교육의 혁신을 전망할 수 있으며, 교육의 미래를 꿈꿀 수 있을 것이다. 그러므로 한국교육사를 배우는 것은 교육의 현실뿐만 아니라 미래를 위해서도 매우 중요하다.

제11장

원시사회에서 고려시대의 교육

1. 원시사회의 교육

인류가 지구상에 존재했던 때부터 문자기록을 남기기 이전까지를 원시시대라고 한다. 인류는 구석기 시대 무리를 이루어 수렵·채집으로 생활을 영위하다가, 신석기 시대에 이르러 농경을 시작하였고, 씨족으로 이루어진 원시공동체 생활을 하였다. 이어 청동기시대에는 농경이 본격화되고 생산이 증가하면서 인구도 크게 늘어났다. 또 사유재산이 발생하고 지배집단이 형성되어 부족연맹체인 고대국가의 성립을 보게 된다. 만주와 한반도 지역에 존재한 독자적 청동기문화와 농경을 바탕으로 성립된 고대국가가 기원전 7세기 무렵에 등장한 고조선이었다.

원시사회의 교육은 고대국가가 정립되고 형식교육이 시작된 고대사회 이전의 교육, 즉 삼국시대 이전의 교육을 말한다. 원시사회에도 그 나름대로의 교육 작용이 있었다. 교육사학자 몬로(Monroe, 1928: 1-3)는 이 시기의 교육에 대해 있는 그대로의 환경에 순응하며 실질적인 생활의 필요에 따라 무의식적인 모방에 의존하다가, 점차적으로 의식적인 모방의 단계를 거쳐 종교적 의식과 주문, 수렵, 원종, 파종, 부족의 신화와 전설 등에 관한 이론적 교육으로 이행해 갔다고 설명하고 있다.

1) 원시사회의 교육적 특징

원시사회의 교육은 앎과 삶, 인식과 실천이 하나로 통합되어 있었고, 교육은 곧 삶의 과정이었다. 이 시기의 교육적 특징은 다음과 같다(남궁용권 등, 2008: 15－22).

첫째, 생활 모방교육이었다. 의식주의 해결 등 생존을 위한 수단으로서의 단순기술들을 일상생활에서 성인들의 행동을 관찰하고 모방하면서 익혀나갔을 것이다. 즉, 채집이나 수렵기술, 돌이나 동물의 뼈로 도구를 만드는 법, 동물의 습격을 방어하는 기술 등을 익혀 나갔을 것이다.

둘째, 각종 자연현상의 공포로부터 안전을 구하는 데 목적을 둔 원시 신앙교육이었다. 신앙의 대상은 천신(天神: 日 · 月 · 星의 三神), 지신(地神), 조상신(祖上神)을 주축으로 나타났으며, 이 외에도 모든 만물이 영혼을 가지고 있다는 애니미즘(Animism), 나약하고 무력한 인간과 각종 신들 사이에서 무당이 중재 역할을 한다고 믿는 샤머니즘(Shamanism), 씨족과 특정한 동 · 식물 사이에 종교적 관계를 연결시켜 이를 숭배하는 토테미즘(Totemism) 등이 있었다.

셋째, 집단유지 질서교육이었다. 집단과 집단 사이의 상호이해관계에서 발생하는 긴장을 규제하고 결속을 가능하게 하는 강력한 질서, 윤리, 규칙 등을 필요로 하게 되고, 이를 젊은이들에게 교육해야 할 필요에 의해 나타난 성년식은 공통적 질서교육의 한 형태라고 볼 수 있다. 차츰 집단이 커지고 복잡해짐에 따라 집단유지를 위한 보다 강력한 질서규범으로 나타난 것이 고조선의 8조금법(八條禁法)[1]이다. 이는 원시사회의 생활규범으로서 강력한 사회통제적 기능을 가진 윤리이자 법률이었으며, 그 시대의 도덕 교육내용이었다.

1 『한서지리지』(28권)에 수록되어 전해지는 3조목은 다음과 같다. ① 사람을 죽인 자는 사형에 처한다. ② 남에게 상해를 입힌 자는 곡물로 보상한다. ③ 남의 물건을 훔친 자는 노비로 삼는다. 단 속죄하고자 하는 자는 50만전을 내야 한다. 그러나 속죄하여도 당시 풍속이 이를 수치스럽게 여겨 혼인을 하려 해도 짝을 구할 수 없었다. 그래서 사람들은 남의 물건을 훔치지 않았고, 문을 잠그지 않았다. 또한 부인들은 정숙하여 음란하지 않았다.

2) 원시사회 교육의 유형

원시시대 우리 민족의 고유한 사유방식과 교육적 활동을 알 수 있는 것으로 단군신화와 성년식을 들 수 있다.

(1) 단군신화의 의미

우리 민족의 건국신화는 단군신화이다. 이 단군신화에 나타난 우리 민족의 고유한 사유방식과 삶의 양식을 살펴보면 다음과 같다.

단군 영정
출처: 한국민족문화대백과

첫째, 현세적인 세계관을 엿볼 수 있다. 단군신화는 천지개벽의 창세기 신화가 아닌 기존세계에 대한 긍정에서 출발한다.

둘째, 인간주의적이면서도 조화적인 관점을 취하고 있다. 신의 인간화, 곰의 인간화를 통해 가장 소망하는 세상을 인간사회로 여기는 인간중심적인 사유방식을 가지고 있으면서도, 인간만의 독단적인 관점이 아닌 천지인(天地人)의 조화로운 세계를 추구하고 있다. 이러한 인간존중의 사고는 홍익인간의 이념에 잘 나타나 있다.

셋째, 가장 이상적인 인간상의 덕목으로 인(仁)의 가치를 중요시하고 있다. 견디어 참아내 결국 사람이 된 곰을 통해서, 어려움을 극복하여 스스로 가다듬는 이상적인 인간의 모습으로 인내와 온유를 표현하고 있다.

(2) 성년식의 교육적 의의

성년식은 매우 중요한 통과의례(The rites of passage)로서, 대개 종교적 의식과 함께 신체적인 고통을 가하고 이를 잘 견디어냄으로써 사회구성원으로서의 책임을 감당할 수 있는 성인으로 인정하는 의식이다. 우리나라의 성년식에 대한 기록은 『삼국지』의 위서와 『후한서』의 동이전에서 볼 수 있다. 후자의 기록에는 "그 사람됨이 몹시 씩씩하고 용맹스러워 소년시절에 집을 짓는 자는 힘을 쓸 때 밧줄로 등가죽을 꿰뚫어서 이를 큰나무에 붙들어 매고 소리를 지르면서 잡아당겨 힘을 단련한다"고 되어 있다.

성년식의 교육적 의의(김기수, 2006: 17-18)는 첫째, 사회생활의 교육이다. 젊은 이들에게 공통된 사회적 체험을 하게 함으로써 기초사회질서와 체제에 순응하는 결과를 가져왔다. 둘째, 자연의 역경을 극복하고 현실조건에 따라 사회적 필요를 충족시키는 실용적인 교육이었다. 셋째, 종교의식과 시행된 종교적인 교육이다. 집단의 종교는 사회구성원들의 정신적 동질화를 꾀하였으며 성년식을 통해 강화되었다.

2. 삼국시대의 교육

1) 삼국의 시대적 특징

삼국시대는 고구려, 백제, 신라가 부족국가의 형태에서 벗어나, 고대국가의 형태를 갖추며 정립하여 대립한 시기로 4세기경부터 7세기 중엽까지를 말한다. 삼국은 고대국가의 면모를 갖추기 위해서 역사서를 편찬하고 법령을 반포하였다. 또한, 유교와 불교가 도입되어 전통적인 무속신앙과 낭가사상(郎家思想)[2]이 조화를 이루면서 정치와 교육 및 생활 전반에 영향을 주었다. 특히 유교와 한자의 도입은 형식적인 학교교육의 성립과 발전을 가져왔다.

이 시기의 시대적 특징이 교육에 미친 영향은 다음과 같다(대세계백과사전 13: 401).

첫째, 삼국시대는 전제적 · 군사적 성격이 뚜렷하였다. 용감한 군인양성이 중요한 교육목적의 하나가 되었으며, 교육내용에 있어서 문무(文武) 균형이 도모되었고, 화랑도 같은 청소년 수양단체가 존재하게 되었다.

2 신채호가 1920년대에 한국고대사연구를 통해 이론적으로 체계화한 전통적인 민족사상으로, 단군조선의 수두제전(단군제)에서 시작하여 연맹왕국시대의 영고 · 동맹 · 무천 · 소도로, 그리고 고구려의 선배제도 및 신라의 화랑도로 이어진다.

둘째, 삼국시대는 강력한 중앙집권적·관료적 정치체계와 엄격한 계급제도를 가지고 있었는데, 이러한 체제유지의 활용성에 따라 교육제도가 존재하였다. 교육의 목적이 피교육자의 인격함양이나 개인적 가치실현보다도 정치 내지 계급적 지위를 고수할 수 있는 지배계급적 능력의 육성에 있었다.

셋째, 불교는 대중들의 정신적 토대가 되었으며, 비형식적인 교육형태로 영향을 주었다. 호국(護國)의 국민정신을 형성하고, 대중교화와 평등사상의 보급에 힘썼으며, 사찰은 학문과 수신의 장소로 활용되기도 하였다. 뿐만 아니라 불교적인 사고와 생활 속에서 예술과 문학의 발달에 지대한 공헌을 하였다.

넷째, 수기치인(修己治人)을 기본 이념으로 하는 유교는 특히 정치와 윤리 등에 영향을 주었으며, 지배체제의 원리로 활용되었다. 유능한 인재양성을 위해 의도적이고 계획적이며 형식적인 교육의 필요는 학교교육을 촉발시켰다.

2) 삼국의 교육

(1) 고구려의 교육

고구려는 삼국 중 가장 먼저 고대국가의 체제를 갖추었다. 지리적으로 한반도의 북방에 위치하여 일찍부터 중국과 교섭이 잦았으며, 중국문화의 영향을 받아 한자를 사용하고 유학을 장려하며 숭상했다. 고구려에는 우리나라 최초의 고등교육기관인 태학(太學)과 경당(扃堂)이 있었다.

태학은 우리나라 최초의 관학(官學)으로 소수림왕 2년(372)에 설립되었다. 중국의 학제를 모방한 것으로 미루어 볼 때 귀족자제들을 대상으로 하여 국가의 관리양성 목적으로 설립되었으며, 오경(五經: 시경·서경·역경·예기·춘추)과 삼사(三史: 사기·한서·후한서) 그리고 효경 등의 교육과정이 있었던 것으로 짐작된다.

경당은 언제 설립되었는지 그 기원이 명확하지 않지만, 『구당서』(동이전, 고려조)의 기록[3]에 의하면, 일반 서민을 대상으로 하는 사설 교육기관으로 마을마

3 "풍속이 서적을 사랑하여 허름한 서민의 집에 이르기까지 거리에 큰 집을 지어 이를 경당이라 하고, 미혼 자제들이 밤낮으로 독서하고 활쏘기를 익힌다. 그들이 읽는 책은 오경삼사, 삼국지, 진춘추, 옥편, 자통, 자림 그리고 문선 등이 있는데 이를 가장 소중히 여겼다."

다 설립되었으며, 경서와 아울러 활쏘기도 익히는 문무겸비의 성격을 지녔던 것으로 보인다.

(2) 백제의 교육

백제에는 학교가 있었다는 직접적인 기록은 발견되지 못하고 있으나 일찍부터 중국과의 교섭이 잦았으며, 교학을 담당하는 관직인 박사(博士)가 있었다는 단서를 통해 학교가 있었음을 알 수 있다. 뿐만 아니라 일본에 논어와 천자문을 전했다는 기록으로 보아 백제의 교육과 학문이 상당한 수준에 있었으며, 모시(毛詩) · 의(醫) · 역(易) · 오경(五經) 등의 각종 전문박사 제도가 있었다는 것을 볼 때 백제의 교육제도나 그 내용은 고구려나 신라의 교육제도와 비슷할 것으로 짐작된다.

(3) 신라의 교육

신라는 지리적 조건으로 고구려나 백제에 비해 외래문화의 수입이 다소 늦어진 반면 독자적인 주체적 문화를 유지할 수 있었다. 신라 고유의 교육제도가 존재하였는데 바로 화랑도[4]이다.

신라의 화랑도가 언제 조직되었는지 정확한 기록은 없으나, 청소년으로 조직된 사설단체였던 것이 진흥왕 때부터 국가적 차원에서 조직화된 것으로 보인다.[5]

화랑도의 조직은 총지휘자 국선 또는 풍월주를 두고 그 밑에 덕망과 용기

---

4 화랑도의 기원에 대해 신채호는 상고시대 솟대(蘇塗)제단을 지키던 무사, 곧 '선비'라 칭하던 자라고 하였으며, 최남선은 '부루교단'이라고 하였다. '부루'는 상고시대 고유 신앙인 태양숭배사상, 곧 밝은 뉘(光明世界)가 변한 말로 이 '부루'가 한자로 적을 때에 풍류(風流)라 했다는 것이다(최남선, 1943, p.8). 이처럼 화랑도는 상고시대부터 존재하였으며, 풍류도(風流徒), 풍월도(風月徒), 국선도(國仙徒) 등 여러 가지 이름으로 불리었다.

5 『삼국사기』(권4, 신라본기 제4, 진흥왕.)
기록에 의하면, 화랑제도 이전에 원화제도가 있었다. 진흥왕 37년(579) 봄에 원화를 받들었다. 남모와 준정이라는 두 원화를 뽑아 300여 명의 무리를 지도하게 하였다. 두 원화가 서로 어여쁨을 다투며 시기하였는데, 준정이 남모를 살해하는 일이 생기게 되고 그 일로 준정도 사형에 처하게 되고 따르던 무리도 화목을 잃어 해산하게 되었다. 이후 여자 대신에 남자를 우두머리로 삼는 제도로 전환하게 되고, 이들이 화랑이었고 이들이 이끄는 집단이 화랑도였다.

를 갖춘 화랑을 두었으며, 그 밑에 화랑을 따르는 수백 또는 수천 명의 낭도로 구성되어 있었다. 낭도들은 화랑을 모범으로 하여 그들을 따라 수행하는 동안에 아름답고 선량한 인격을 완성하려고 하였다.

화랑도의 교육목적은 첫째, 평시에 국가를 잘 다스릴 정치적 지도자와 유사시에는 군사적 지도자를 양성하는 데 있었다. 둘째, 원광법사의 세속오계[6]에 잘 나타난 바와 같이 충효와 신의와 용기 등의 도덕적 덕목을 가르치고 단체생활을 통하여 실천하게 하였다. 화랑도는 유교의 충효(忠孝) 사상, 도교의 묵언실천(默言實踐) 사상, 불교의 금악행선(禁惡行善) 사상을 포함하고 있다. 화랑도의 교육은 세속오계를 중심으로 하는 도의교육과 무예훈련, 시와 음악을 통한 정서도야, 그리고 명산대천을 두루 찾아다니며 심신을 단련하고 직관을 도야하는 내용과 방법 등이 주를 이루었다.

3. 통일신라의 교육: 학교중심 교육의 성립

1) 시대적 특징

신라는 당과 연합하여 삼국을 통일한 이후 지배권을 행사하려는 당의 세력을 몰아내고 한반도에 대한 지배권을 확보하게 된다. 이 과정에서 하나의 민족이라는 의식이 생겨나게 되었다. 백제와 고구려의 문화를 폭넓게 받아들인 것은 물론 당의 문화까지도 포용하여 새로운 민족문화를 발전시키게 됨으로써 정치적 안정과 문화적 번영을 이룩하였다.

삼국통일 이후 영토와 인구가 크게 확대되어 여기에 상응하는 국가기구를 확보할 필요가 대두되었다. 또한, 삼국 간의 대립이라는 위기상황이 해소되어

6 사군이충(事君以忠), 사친이효(事親以孝), 교우이신(交友以信), 임전무퇴(臨戰無退), 살생유택(殺生有擇)

더 이상 화랑도는 존재할 명분이나 현실적인 필요성이 없게 되었다. 거대한 통일국가의 면모에 걸맞는 교육기관이 요구되었으며, 국학(國學)은 이런 배경에서 설립되었다.

통일신라는 당과의 교섭을 활발히 전개하면서 많은 유학생을 파견하였다. 유학생들의 출신성분은 왕족자제(진골귀족)부터 6두품 자제까지의 상층 집단이었다. 당 유학이 상층 집단의 자제에 국한되었던 반면, 국학교육은 주로 5두품 자제를 대상으로 하였다. 이처럼 출신 신분에 따라 교육의 기회가 달랐다(정영근 외, 2006: 170).

2) 통일신라의 학교교육

신라의 국학(國學)은 신문왕 2년(682)에 당나라의 국자감을 모방하여 설립하였다. 국학은 신라의 최고 고등교육기관으로서 유학의 교수와 연구 및 관리양성에 그 목적을 두었다. 『논어(論語)』와 『효경(孝經)』을 필수로 하여 충효의 지도이념을 강화하는 유학 경전과 의학 · 산학 · 율학 · 천문학 등의 기술교육으로 나눠서 실시하였다.

원성왕 4년(788)에 과거제도의 시초라 할 수 있는 '독서삼품과(讀書三品科)'를 설치하여 인재등용방법으로 삼았다. 독서삼품과는 국학의 존립 기반이자 질 관리를 위한 제도적 장치로서 졸업시험이자 관리 등용시험이었다.

한편 성덕왕 16년(717)에 왕자 김수충이 당으로부터 공자를 중심으로 한 여러 성현의 화상을 들여와 국학에 안치함으로써 문묘(文廟)제도가 도입되었다. 공자를 교학(敎學)의 정신적 지주로 삼고 그의 사당에 제사하는 예를 행함으로써 국학의 위상을 높였다.

4. 고려시대의 교육: 과거 시험문화의 시작

1) 시대적 특징

고려왕조의 성립은 후삼국으로 분열된 후삼국체제의 재통일이라는 역사적 의의가 있다. 고려의 통일은 중세사회를 한 단계 발전시키는 계기가 되었다. 건국 초부터 고구려의 옛 땅을 되찾기 위해 북진정책을 표방하고, 왕권의 확립과 정권의 안정을 위해서 '노비안검법'을 실시하고 과거제도를 도입하였으며, 민심을 안정시키고 왕조를 발전시키기 위한 것으로 불교를 각별히 보호하여 호국의 종교로 발전시켰다. 고려의 집권체제를 정비하면서 지배층은 신분과 토지 지배를 바탕으로 문벌을 내세우는 귀족이 되어 고려사회를 주도하였다. 그러나 지나친 숭문주의와 문인 우대의 풍조는 무인들의 불만을 초래하여 무신의 난을 일으키게 된다(박의수 외, 2009: 50).

사상 면에서 불교는 수신(修身)의 도로서, 유교는 치국(治國)의 도로서 공존하였다. 불교는 국교로 숭상되어 고려인의 의식과 생활에 교화적 측면으로 절대적인 영향을 미쳤으며, 팔관회나 연등회 같은 불교 행사가 국가적인 행사로 실시되었다. 과거(科擧)에도 승과(僧科)를 두어 급제자들에게 법계(法階)를 부여했으며, 국가와 왕실의 고문역할을 담당하게 하는 왕사(王師) · 국사(國師) 제도를 두었다. 유교도 자유롭게 보급 발달되어 학교교육의 설치와 교육내용을 지배하였다. 특히 태조 왕건은 '훈요 10조'에서 유교경전과 역사서를 통해 옛일을 거울삼아 경계하는 자세로 정치에 임할 것을 후대 왕들에게 강조하였으며, 건국 초기에 이미 유교주의적 정치와 교육의 기틀을 마련하였다. 국가적 보호를 받아오던 불교가 묘청의 난 이후 유학자들이 정치적 주도권을 잡게 됨에 따라 고려 말에 신유학인 성리학이 본격적으로 수용되면서 사상교체가 이루어지기 시작하였다.

2) 고려시대의 학교교육

고려사회는 거듭되는 내란과 외적의 침입으로 인해 전반적으로 관학이 부진을 면치 못한 반면, 뜻 있는 유학자들이 설립한 사학(私學)이 크게 기여하였다. 고려의 학교제도를 살펴보면, 관학으로 중앙에 국자감과 학당이 있었고, 지방에는 향교가 있었다. 사학으로는 중앙에 십이도와 지방에 서당이 있었다.

(1) 관학

가. 국자감(國子監)

국자감은 고려시대 대표적 관학이자 최고학부로서, 성종 11년(992)에 설치되었다. 예종 14년(1119)에는 일종의 장학재단인 양현고(養賢庫)를 두어 흥학을 도우니 유학의 학풍이 높아졌다. 인종 1년(1123)에 와서 국자학(國子學)·태학(太學)·사문학(四門學)의 유학과 율학(律學)·서학(書學)·산학(算學)의 기술학 등 6학으로 학제가 완비되었다.

국자감은 귀족자제를 대상으로 관리양성인 동시에 유학 연구를 목적으로 설립되었으며, 입학자격은 계급과 신분에 따라 규정되어 있었다. 최고학인 국자학은 문무관 3품 이상의 자제, 태학은 5품 이상의 자제, 사문학은 7품 이상의 자제에게 입학이 허용되었으며, 율·서·산학은 8품 이상의 자제 및 서인의 자제에게 입학이 허용되었다(신천식, 1983: 103-104). 교육과정은 유학전공과 기술전공으로 나누어져, 유학전공과정은 논어와 효경을 필수과목으로 여러 유교경전을 이수하도록 되어 있다. 기술전공과정은 율학에서는 율령을, 서학에서는 8서를, 산학에서는 산술을 가르쳤

고려의 국자감
출처: https://cafe.naver.com/yangseo10/2651

다. 또한, 국자감의 특징으로는 문묘와 학당이 별도로 되어 있어서, 문묘가 독립되어 있지 않고 학당 안에 있었던 통일신라의 국학과는 차이를 보였다.

나. 학당(學堂)

학당은 고려 후기에 등장한 고려 고유의 학교제도로서 개경의 동·서 두 곳, 즉 동서학당으로 설치되었다가, 그 후 정몽주에 의해 5부 학당으로 확장되었다. 국자감에 입학하지 못하는 서민을 위한 교육제도로 볼 수 있다. 특징으로는 제사의 기능을 담당하는 문묘를 설치하지 않아 순수한 교육기관으로서의 의미를 지닌다. 향교와 비슷한 수준의 교육이 행해졌을 것으로 추정할 수 있으며, 조선시대 사학(四學)으로 계승되었다.

다. 향교(鄕校)

제천 청풍학교
출처: 문화재청 국가문화유산포털

고려시대의 향교는 그 개념에 대한 합의가 이루어져 있지 않기 때문에[7] 그 기원이나 동기가 명확하지 않다. 성종 6년(987)에 12목에 박사를 파견하여 지방 교육을 담당하게 하였다는 기록과 인종 5년(1127) 각 주에 학교를 세워 백성을 교도하라 명했다(고려사, 권74, 선거2 학교조)는 기록으로 미루어 성종 이후에 지방 교육의 기틀이 마련된 것으로 보인다. 따라서 향교는 지방에 세워진 중등 정도의 교육기관으로, 유학을 전파하고 지방민을 교화하는 데 목적이 있다.

향교의 구조는 공자를 향사하는 문묘와 학을 강하는 명륜당으로 구성되어 있었는데, 명확히 분리되지 않고 같은 건물 안에 존재하다가 고려 말기에 오

7 향교는 단순히 "지방학교(향학)"의 의미로 사용되기도 하고, 조선시대의 향교처럼 "특수한 건물구조, 즉 문묘와 명륜당으로 이루어진 지방학교"를 의미하기도 한다.

면서 점차 문묘와 학당으로 분리되는 과정을 볼 수 있다.

(2) 사학

가. 십이도(十二徒)

십이도는 최충에 의해 창설된 문헌공도(文憲公徒)를 비롯한 12개의 사립학교를 지칭하며, 국자감과 맞먹는 수준의 고등교육기관이었다. 국자감이 부진하고 향교와 학당교육이 정상화되기 전 유교교육과 관리양성에 지대한 공헌을 하였다.

십이도의 중요한 교육목적은 과거 준비였다. 당시 십이도 중에서 문헌공도가 가장 인기가 있었던 이유는 과거 합격률이 높았기 때문이다. 여기에 특별한 교육방법이 학습효과를 증대시켰다. 무더운 여름철에는 사찰에서 하기강습회를 열었는데, 과거에 급제했으나 아직 관직에 등용되지 않은 사람에게 강의를 담당하게 하였다. 또한, 모의 과거시험인 각촉부시(刻燭賦詩)를 진행하였다. 각촉부시란 초에 금을 그어놓고 그 금까지 초가 타들어 갈 동안 부와 시를 짓도록 하는 학습방법으로 성적대로 방을 붙이고 잔치를 베풀어 주기도 하였다.

나. 서당(書堂)

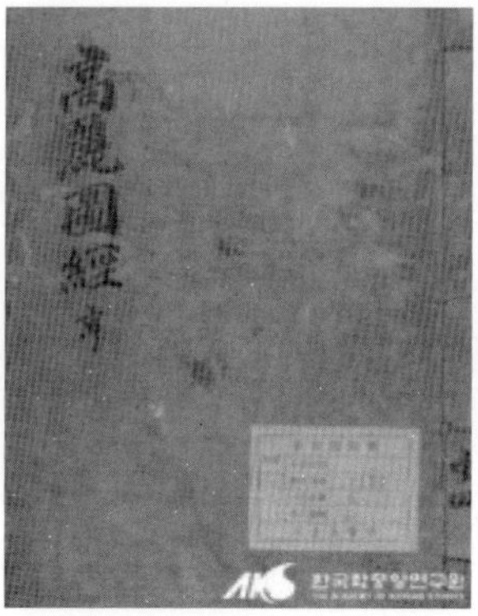

고려도경
출처: 한국민족문화대백과

고려의 서당에 대해서 명확한 기록은 없으나, 송나라 사신의 수행자 서긍이 저술한 『고려도경(高麗圖經)』에 "마을 입구와 거리에 경관(頸管)과 서사(書舍)가 두셋씩 서로 마주보며 서 있고 민간인 미혼 자제가 무리로 모여 스승에게 경서를 배우며 좀 성장하면 끼리끼리 벗을 택하여 사관으로 가서 강습하고 아래로 미천한 아이도 역시 마을 선생에게 배운다"(이만규, 2010: 139)는 기록을 통해 그 당시 서당교육이 얼마나 성행했는가를 알 수 있다. 따라서 서당은 각 마을에 설치된 민간 사설 교육기관으로 초등 수준의 교육이 행해졌다고 볼 수 있다.

(3) 과거제도의 도입과 실시

과거는 시험을 거쳐 국가에 필요한 관리를 선발하는 제도이다. 과거제도는 광종 9년(958)에 후주 사람이었던 한림학사 쌍기의 건의에 의해 도입되었다. 과거제도의 성립은 고려 초기 정치사회상에 나타난 왕권확립의 필요성의 결과라고 볼 수 있다. 호족들의 정치적 기반을 약화시킬 목적으로 실시된 정치구조 개혁안이었다.

과거의 종류로는 제술업(製述業), 명경업(明經業), 잡업(雜業)의 세 종류가 있었다. 제술업은 시와 문장을 작성하는 능력을, 명경업은 경서의 뜻을 해석하는 능력을 알아보는 시험으로 문관 등용시험이었다. 명경업보다 주로 제술업을 우대하여 중시하였다. 잡업은 기술관의 등용시험으로 의(醫) · 복(卜) · 지리(地理) · 명법(明法) · 명산(明算) · 명서(明書) 등이 있었다. 이밖에도 승려에게 법계를 주기 위한 승과가 있었으며, 고려말 공양왕 때 무과(武科)를 설치했으나 실제로는 실효를 거두지 못하였다.

고려의 과거제도에서 특별한 것은 좌주(座主)와 문생(門生)의 관계이다. 좌주는 시험관인 지공거이고 문생은 과거 합격자를 말한다. 좌주와 문생은 일생동안 부자(父子)의 예로서 결합된 특별한 관계였다. 이로써 문벌을 형성하게 하였으며, 정치세력화되어 출세를 위한 배경세력이 되었다.

장양수 홍패. 고려 희종 때 장양수라는 사람에게 과거급제를 통보한 교지
출처: 문화재청 국가문화유산포털

고려시대 학교교육의 목적은 유학교육을 통한 관리양성이었는데, 이는 과거에 합격하여 벼슬길에 오르는 것이었다. 따라서 과거의 고시과목과 학교의 교육내용이 일치하는 등 고려의 교육은 과거제도와 밀접한 연관을 갖는다. 하지만 시험에 의한 관리등용제가 정착되어 가면서 교육은 출세를 위한 수단으로 전락하였다. 경학보다는 문예에 치중하게 되어 인격이나 교양 함양과 같은 학문의 본질적 측면을 포기하게 하는 현상 등 여러 가지 과거제도의 폐해가 나타나기도 하였다.

생각 나누기와 심화하기

11장 원시사회에서 고려시대의 교육

1 원시사회의 성년식은 교육의 사회적 의무와 사회적 책무성이 강조된 의식이었다. 현대사회의 성인의 의미를 성찰해 보고, 원시시대 성년식의 교육적 의의를 현대교육에 접목시킬 방안에 대해서 논의해 보자.

2 우리나라 교육이념인 홍익인간의 의미는 널리 인간세계를 이롭게 함이다. 우리나라 교육이 제대로 이념을 실현하고 있다고 생각하는지, 만약 그렇지 못하다고 생각한다면 그 이유는 무엇인지, 제대로 실현할 수 있기 위해서 어떻게 해야 하는지 토론해 보자.

3 민족사학가인 단재 신채효는 한국인의 정신의 핵심을 화랑도라고 평가하고 있다. 화랑도의 교육을 오늘날 현대교육에서 계승하려면 어떻게 할 수 있을까?

4 불교의 마음 수행론이 오늘날 교육에 주는 시사점은 무엇인지 생각해 보자.

제12장
조선시대의 교육

1. 시대적 특징

조선 사회는 고려말의 사회변동을 바탕으로 신흥 사대부층과 신흥 무장세력이 결집한 새로운 정치세력이 개혁을 추진하면서 왕조를 교체하는 역성혁명으로 건국되었다. 조선은 정치, 경제, 사회, 문화, 교육의 제 영역에 걸쳐 고려의 제도를 계승하면서 부분적인 개혁과 재정비를 추진하였다. 고려의 귀족적 사회의 틀에서 벗어나 국왕을 권력의 정점으로 하는 관료제의 형태를 형성하여 나가면서 중앙정부와 지방이 긴밀하게 연결되어 조선은 중앙국가로서의 면모를 갖추게 되었다.

성리학(性理學)을 국가지도이념이자 교육이념으로 숭상하고, 불교사상을 배척하는 이른바 숭유억불(崇儒抑佛) 정책을 강행하였다. 이는 역성혁명으로 인한 왕권교체의 정당성을 확립하고, 고려 때에 기득권을 장악하고 있었던 문벌귀족 세력과 불교의 폐단을 시정하고자 하는 정치적 의도였다. 또한 성리학의 핵심개념인 이기(理氣)의 관계를 위계적 관계로 파악하여 계급적 위계의 신분적 차이를 정당화시키는 기제로 작용하였으며, 삼강오륜(三綱五倫)[1]과 같은 현

1 유교 윤리에서의 세 가지 기본 강령과 다섯 가지 실천적 도덕 강목.
삼강은 임금과 신하(君爲臣綱), 어버이와 자식(父爲子綱), 남편과 아내(夫爲婦綱) 사이에 마땅히 지켜야 할 도리를 말한다. 오륜은 "부모는 자녀에게 인자하고, 자녀는 부모에게 존경과 섬김을 다하

실 윤리를 반영하고 있어서 일상생활 규범으로서도 등장할 수 있었다.

양반 사대부가 집권층으로 자리잡혀감에 따라 엄격한 신분적 계급 질서가 형성되었다. 조선의 신분 계급은 양반, 중인, 양인, 천민의 계층으로 나누어져 신분에 따라 토지 소유, 교육과 관직의 기회, 직업, 사회적 혜택과 국가 의무 등에서 차별이 있었다. 이러한 계급 질서 속에서 과거제도는 입신출세의 등용문으로 학교교육은 여전히 과거를 위한 수단으로 간주되었다.

따라서 유교 교육의 본래 목적인 수기치인의 이념은 관념으로만 남게 되어 성리학은 공리공론만을 논하고, 조선의 교육은 숭문(崇文)으로 흘러 과학기술의 발달이나 생산기술의 향상을 제약하는 결과를 초래하게 되었다. 그러나 학문과 예의를 숭상하고 교육을 중시하는 전통을 형성하였고, 학식과 덕망을 갖춘 유학자들을 많이 배출하여 학문적 수준을 높이는 성과를 가져다주었다(박의수 외, 2009: 69). 조선 초 세종대왕이 집현전 학자들에게 학문을 장려하고, 궁중에 정음청을 두어 한글(訓民正音)을 창제한 것은 문화사적 · 교육사적으로 커다란 의미를 지닌다.

한편 임진왜란 이후 조선 사회 내부의 모순에 대한 반성과 비판, 서양문물의 유입과 청나라 고증학의 영향을 받은 선구적인 지식인들을 중심으로 실용적이고 실증적인 학문을 추구하는 실학운동이 일어나게 된다. 실학자들은 성리학의 폐단을 시정하고 정치 · 경제 · 사회 · 문화에 걸친 광범위한 개혁안을 제시하였으나 실현되지 못하는 안타까움을 남겼다.

2. 성리학과 교육

조선시대의 교육은 성리학을 이념적 바탕으로 하고 있다. 성리학은 중국 송

며(父子有親), 임금과 신하의 도리는 의리에 있고(君臣有義), 남편과 아내는 분별 있게 각기 자기의 본분을 다하고(夫婦有別), 어른과 어린이 사이에는 차례와 질서가 있어야 하며(長幼有序), 친구 사이에는 신의를 지켜야 한다(朋友有信)."는 내용이다.

나라 주희가 집대성한 것으로서 흔히 정주학(程朱學), 주자학(朱子學), 도학(道學), 이학(理學) 등으로 불린다. 공맹(孔孟)의 원시유학이 실천적이고 윤리적인 성격을 강조한 것에 비해 성리학은 인간의 본성이나 우주의 근원과 같은 형이상학적 문제에 관심을 가져 이론적이고 철학적 성격이 강하다. 특히 조선의 성리학은 인간의 올바른 행위의 원리와 근거를 탐구한다.

성리학은 이(理)와 기(氣)를 그 핵심개념으로 한다. 기는 생명과 활동의 근원으로서 모든 사물을 이루는 데 필요한 재료이다. 이러한 기가 응축되어 사물이 형성된다. 이는 기가 응축되어 사물이 존재하게 되는 이유로서 궁극적으로는 옳은 것을 지향하게 되는 근본 이치이다. 즉 삼라만상의 기본 법칙이자 마땅히 모든 사물이 따라야 할 길이다(정영근 외, 2006: 189). 우주와 만물은 형이상의 이와 형이하의 기가 결합하여 이루어진다.

이러한 이기론에 기초하여 성리학에서는 인간의 심성을 본연지성(本然之性)과 기질지성(氣質之性)으로 구분하여 논한다. 이에 근거한 본연지성은 순선무악(純善無惡)한 것으로 모든 사람에게 보편적으로 내재하고 있으며, 기로부터 나오는 기질지성은 가선가악(可善可惡)하여 각 개인에 따라 차이가 있어서 다르게 나타난다. 즉, 선함과 악함, 바름과 치우침, 지혜로움과 어리석음 등으로 나타나며, 그 발현 정도에 따라 성인과 소인으로 구분한다. 그러므로 기질을 변화시켜 본연의 성을 회복하도록 해야 한다.

성리학의 특징은 인간과 자연과 우주를 연관시켜 논의하고 있다는 것이다. 우주 자연의 생성, 변화, 운행의 법칙을 조리 있고 질서정연하게 설명하고 그러한 원리에 의해 인간 본성의 문제, 그리고 인간사회의 질서를 설명하고 있다(김교빈, 2003: 82). 또한, 성리학은 윤리 규범의 실천을 중시하였다. 그것을 왜 지켜야 하는가에 대한 근거를 제시하여 정당성을 부여하면서 윤리 도덕의 기강을 확립하고 이것의 실천을 강조하였다.

퇴계 이황과 율곡 이이는 성리학의 이론을 한층 더 심화시켜 중국의 성리학을 능가하는 계기를 마련하였으며, 성리학의 영향은 지배층의 정치윤리, 정책 내용, 행동규범뿐만 아니라 일반 서민의 일상생활 규범에까지 확대되었다.

성리학을 통치이념으로 삼았던 조선은 인간이 본래 갖고 있었던 성품을 회복하게 하여 인간 각자의 본분을 자각하고 실천하게 하는 것, 다시 말해서 교화를 교육의 이상으로 삼았으며, 이를 달성하기 위해 학교제도를 완비하려 하였다.

1) 퇴계 이황의 교육사상

퇴계 이황

이황(1501~1570)은 이이와 더불어 조선 성리학의 양대 산맥을 이루고 있으며, 전형적인 선비의 삶을 살았다. 그의 자는 경호이고, 호는 퇴계, 시호는 문순이다. 태어난 지 7개월 만에 아버지를 여의고 어머니의 엄격한 가르침을 받으며 자랐다. 6세 때 이웃 노인에게 『천자문』을 배우고, 12세에 숙부에게서 『논어』를 배웠다. 청소년 시절에는 잠자고 밥 먹는 것도 잊고 독서와 사색에 잠길 정도로 학구열이 높았으며, 34세에 문과에 급제하여 관직을 두루 거쳤으나 자리에 연연하지 않고 기회가 있을 때마다 학문연구와 교육활동에 힘썼다. 『성학십도』를 지어 선조에게 바쳤으며, 그 외에도 『주자서절요』, 『계몽전의』, 『논사단칠정서변』 등 다수의 저서를 남겼다.

퇴계는 주자학을 바탕으로 주리적(主理的) 이기이원론(理氣二元論)을 주장하였다. 이는 순선무악하고 기는 가선가악하며, 본연의 성은 사단(四端)[2]이고 기질의 성은 칠정(七情)[3]으로 이는 귀하고 기는 천하다고 보았다. 인간은 누구나 천리의 본성을 가지므로 아무런 차이가 없으나 기질의 차이 때문에 상지(上智),

2 인간의 본성에서 우러나오는 마음씨, 즉 선천적이며 도덕적인 능력을 말하며, 측은지심(남을 불쌍히 여기는 타고난 착한 마음) · 수오지심(자신의 옳지못함을 부끄러워하고 남의 옳지못함을 미워하는 마음) · 사양지심(겸손하여 남에게 양보하는 마음) · 시비지심(잘잘못을 분별하여 가리는 마음)의 네 가지 마음으로서 각각 인 · 의 · 예 · 지의 착한 본성에서 발로되어 나오는 감정이다.

3 희(기쁨) · 노(노여움) · 애(슬픔) · 구(두려움) · 애(사랑) · 오(미움) · 욕(욕망)의 일곱 가지 감정으로, 인간의 본성이 사물을 접하면서 표현되는 인간의 자연적인 감정을 말한다.

중인(中人), 하우(下愚)와 같은 구별[4]이 생긴다고 보았다. 따라서 하우라도 노력에 의해 상지에 이를 수 있으며, 상지라도 존양과 성찰을 게을리하면 사람됨의 길에서 멀어진다고 하였다(김기수, 2006: 89).

퇴계의 교육목적은 인을 체득한 사람, 즉 성인이 되는 것이다. 이는 뜻을 세우고(立志), 마음으로 경의 자세를 갖춘(居敬) 다음, 사물의 참된 법칙을 궁구하는(窮理) 사람이다. 배우고자 하는 사람은 무엇보다 입지가 중요하다고 강조하였다. 이를 바탕으로 많이 알고(博問), 깊이 생각하고(審思), 차근차근 생각하고(愼思), 바르게 판단(明辯)할 수 있는 능력을 길러야 한다고 하였으며, 이 중에 차근차근 생각하는 것을 가장 중시하였다.

교육내용은 『주자대전』에서 『태극도설』로, 『효경』과 『소학』에서 『심경』의 순으로, 즉 일상적 실천과 관련되는 윤리서로 시작하여 점차 정밀한 이론을 전개한 철학서로 단계적으로 할 것을 주장하였다. 또한, 형식적 태도나 문장의 단순한 암기와 같은 무의미한 독서가 아니라 깊은 사색과 각성이 뒤따르는 정독을 강조하였다.

교육방법으로는 '거경(居敬)'과 '궁리(窮理)'를 들고 있다. '거경'은 마음을 가다듬어 언제나 선량한 마음을 가지고 타고난 품성을 기르는 것을 말한다. '궁리'는 사물의 이치를 궁구하여 지식을 넓히는 것을 의미한다. 학문을 하는데 있어서는 선입견을 배제하여 사리를 파악하되 자신의 견해를 앞세우지 말고, 어떤 대상을 연구함에 있어서 심사숙고하고, 몰입하며, 오래 쌓음으로써 점차 그 참뜻을 알게 되니 일생동안 공부해야 한다고 하였다. 따라서 거경과 궁리는 모두 궁극적으로는 행위로 실천되어 성인의 품덕을 갖추도록 해야 한다고 강조하였다.

4 퇴계는 상지에 속하는 사람은 아는 것과 행동하는 것이 겸해 있고 완전하며, 중인은 아는 것은 충분하나 행동하는 것이 부족하며, 하우는 아는 것이 없으며 행동은 악하다고 하였다.

2) 율곡 이이의 교육사상

율곡 이이

이이(1536~1584)는 조선이 낳은 위대한 성리학자이자 교육자이며 정치가이다. 그의 자는 숙헌, 호는 율곡, 시호는 문성공이다. 경서와 시화에 능한 신사임당의 아들로 태어난 율곡은 어려서부터 책읽기를 좋아하여 총명하고 글재주가 뛰어났다. 13세의 어린 나이에 진사 초시에 합격하여 29세 관직에 나갈 때까지 무려 아홉 차례나 급제하여 구도장원공(九度壯元公)이라 불렸다. 16세 되던 해 어머니가 돌아가시자 3년상을 마친 후 금강산에 들어가 불교를 공부하였으나 이듬해 고향으로 돌아와 성리학 공부에 전념하였다. 그는 십만 양병설을 주장하여 임진왜란을 예언하기도 했으며, 인물본위의 인재등용을 주장하였다. 『성학집요』를 지어 선조에게 국정 전반에 관한 개혁안을 제시하였으며 『격몽요결』, 『학교모범』, 『동호문답』, 『향약』 외에 다수의 저서를 남겼다.

율곡은 주기적(主氣的) 이기이원론적 일원론을 주장하였다. 이와 기는 하나이면서 둘이고, 둘이면서 하나라고 보면서, 이를 형이상의 무위(無爲)의 것으로, 기를 형이하의 유위(有爲)의 것으로 인식하였다. 기는 모든 물질 현상과 동적인 현상의 총화이고, 이는 기 자체 안에 내재한 주재적인 기본원리와 원인이라고 보았다. 기는 능발(能發)하는 존재이며, 이는 기발(氣發)을 가능케 하는 존재, 즉 기가 발하고 이는 이것을 탈 뿐이라고 하여 기발이승일도설(氣發理乘一途說)을 주장하였다. 또한 이는 조금도 구애됨이 없이 통하여 어디서나 그 본연의 묘를 지니고 있지만, 기는 그렇지 못하여 편(偏), 정(正), 청(淸), 탁(濁) 등의 차별상을 드러내고 있는 만큼 국한된다는 이통기국(理通氣局)을 주장하였다. 한편 심성의 문제에 대해서도 인심, 도심 모두 기에서 발생하며, 이가 본연의 기를 타면 도심이 되지만, 변한 기를 타면 인심이 되어 지나치거나 미치지 못하게 될 수 있다고 하였다. 이는 기를 타고 발하기 때문에 기가 치우친 곳에 이도 치우치고, 기가 온전한 곳에 이도 역시 온전하게 된다고 보았다.

율곡의 교육목적은 성인이 되는 것으로서 이는 일상생활에서 오륜과 오상[5]의도를 실천하는 사람이다. 성인이 되기 위해선 학문을 반드시 해야 하는데, 학문이란 일상에서 행하는 일이 이치에 맞도록 합리를 추구하는 것이며, 독서를 통하여 그 이치를 구하여야 한다고 하면서 실천에 역점을 두었다.

교육내용에 대해서는 단계적이고 점진적인 교육과정을 제시하였다. 먼저 『소학』으로 근본을 밝히고, 다음으로 『대학』과 『근사록』을 읽어 규모를 정하고, 논어, 맹자, 중용, 시경, 예경, 서경, 역경, 춘추의 순으로 정독을 강조하였다. 그리고 사기와 선현의 성리학 책들을 읽어 의지와 취향을 넓히고 식견을 정밀하게 하라고 하였다. 성인의 글이 아닌 글은 읽지 말고 무익한 글도 보지 말라고 하였다. 이러한 내용은 『격몽요결』과 『학교모범』에 집약되어 있다.

교육방법으로는 궁리, 거경, 역행을 들고 있으며, 그중 역행을 가장 중요시하여 실천윤리를 강조하고 있다. 그는 거경으로써 근본을 세우고, 궁리로써 선을 밝히며, 역행으로 실천할 수 있어야 한다고 주장하였다. 진리를 경의 태도로 실천에 옮김으로써 유익함에 이를 수 있으며, 스스로 힘써서 한시도 게을리하지 않도록 하는 것이 역행이다.

여느 다른 유학자보다도 율곡은 입지를 강조하였다. 그는 뜻을 잘못 두게 되면 물욕이 생겨 기질이 탁해지고 이로 말미암아 세상이 혼탁해진다고 보았다. 성인이 되고자 하는 뜻을 세우고 자신의 기질을 맑게 하려고 노력한다면 누구나 성인이 될 수 있다고 하였다. 퇴계가 경(敬)을 강조한 것에 비해 율곡은 성(誠)을 중시했다. 성은 말한 바를 반드시 이루도록 정성을 다하는 것이라고 하였다. 자신에 대해서도 진실로 충실한 동시에 타인에 대해서도 정성을 다할 것을 강조하였다.

5 유교에서 말하는 인 · 의 · 예 · 지 · 신의 다섯 가지 기본적 덕목을 말한다. 사람이 항상 지켜야 할 도리로서 오륜과 함께 유교윤리의 근본을 이룬다.

3. 조선시대의 학교교육

조선시대의 학교제도는 대부분 고려의 학교제도를 계승하면서 부분적인 개혁을 진행하였다. 관학으로는 중앙에 성균관과 사학, 지방에 향교가 있었고, 사학으로는 서원과 서당이 있었으며, 기타 특수교육기관으로 왕실교육과 기술교육이 행해졌다.

1) 관학

(1) 성균관

성균관(成均館)은 최고의 관립 교육기관으로 태조 7년(1398) 한성에 설립되었다. 교육목적은 국가 통치이념인 성리학의 연구와 보급 및 국가의 관리양성이었다. 성균관의 구조는 문묘, 명륜당(강의실), 양재(기숙사)로 구성되어 있으며, 그 외 존경각(도서관), 양현고, 계성사, 비천당, 육일각 등의 부속건물[6]이 있다.

교육과정은 사서와 오경 및 제사(諸史)의 강독과 제술(각종 문체와 작문) 및 서법(해서 · 행서 · 초서)으로 이루어졌으며, 노장(老莊) · 불서(佛書) 및 백가(百家) · 잡류(雜類) 등은 읽지 못하게 하였다. 학업을 평가하기 위한 시험으로 하루 동안 배운 것을 확인하는 일강, 매순(10일)마다 제술을 하는 순제, 월말에 실시하는 월강이 있었으며, 춘추도회라 해서 예조에서 당상관이

성균관 명륜당

6 계성사는 공자와 수제자의 아버지를 제사하는 사당이고, 비천당은 불교금지의 상징으로 과거장으로 사용되었으며, 육일각은 대사례를 행하는 곳으로 대사례란 나라에 행사가 있을 때 임금이 신하들을 모아 함께 활쏘기를 하는 의식을 말한다.

나와 일 년에 두 번 실시하는 제술시험이 있었다. 유생들의 성적은 대통, 통, 약통, 조통, 불통의 5단계로 평가되었다(태학지번역사업회, 1994).

입학자격은 초시 합격자인 생원과 진사를 원칙으로 하나 예외도 있었다. 정원이 부족할 경우 사학과 문음의 승보생에게 입학을 허용하였다. 생원과 진사로 입학한 유생은 상재생, 사학이나 문음의 승보생은 하재생 또는 기재생이라 하여 엄격하게 구별하였다. 입학정원은 200명이었으나 정원을 채우지 못한 적이 많았다.

성균관의 운영방식과 생활규칙은 학령에 규정되어 기본생활은 이 규칙에 따랐으며, 유생들은 재회(학생회의)를 통해 자치활동을 벌였다. 국가시책의 실정과 성균관 교풍의 위배에 대해서 상소를 올려 의사표시를 하였는데, 이를 유생들이 올린 상소라 해서 유소(儒疏)라고 한다. 유소가 관철되지 않았을 때 유생들은 집단행동으로서 식당에 들어가지 않는 권당(捲堂, 단식투쟁), 기숙사를 비우고 나오는 공재(空齋), 성균관을 비우고 나오는 공관(空館, 동맹휴업) 등의 의사표시를 하였다. 유생들이 공관의 집단행동을 하면 상인들도 상점 문을 닫고 호응하였으며, 국가에서도 문책을 철회하거나 무마하기도 하였다.

또한 원점제도가 있어서 유생들은 식당에 비치된 도기(출석부)에 아침 · 저녁으로 하루 2번 서명을 해야 원점 1점을 얻게 되고, 원점 300점 이상을 취득해야 관시(성균관 유생에게만 응시할 수 있는 특전을 준 문과 초시)에 응시할 수 있는 자격이 주어졌다.

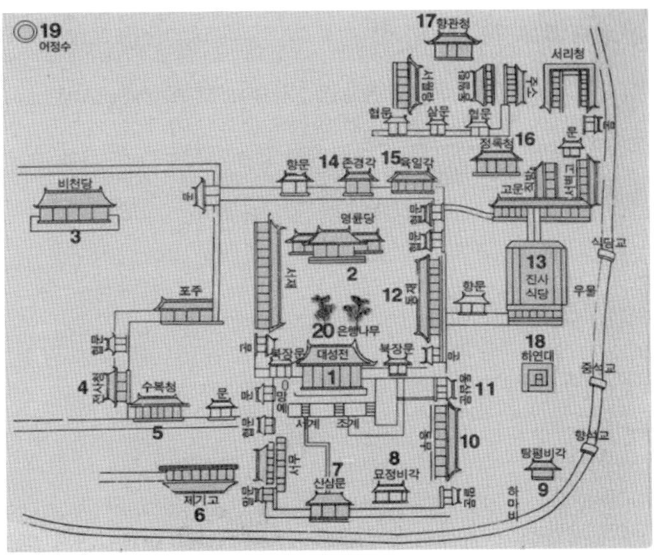

성균관의 배치도

(2) 사부학당

사부학당(四部學堂)은 고려의 5부 학당을 계승한 것으로, 북학을 제외한 동 · 서 · 남 · 중학을 말한다. 사학은 관학으로 교관을 성균관의 교관이 겸직하고 있고 성균관에 결원이 생기면 사학에서 승보하는 것으로 보아 성균관 부속학교의 성격을 지녔다고 볼 수 있다. 사학에서는 『소학』과 『효경』을 비롯하여 사서오경 등을 가르쳤으며, 학업성과에 따라 성균관의 승보가 되거나 생원이나 진사 회시에 응시할 수 있는 자격을 주었다. 규모와 교육 정도는 성균관에 비하여 낮으나, 교육내용과 방법은 성균관과 비슷한 중등 정도의 교육기관이다. 명륜당과 양재만을 갖추고 문묘가 없다는 점에서 성균관이나 향교와 차이가 있다.

(3) 향교

향교는 지방교육 진흥을 위해 지방에 설치한 중등 정도의 관립학교로서 교육내용과 건물의 구조가 성균관과 비슷하여 성균관의 축소판이라고 할 수 있다. 문묘에 제향하고, 유학을 교수하며, 지방문화의 향상과 향풍(鄕風)을 진작시키는 등의 교육목적과 기능을 수행하였다.

사회교육기관으로서 지방의 백성을 계도하는 목적으로 향교가 주관했던 행사에는 향음례 · 향사례 · 양노례 · 특별강습 등이 있다. 향음례는 매년 10월에 향촌의 나이 많고 덕행이 높은 이들을 주빈으로 모시고 예의를 갖추어 음악과 주연을 베풀고 향약을 읽는 의식이며, 향사례는 매년 봄과 가을에 효제충신하고 예를 숭상하는 이를 주빈으로 초청하여 예를 갖추어 음악과 주연을 베풀며 활쏘기를 즐기는 의식이다. 양노례는 민풍(民風) 순화를 위해 지방관이 향교와 협력하여 노인들을 초빙하여 예의를 갖추어 노래와 주연을 베푸는 행사이다. 특별강습은 『삼강행실록』을 한글로 번역하여 부녀자와 어린이를 가르치고, 행실이 탁월한 이에게는 상을 주었다.

강릉향교 대성전

(4) 왕실교육기관

왕실의 임금과 세자 및 종친을 교육하기 위한 기관으로 경연(經筵), 세자시강원(世子侍講院), 종학(宗學) 등이 있다.

경연은 성현의 가르침을 공부하는 자리라는 의미로 왕의 공부를 경연이라고 하였다. 경연은 학자들이 국왕에게 학문과 나라를 다스리는 법을 강론하고 때로는 국가의 정책을 논하기도 하였다. 국왕에게 경사를 가르쳐 유교의 이상정치를 실현하려는 것이 목적이었으나 왕권의 행사를 규제하는 중요한 기능도 수행하였다.

세자시강원은 왕세자의 교육을 담당하는 곳으로 세자는 서연을 통해 교육을 받았다. 서연은 장차 국왕이 될 사람의 공부로 왕세자로서 갖추어야 할 품성과 행실 그리고 학문으로 구성되었다. 유학의 경서와 역사를 가르쳤다.

종학은 왕실 종친의 자녀를 위한 특수 교육기관으로 왕족으로 갖추어야 할 기본 자질과 태도를 배양하였다. 교육내용은 성균관과 마찬가지로 경서와 문예였으며, 어린 종친에게는 소학 등을 가르쳤다.

(5) 기술교육기관

기술교육기관은 실용적인 기예와 생산기술을 가르치는 곳으로 잡학교육과 공장교육을 들 수 있다.

① 잡학교육

잡학은 유학교육을 제외한 전문적인 기술 분야를 말한다. 잡학교육은 각각 소속관아에서 교육을 담당하였으며, 주로 담당자나 학생은 중인계층이었다. 과거를 통해 자격을 부여받거나 혹은 스스로 배우고 습득한 자를 시험하여 자격을 주고 해당 관아에 등용하였다.

역학(譯學)은 외국어 통역이나 번역 등에 관한 분야로 '사역원'에서 교육을 담당하였으며, 율학(律學)은 법령의 집행을 담당할 관리양성 목적으로 중앙은 형조에서, 지방은 해당 관아에서 담당하였다. 의학(醫學)의 경우 중앙은 '전의감'과 '혜민서'에서, 지방은 그 지역 의료기관에서 담당하였다. 산학(算學)은 회계를 담당할 관리양성을 목적으로 호조에서 담당하였다. 자학(字學)은 정부의 문서관리나 교정 업무를 담당할 관리양성을 위해 교서관에서, 천문 · 지리 · 역법 등을 담당할 관리는 관상감에서 음양학을 교육하였다.

이 외에도 국가의 각종 도화(圖畫)를 담당하는 화공은 '도화서'에서, 궁중의식에 필요한 악공 · 악생 · 관현맹을 양성하기 위한 교육은 '장악원'에서 담당하였다. 무인관리 양성을 목적으로 한 무학은 병조의 훈련원에서 담당하였다.

② 공장교육

공장은 제조업에 종사하는 자로서 교육은 해당기관에서 도제식으로 이루어졌다. 왕실과 관부에서 필요로 하는 각종 물품을 제작한 중앙의 경공장과 지방의 외공장은 공예 재료에 따라 기능이 세분되어 전문화하였고, 대부분 세습직으로 당대 최고의 제작기술을 보유하였으며, 이들 기술은 민간 장인들에게도 많은 영향을 주었다. 그러나 당시 엄격한 신분제도는 장인들을 천시하여 기술 배우기를 기피하였다(한국교육사연구회편, 1984: 141).

2) 사학

(1) 서원

서원(書院)은 16세기 이후 선현존숭(先賢尊崇)의 제사와 후진장학(後進奬學)의 교육을 목적으로 세워진 사립 교육기관이다. 즉, 학덕이 높은 선현을 제사하고 그 학덕을 본받고 계승한다는 윤리적 측면과 그 학통을 따라 교육한다는 교육적 측면을 지니고 있다.

우리나라 서원의 효시는 풍기군수 주세붕이 안향을 기리기 위해 1543년에 세운 백운동서원이다. 이후 백운동서원은 당시 풍기군수였던 이황의 건의로 명종이 친필로 쓴 '소수서원'(紹修書院)이란 편액을 비롯하여 국가로부터 각종 경서와 노비와 학전(學田)을 하사받은 최초의 사액서원이 되었다.

서원을 중심으로 학파가 형성되어 17세기 이후 당쟁이 격화되고 문벌과 학벌이 점차 강조되고 서원의 수도 엄청나게 증가하였다. 사림이 자신의 당파나 학파의 입지를 강화할 목적으로 자기 당파의 인물을 모시는 서원을 증설하는 데 힘을 기울였기 때문이다. 서원 본래의 교육 기능이 제사 위주로 전환되었다.

서원 역시 과거 준비기관의 성격이 강했으며 여러 가지 교육적 공헌도 컸으나, 서원의 남설(濫設)로 무위도식하는 자가 늘어나고 군역이나 면세의 도피처로 이용되기도 하였으며, 당쟁의 온상이 되는 등의 폐단을 가져와 많은 서원을 철폐하였다.

선비들의 청빈한 마음가짐을 잘 보여주는 소수서원의 기숙사(왼쪽)와 선비들의 삶의 자세를 상징하는 배롱나무(오른쪽)의 모습
출처: 위대한 문화유산

(2) 서당

서당은 사설 초등교육기관으로 그 설립과 운영이 자유로왔다. 지배층의 자녀뿐만 아니라 일반 서민의 자녀들에게까지 개방되어 가장 폭넓은 교육기회를 제공하였던 교육기관이었으며 실질적인 교육을 담당했던 곳이었다.

서당의 교육과정은 강독, 제술, 습자 등으로 이루어졌으며, 교육방법은 학생의 학습능력에 따른 개별학습으로 진행되었다. 또한, 더운 여름에는 시나 율(律)을 짓고 봄과 가을에는 사기와 고문을 읽도록 하였으며, 겨울에는 경서를 공부하는 등 계절에 따라 과목과 방법이 달리 행해지기도 하였다. 농번기나 명절 그리고 길흉사에는 휴업하고, 놀이를 통한 학습[7]으로 흥미와 효과를 높이기도 하였다.

서당교육의 특색으로 접장제도를 들 수 있다. 훈장이 혼자서 많은 학생을 지도할 수 없을 때 나이가 많고 학력이 우수한 학생을 접장으로 하여 학생들의 교육을 돕도록 했는데, 일종의 조교제도라고 볼 수 있다. 서당의 풍속으로

7 서당에서 행해진 놀이에는 고인의 시를 암송하는 초 · 중 · 종장 놀이, 우리나라 군현의 이름을 익히는 고을모둠 놀이, 글자나 숫자를 익히는 글 대구 맞추기나 수가지 놀이, 시짓기 연습을 위한 화승작, 관직이름 익히는 승경도 놀이, 재판을 모의한 원놀이 등이 있었다.

주로 규모가 큰 서당에서는 개접례와 파접례를 행하였다. 일종의 개강식과 종강식이라고 볼 수 있다. 그리고 책을 한 권씩 뗄 때마다 책걸이(책씻이)라 하여 스승에겐 감사의 의미로, 학생에겐 격려의 의미로 떡을 해서 나눠 먹는 일종의 수료식을 하였다.

대개의 서당은 사학과 향교에 입학할 수 있는 예비수준의 교육을 하였으며, 일반 서민들의 문자교육과 마을의 도덕적 기풍 진작 등 교화에 가장 큰 역할을 하였다. 또한, 사회교육적 역할과 기능이 컸던 향약과 계도 대부분 서당을 중심으로 발전해 나갔다.

단원풍속도첩 중 〈서당〉

승경도 놀이

4. 조선시대 교육의 실상

1) 과거제도와 교육

고려시대에 비해 과거가 더욱 중요해졌다. 귀족사회가 아닌 양반 관료제 사회였으므로 과거제는 이를 지탱해 주는 역할을 하였다. 관리선발에는 음서[8]와 시험 두 가지 경로가 있었지만 가장 보편적인 방법은 과거시험에 응시하여 합격(급제)하는 것이었다. 과거시험은 처음 관직에 들어서는 관문일 뿐 아니라 인사승진에도 중요한 영향을 미쳤기 때문에 과거제를 통한 관직 경쟁은 치열할 수밖에 없었다.

조선시대 과거의 종류로는 문과, 무과, 잡과가 있었다. 문과는 초급 문관시험이자 대과 예비시험인 소과와 중급 문관시험인 대과로 나뉜다. 과거에 합격하여 관리가 되려면 총 5번의 시험을 거쳐야 하며, 마지막 관문인 전시는 임금 앞에서 치러지는 순위를 매기는 시험이다. 무과는 무관을 선발하는 시험으로 초시, 복시, 전시의 3단계를 거쳐 치러진다. 기술관 선발을 위한 잡과는 역과, 율과, 의과, 음양과가 있었으며 초시와 복시를 거쳐 선발하였다.

과거시험은 식년시와 별시로 나눈다. 식년시는 3년마다 보는 정기시험이다. 별시는 부정기적 시험으로, 국가에 경사가 있을 때 실시되는 증광시, 왕이 성균관 문묘제에 참석하여 시행하는 알성시, 어전에서 시험을 보는 정시, 창경궁의 춘장대에서 보는 춘당대시, 제주 목사가 진상한 감귤을 나누어 주며 실시한 황감시 등이 있었다.

조선의 과거제도 또한 학교교육과 밀접하게 연계되어 있다. 성균관에서 과거 실무를 담당하였으며, 성균관 유생이 원점 300점을 취득하면 문과 응시자격을 준다거나 사학이나 향교의 성적 우수자에게 생원시 회시 응시자격을 부여하는 등 과거응시 특혜를 주었다.

과거시험의 경향에 따라 유생들의 학문경향도 달라졌다. 학교교육의 목적은 관리양성과 유교윤리의 보급에 있었다. 따라서 학교의 교육과정이 과거 시험과목과 거의 일치하여 과거는 학교교육을 촉진시키는 역할을 하였으며, 성적주의에 입각한 관료체제 확립에 기여하였다. 하지만 과거시험과목 외의 학문분야는 도외시되어 발달하지 못하였고 교육은 출세의 수단으로 전락하였다.

---

8 음서(蔭敍)에는 유공자의 자손이나 왕실의 친척을 대상으로 특별 채용하는 문음제도와 학행과 덕망이 뛰어나 중앙 고관이나 지방관이 천거하여 관직을 주는 천거제도가 있었다.

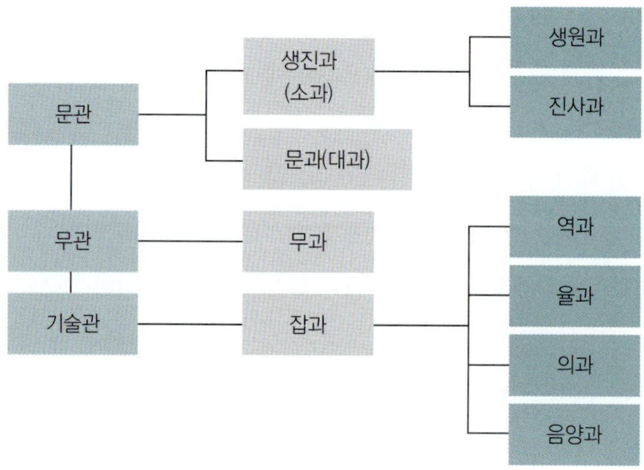

조선시대의 과거제도
출처: 한국사 개념사전

2) 조선시대의 교육실상

조선시대 실질적인 공부의 목적은 과거 합격에 있었다. 학교의 교육문화는 과거시험을 준비하는 것이었다. 관료주의 사회에서 모든 관직과 부에 이르는 유일한 길은 과거였다. 과거 응시자격은 천민을 제외한 일반 백성들도 과거에 응시할 수 있었으나, 실제로는 경제적인 여건이나 교육환경 등의 제약 때문에 과거 준비에 불리할 수밖에 없었다. 따라서 과거 응시자의 대부분이 양반이었다.

양반에게 과거합격이 중요한 이유는 바로 양반신분의 유지 때문이었는데, 양반의 지위를 유지하기 위해서는 본인부터 4대 조상까지 문무관리가 있어야만 가능했다. 관직을 얻지 못하면 중인 또는 양인 신분으로 전락하기 때문에 (정영근 외, 2006: 206) 사실상 개인적 영달과 양반계층에의 편입유지 수단으로 작용하였다.

과거합격을 가장 중요한 목적으로 삼았던 대부분의 학생들은 관학이 과거 준비에 별다른 도움이 되지 않는다고 여겨 기피하는 대신 사교육에 의존하였다. 성균관 · 사학 · 향교 등과 같은 교육시설의 전반적인 부실, 까다롭고 엄격한 학칙, 교관들의 자질부족 등이 관학을 기피하게 만들었다.

당시 사교육의 형태는 오늘날의 과외수업과 같이 독선생에게 지도를 받는 것과 독학이었다. 특히 독학은 일종의 기출문제집인 초집의 성행으로 조장되었다. 또한 경학을 기피하는 풍조가 만연했다. 경학이란 사서삼경 공부를 말하는데, 과거시험 중 하나인 강경시험은 경서의 내용을 암기하는 것이다(정영근 외, 2006: 211). 많은 시간과 노력을 필요로 하는 힘든 공부보다는 문장의 작성 요령을 터득하는 제술의 방법이 좀 더 손쉬웠기 때문이다.

학교는 국가에서 필요로 하는 인재를 양성하는 것도 중요하지만, 이에 못지않게 학문을 진지하게 탐구하는 지성과 실천궁행하는 실천성을 두루 갖춘 인격인을 기르는 일 또한 중요하다. 그러나 당시 학력의 판단기준은 학교졸업이 아니라 과거합격 여부였다. 따라서 학교는 본래적인 기능을 상실한 채 과거 준비기관으로 전락하게 되었다.

한편, 일반 백성에 대해서는 일종의 문화적인 방식의 지배형태라고 볼 수 있는 교화정책의 강화로 나타났다. 성리학을 통치이념으로 채택한 조선 왕조는 이것을 적극적으로 보급할 필요가 있었기 때문이다. 따라서 학교교육에만 국한하지 않고 학교교육이 미치지 못하는 일반 백성들에게까지 보급하려고 노력했는데, 이는 성리학 사상이 사회 전반에 보편화되어 이상적인 사회를 이루고자 하는 목적에서였다.

지방에 향약이 보급됨으로써 도덕적 규범생활이 정착화되고, 일반 백성들의 경제적인 어려움까지도 함께 나눌 수 있었다. 이것은 정치적으로는 일종의 지방자치조직으로서의 권위를 지니기도 했지만, 다함께 공생 공존한다는 대

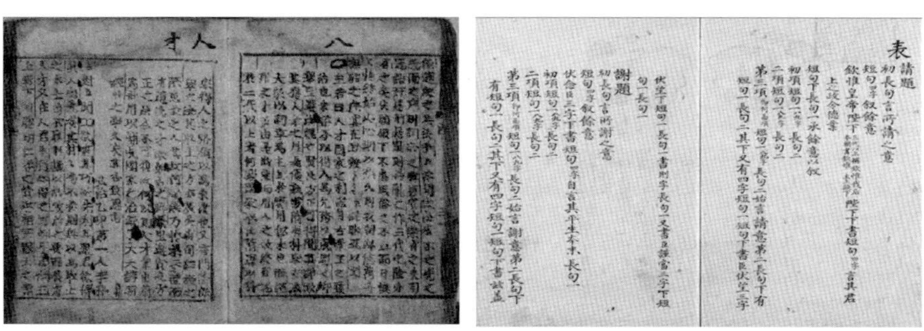

조선시대 초집 – 동국장원집(왼쪽)과 과문규식(오른쪽)

동사회 건설을 위한 노력에도 중요한 역할을 담당하였다.

5. 실학운동과 교육

실학(實學)은 조선 후기 영·정조 시대를 전후하여 등장한 새로운 학풍이자 사회개혁운동이다. 이는 서양문물의 전래와 고증학의 영향 그리고 조선사회 내부의 정치적 사회적 신분계급 질서의 붕괴와 모순 갈등 등이 원인이 되어 일어났다.

실학의 학풍은 일부 지식인들이 사회의 여러 문제에 대해 반성하고 비판함으로써 일어났는데, 이러한 기운은 새로운 사회질서의 확립, 민생문제를 해결하기 위한 시책과 방법 등의 학문적 연구를 자극하였다. 실학자들은 경세치용(經世致用)[9], 이용후생(利用厚生)[10], 실사구시(實事求是)[11] 등의 이념을 실현하고자 하였으며, 실용적인 학문연구와 사회 전반적인 제도 개혁안을 제시하였다. 중국 중심의 성리학적 세계관을 극복하고자 하였으며, 우리 민족의 전통과 현실에 관심을 가지고 우리나라의 역사, 지리, 풍속, 언어, 문학 등을 연구하였다.

실학은 유학의 범주에서 완전히 벗어나지는 못했지만, 학문의 목적과 연구 분야 및 방법론에 있어 현실개혁론의 성격이 강했다. 비록 그들이 처했던 역사적 상황과 제약으로 개혁을 도출해 내는 데 성공하지 못했지만, 실학사상은 근대화의 맹아(萌芽)로서 개화사상으로 연결되는 교육사적 의의를 지닌다.

---

9 학문은 세상을 다스리는 데 실익을 증진하는 것이어야 한다는 의미로 조선후기의 민생안정과 사회발전 등의 현실문제를 농업혁신을 통해 해결하고자 했다. 실학 초기 유형원과 이익을 주축으로 농촌 생활의 안정을 토대로 하는 토지제도 및 행정기구와 기타 제도상의 현실을 개혁하는 데 주된 관심을 가졌다.

10 백성들의 일상적인 생활에 이롭게 쓰이고 생활을 넉넉하고 윤택하게 나아지도록 실천적인 학문을 해야 한다는 의미이다. 박지원을 중심으로 하는 북학파는 상공업의 유통, 생산기구 및 일반 기술면의 혁신으로 생산력을 향상시킬 것을 주창했다.

11 사실에 입각하여 진리를 탐구하여야 한다는 의미이다. 김정희를 중심으로 경서·금석·전고 등의 고증에 주력하여 엄격한 태도로 사실을 밝혀내려고 하였다.

1) 실학자들의 교육개혁론

(1) 유형원의 교육개혁론

반계(磻溪) 유형원(柳馨遠, 1622~1673)은 조선 실학의 기초를 마련한 사람이다. 그는 당시의 교육제도와 관리선발 방식을 전면적으로 개혁하려고 하였다. 중앙과 지방의 관학을 정비하여 새로운 학교제도를 수립하고, 향약을 각 지방 실정에 맞게 운영하여 미풍양속을 진작시키고, 과거준비중심의 교육을 비판하면서 과거제 폐지와 그 대안으로 학교교육과 연계되는 공거제[12]로 대신할 것을 주장하였다.

교육의 중요성을 강조하며 신분의 귀천이나 적서의 차별을 두지 말고 개인의 능력이나 나이에 따라 교육을 받을 수 있어야 한다고 주장하였다. 학교의 입학조건으로 교관과 수령의 추천을 중시하여 추천한 사람에게도 책임을 지게 했으며, 개인의 인품과 능력을 관리선발의 중요한 기준으로 삼았다. 또한, 학교교육의 성패는 교관에게 달려 있으므로 국가가 녹봉을 주고 그 가족과 함께 부임할 수 있도록 배려하여 교육에 전념할 수 있도록 해야 한다고 했다. 반드시 임기를 채우게 하여 임기가 끝나면 그 성적을 평가하여 승진시킬 것을 주장하였다.

반계가 제안한 근대적 학제안은 행정단위에 맞추어 학교 간의 위계성 및 계열성을 강조한 것으로 다음과 같다(정영근 외, 2006: 214).

중앙: 방상(방) → 사학(부) → 중학(서울) ↘
태학(서울)
지방: 향상(향) → 읍학(주 · 현) → 영학(각 도) ↗

12 학교교육을 통해 양성한 인재를 시험 없이 추천하여 관리로 등용하는 제도이다. 지금의 학교장 추천제와 유사한 제도라고 볼 수 있다.

(2) 이익의 교육개혁론

성호(星湖) 이익(李瀷, 1681~1763)은 반계의 경세치용적 실학을 계승하여 학파로서의 실학을 확립하였다. 성호는 학교제도와 과거제도의 연계성을 강화하는 교육개혁론을 주장하였다. 과거위주 교육의 폐해, 즉 암기위주의 공부, 요행심을 자극하는 과거시험 방식, 요령위주의 학습으로 인한 학력 저하를 비판하였다. 따라서 과거제도의 폐단을 시정하기 위해 각 지방에서 훌륭한 인재를 천거하는 공거제의 병행을 주장하였다.

그는 과거 개혁방안으로 종래의 3년마다 실시하던 시험 간격을 5년으로 연장하여 요행의 여지를 없앨 것을 주장하였다. 또한, 과거시험의 절차를 5년에 걸쳐서 1단계는 사장 시험, 2단계는 경서와 사서(史書) 시험, 3단계는 책문 등 단계적으로 이루어지는 개혁안을 주장하였다. 과거 응시자격에 대해서는 천민에게도 기회를 주어야 한다는 혁신적인 주장을 하였다.

성호가 교육을 통해 기르고자 하는 인재는 예와 학을 겸비한 현인이며, 역사의식과 현실인식이 분명한 사람이다. 그는 교육내용으로 유학의 경전과 역사서는 물론 안정복의 『동사강목』과 이황의 『퇴계집』 등 조선의 역사서와 문집을 읽어야 한다고 주장하였다. 중국 중심의 세계관에서 벗어나 조선의 현실을 직시할 것을 강조하였다. 교육방법에 대해서는 스스로 깨닫게 하는 것이 가장 좋은 방법이며, 일신전공(日新全功: 항시 새로운 것을 생각하고 주의 집중하여 학문에 정진하는 것)의 방법을 주장했다. 자기수양에 있어서도 매일 새롭게(日新) 스승을 구하며(得師) 왕성한 호기심을 가지고 즐겨 질문하는 것(好問)이 되어야 한다고 하였다.

(3) 홍대용의 교육개혁론

담헌(湛軒) 홍대용(洪大容, 1731~1783)은 박학다식하고 다재다능한 통유(通儒)[13]로서 북학파의 선두주자라고 할 수 있다. 모든 사람에게 평등한 교육기회를 부여하는 의무교육제도와 공교육을 통해 양성된 인재를 능력에 따라 등용하는

13 세상일에 통달하고 실행력이 있는 유학자, 박식한 학자를 지칭한다.

공거제를 제안하였다. 그는 행정구역을 개편하여 전국을 9도로 나누고, 면→사→현→군→도로 편제하여 도에서 면에 이르기까지 각급 학교를 설치하고 각각 교관을 둘 것을 주장하였다. 특히 면에는 재(齋)라는 학교를 두어 8세 이상의 모든 아동을 교육할 것을 주장하였는데, 효제충신과 활쏘기, 말타기, 글씨쓰기, 셈하기 등의 기예를 가르칠 것을 제안하였다.

담헌은 전통적인 교육내용 대신에 실용학문과 과학기술교육을 주장하였다. 자연과 세계의 사물을 연구한 과학기술을 모든 사람이 공부해야 할 기초과목으로 설정하였다. 그리고 개인의 재능에 따라 적재적소에 인재를 배치할 것을 주장하였다. 따라서 재능이 많은 자는 위로 올려 조정에서 쓰고, 자질이 둔하고 용렬한 자는 아래로 돌려 민간에서 쓰도록 해야 하며, 그중에 생각을 잘하고 솜씨가 재빠른 이는 공업으로, 이재에 밝고 재화를 좋아하는 이는 상업으로, 모책을 잘하고 용기가 있는 이는 무반으로 돌리고, 소경 · 귀머거리 · 앉은뱅이까지도 모두 직업을 갖게 하되, 놀고 먹으며 아무 일도 하지 않는 자는 나라에서 벌주고 향당에서 배척되어야 한다고 하였다(정세화, 1997: 222 - 223 재인용). 재능에 따른 가르침과 경제적 자립을 연결 짓는 실용적인 교육을 요구하였다.

교육방법으로 실증과 실험관찰을 통한 사물탐구와 실천중심의 독서방법을 제시하였다. 학습할 때 의문을 가지고 임하고, 이 의문을 해명하는 방법을 중요하게 여겼다. 즉, 의문이 있으면 반드시 반복하여 연구하되 문자에만 의지하지 말고 일을 처리하는 과정에서 체험하고, 노는 가운데서도 찾아보고, 걸어가나 앉으나 누워 있어도 수시로 연구하면 통하지 않는 것이 없으며, 설사 통하지 못한다 해도 이렇게 연구한 뒤에 남에게 물으면 빨리 이해하게 된다고 하였다(손인수, 1993: 431 재인용).

2) 정약용의 교육사상

다산(茶山) 정약용(丁若鏞, 1762~1836)은 조선의 실학을 집대성한 인물이다. 그는 남인파의 관료학자 정재원과 실학자이자 화가인 윤두서의 손녀인 해남 윤씨 사이에서 태어났다. 그의 매부인 이승훈은 독실한 천주교 신자였으며, 그가 태어난 지역(지금의 경기도 남양주)은 당시 천주교와 서양 학문에 심취한 남인 학자들이 많이 모여 살았다. 이러한 환경 속에서 자란 다산은 어려서부터 아버지에게 경사를 배우면서 새로운 것에 대한 감수성에 일찍 눈뜨기 시작하였다.

28세에 문과에 급제, 관직을 맡게 되었으며 출중한 학식과 재능을 바탕으로 정조의 총애를 받았다. 그러나 신유사옥에 관련되어 강진으로 유배된 후 그곳에서 18년간 학문에 전념하여 많은 저술을 남겼다. 유배에서 풀려난 후에도 저술에 힘써 실학을 집대성하였다. 그의 저서로는 『경세유표』, 『목민심서』, 『흠흠신서』 그리고 문자학습서 『아학편』을 대표로 하여 무려 500여 권에 이르는 방대한 저술을 남겼다. 그의 저서는 현실에 대한 인식과 학문적 탐구를 통해 체제가 완성되었다.

다산은 교육의 목적을 수기치인의 전인적 인간을 길러내는 것으로 보고 이를 목자라고 표현하고 있다. 목자는 수기군자인 동시에 현인인 치자로서 백성을 다스리고 이끄는 지도자로서 책임을 질 줄 아는 사람이다. 따라서 목자를 길러내는 교육은 수신에 그치는 교육이 아니라 경세제민의 목민을 실천해 나갈 수 있는 실천궁행의 인간을 길러내는 교육이어야 하며, 수기치인의 목자는 내성적 자기 관조를 통해 하늘을 아는 동시에 하늘을 모시듯 백성을 살피며 섬겨야 한다고 강조하였다.

그는 현실적인 교육문제들을 비판하고 그에 대한 개선방안을 제시하였다. 실천하는 사람이 궁극적으로 천하를 위하는 사람이라고 보고, 단순한 수양이 아니라 생활에 실제적인 도움을 줄 수 있는 교육을 강조하였다.

다산은 교육내용으로 덕행과 경술과 기예의 교육을 강조하였다. 이 중에서 덕행을 사람됨의 근간으로 보고 가장 중요시하였는데, 효제자(孝悌慈)가 그 덕목으로 집약된다. 경술은 사서 육경, 즉 십경(대학 · 맹자 · 논어 · 중용 · 시경 · 서경 · 역경 · 주례 · 예기 · 춘추)의 지식을 실제에 이용하는 것이다. 그리고 생활의 문제를 해결할 수 있는 농업이나 방직 · 군사 · 의술 등의 기예(기술)를 강구해야 함을 강조했다. 또한, 그는 오학론[14]과 불가독설[15]을 통해 기존 교육의 폐단을 비판하였다.

교재로는 국학과 자신이 저술한 『아학편』을 제시하였다. 국학은 국사와 우리나라 성현들이 쓴 글로 우리나라를 이해하기 위해서 우리의 역사와 선현들이 쓴 문집을 반드시 읽어야 하며, 이를 과거시험에도 포함시켜야 한다고 주장하였다. 『고려사』, 『반계수록』, 『서애집』, 『성호사설』, 『퇴계집』, 『율곡집』, 『이충무공전서』, 『연려실기술』 등을 권장하였다. 천자문의 폐단을 지적하고, 이에 대체되는 『아학편』을 저술하였다.

한편 교사의 중요성에 대해서도 언급하였다. 교사의 선택이 흥학의 우선임을 말하면서 목민관은 교사를 잘 선발해야 하며, 그들이 생활에 문제가 없도록 배려와 후원을 해 주어야 할 임무가 있다고 하였다(최관경 외, 2004: 333).

다산 정약용
출처: 한국민족문화대백과

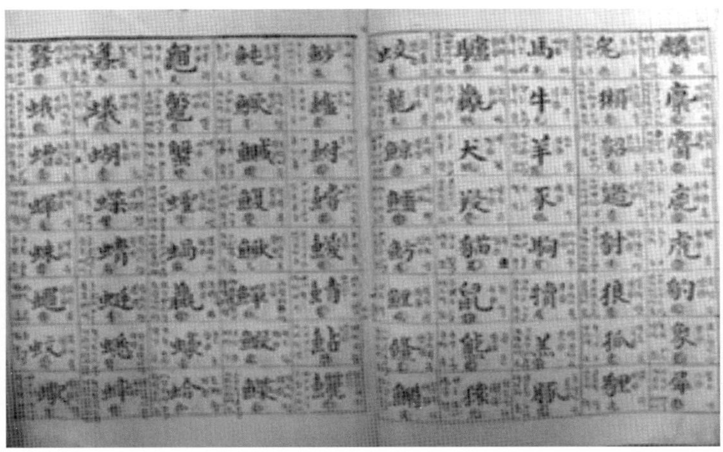

정약용의 『아학편』
출처: 한국국학진흥원

14 오학론은 성리학, 훈고학, 문장학, 과거학, 술수학을 말하며, 당시 그 본질적인 기능을 다하지 못하고 사회의 병폐를 만들어내고 있는 퇴폐한 학문적 경향에 대한 비판이다. 성리학은 공리공담의 이기설에 너무 편중되었고, 훈고학은 경전의 자의와 훈독에 치중했고, 문장학은 미사여구의 문자적 유희에 치중하고, 과거학은 공정하지 못하여 우수한 인재를 등용하지 못했으며, 술수학은 도선의 비결이나 정감록 같은 사설(邪說)로 어리석은 백성을 현혹시켰다고 비판하였다.

15 불가독설은 전통적인 유학교육에서 사용하던 『천자문』, 『사략』, 『통감절요』를 읽혀서는 안 된다는 주장이다. 『천자문』은 문자가 체계적으로 배열되지 않아서 비효과적이고, 『사략』은 중국의 역사책으로 허구적인 내용이 있으며, 『통감절요』는 중국에서도 인정받지 못하는 책인데 조선에서는 단지 과거시험 때문에 널리 읽히고 있다고 비판하였다.

생각 나누기와 심화하기

12장 조선시대의 교육

1 삼강오륜은 수직적 윤리로서 평등을 추구하는 현대사회에서는 적용되기 어려운 부분이 있다. 삼강오륜을 현대사회에 맞게 새롭게 해석을 해본다면 어떻게 변화될 수 있을까?

2 조선의 성리학자들은 위인지학(爲人之學)과 위기지학(爲己之學)에 대해서 위기는 자기 자신에게서 얻으려는 것이고, 위인은 남에게 인정받고자 하는 것이라 하였다. 옛날 배움은 자신을 위한 공부를 하여 끝내는 남을 이루어 주는데 이르렀고, 지금의 배움은 남을 위한 공부를 하여 자신을 상실하는데 이른다고 하였다. 왜 자신을 위한 공부가 결과적으로 남을 이루어 주고, 남을 위한 공부는 자신을 상실하는데 이르는지 그 이유에 대해서 생각해 보자.

3 조선 후기 실학자들의 교육개혁론을 통해 광복 이후 시행된 교육개혁을 재조명해 보고, 개혁의 실패 요인과 앞으로 나아갈 구체적인 방향에 대해서 논의해 보자.

제13장

한국 근·현대교육의 형성과 전개

1. 개화기의 교육

1) 시대적 특징

19세기 후반에 들어서 조선 사회는 급격한 변화를 겪게 된다. 조선 말기에 이르러 집권층의 갈등과 사회적 혼란이 극심하였고, 서세동점(西勢東漸)의 세계사적 조류와 이에 편승한 일본 제국주의의 침략야욕에 의해 문호를 개방하게 되었다. 외세에 의해 강요된 문호개방과 함께 근대화가 추진되기도 했지만, 열강들의 세력 다툼 속에서 자주권을 유지해야 하는 민족적 시련을 겪기도 하였다.

문호개방에 반대하는 위정척사운동과 임오군란, 급진 개화파의 삼일천하로 그친 갑신정변, 동학농민혁명, 일본의 배후조정으로 추진된 갑오개혁, 명성황후 시해와 을미사변, 항일의병운동, 아관파천, 대한제국의 성립과 멸망 등의 정치적·사회적 격변은 1910년 한일병탄으로 국권을 상실하고 일제에 의한 강점기에 이른다.

개화기의 지식인들은 특히 교육과 문화를 통해서 국가의 근대화를 추진하려고 하였다. 시련과 격동 속에서 이들은 교육입국(教育立國) 또는 교육구국(教育救國)의 의지를 가지고, 각계각층에서 교육 근대화를 위한 노력을 멈추지 않았다. 이러한 노력은 정부주도의 교육개혁과 민족선각자들의 교육구국운동 그리고 종교계의 교육활동 등의 세 가지 흐름으로 추진되었다.

2) 정부 주도의 교육개혁

정부는 외국에 사절단과 유학생을 파견하여 신문화를 수용하기 시작하였다. 개화와 더불어 정부 당국이 가장 시급하게 필요성을 느낀 것은 외국과의 교섭에 필요한 통역관의 양성이었다. 이에 따라 동문학(통변학교, 1883)과 육영공원(1886)이 설립되었다. 동문학은 외교통상을 위한 영어통역자 양성을 위한 교육기관으로 영어연수를 위주로 한 직업학교였다. 육영공원은 초반에는 영어연수를 강조하다 후반에 서양의 신학문(지리 · 수학 · 자연과학 · 국제법 · 정치경제학 등)을 영어로 가르치는 최초의 관립 근대식 학교였다.

일제의 배후조정이 있긴 했지만 1894년 갑오개혁을 계기로 정치 · 사회 · 경제 · 교육 등 다방면에 걸친 일대 개혁이 이루어졌다. 교육 부문에서는 학무아문(學務衙門)을 설치하여 교육에 관한 제반 사항을 관장토록 하였으며, 고종이 '홍범(洪範) 14조'[1]를 발표하고 이듬해에는 '교육입국조서'(敎育立國詔書)[2]를 발표하여 교육입국에의 의지를 천명하였다. 이어 한성사범학교 관제가 공포되고 외국어학교, 소학교, 중학교, 의학교 등에 관한 관제와 규칙이 제정되고 공포되면서 근대식 학교제도가 수립되었다.

---

1 갑오개혁 이후 정치제도의 근대화와 독립국가로서의 기초를 다지기 위해 1894년 12월에 제정, 선포한 국가기본법으로 해외유학생 파견에 의한 외국 선진문물의 도입, 문벌폐지와 능력에 따른 인재등용의 내용이 포함되어 있다.

2 1895년 2월에 고종이 발표한 교육에 관한 특별조서로서 ① 교육은 국가보존의 근본이며, ② 신교육은 과학적 지식과 신학문과 실용을 추구하는 데 있고, ③ 교육의 3대 강령으로서 덕육 · 체육 · 지육이 있음을 들고, ④ 교육입국의 정신을 들어 학교를 많이 설립하고 인재를 길러내는 것이 곧 국가중흥과 국가보전에 직결되는 사실임을 밝히고 있다.

육영공원에서 사용한 영어교재

한성사범학교
출처: 한국민족문화대백과

3) 민족선각자들에 의한 교육구국운동

1905년 을사늑약으로 일본 제국주의 침략야욕이 구체화되자 민족선각자들은 국민계몽을 통한 국권 회복을 위해 다각적인 노력을 전개하였다. 민족선각자들의 교육구국운동은 정치 · 사회단체, 언론기관, 학회와 학교설립 등을 통해 이루어졌다. 외세 침략을 막아내고 국권을 회복하는 길은 국민의 각성을 통한 민력(民力)의 양성에 있음을 자각하고 각종 문화운동, 강연회, 토론회, 육영사업 및 민중교화사업 등을 전개하여 나갔다.

우리나라 최초의 근대식 사립학교는 1883년에 세워진 원산학사(元山學舍)이다. 원산학사는 강화도 조약에 의해 개항된 원산항에 진출한 일본 상인들이 상권을 잠식하게 되자, 위기감을 느낀 주민들이 이에 대응하기 위해 관할 관청에 근대학교 설립을 요청하여 세워졌다. 외세의 도전에 대응하기 위해서 민중들의 자각에 의해 주체적으로 학교설립기금을 모아서 설립했다는 점과 전통적인 서당을 개량하여 설립했다는 점에서 그 의의를 찾을 수 있다.

이어 민족선각자들에 의해 사립학교들이 많이 세워졌다. 민영환의 흥화학교(1895), 안창호의 점진학교(1899)와 대성학교(1908), 엄주익의 양정의숙(1905), 이용익의 보성학교(1905), 민영휘의 휘문의숙(1906), 남궁억의 현산학교(1906), 이승훈의 오산학교(1907) 등이 차례로 세워졌으며, 이들 사학은 국권회복을 위한 민족운동지도자의 양성, 민족의식 고취, 과외활동을 통한 애국사상 함양과 항일운동, 건전한 인격과 강건한 신체의 함양 등에 역점을 두었다.

원산학사

평양 대성학교 교직원과 학생들

4) 종교계의 교육활동

종교계의 교육활동은 기독교계와 불교계로 나누어 볼 수 있다. 개신교 선교사들은 선교 · 의료 · 교육 활동을 목적으로 입국하여 근대적인 교육제도와 민주주의 이념 및 교육 보편화에 기여하였다.

1885년 알렌(H.N. Allen)이 광혜원을 세워 최초로 서양식 의료기술을 가르쳤으며, 이는 우리나라 근대적 의료기관의 효시로서 후에 세브란스 의학전문학

배재학당(초기)
출처:한국민족문화대백과

이화학당 보통학교 수업시간
출처:이화역사관

교의 모체가 되었다. 아펜젤러(H.G. Appenzeller)가 세운 배재학당(1885)은 일반교육을 목적으로 한 최초의 선교계 학교로서 고종이 "배재학당"이라는 교명과 현판을 하사하였다.

1886년에는 언더우드(H. G. Underwood)가 고아들을 대상으로 한 기숙학교인 구세학당(경신학교)을, 스크랜튼(M. F. Scranton) 여사가 이화학당을 세워 교육활동을 펼쳐나갔다. 이화학당은 최초의 여성교육기관으로서 당시 유교적 보수성이 뿌리 깊은 사회에서 매우 획기적인 일이었다. 또한, 미국 북감리교 의료선교사인 홀(R. S. Hall) 여사가 평양에 맹아학교(1898)를 설립하였는데, 이것이 우리나라 특수학교의 효시라고 할 수 있다. 이렇듯 선교사들에 의해 세워진 기독교계 학교들은 인간 평등의 이념을 바탕으로 성별 · 계급을 초월하여 교육 보편화에 이바지하였으며, 기독교를 보급하고 일제의 탄압 시 민족교육의 거점지로서의 역할을 담당하였다.

한편 조선조의 오랜 억압정책에서 벗어나 새로운 부흥을 꾀하는 불교계에서는 1906년 서울의 원흥사에서 명진학교를 세운 것을 필두로 합천 해인사에서 명립학교, 수원 용주사에서 명화학교, 동래 범어사에서 명정학교, 승주 송광사에서 보명학교, 고성 건봉사에서 봉명학교 등을 세워 교육 근대화에 큰 몫을 담당하였다.

2. 일제 강점기의 교육

1) 시대적 특징

일제강점기의 교육적 특징은 일제의 식민지 교육과 이를 극복하고 저항하려는 민족주의 교육으로 요약할 수 있다. 일제는 을사늑약 이후 조선에 일본정부를 대신하는 통감부를 설치하여 식민지로 만들기 위한 갖가지 시책을 추진하였다. 교육행정 기구에도 일본인 관리를 배치함으로써 조선의 교육에 대해서도 실질적인 영향력을 행사하여 식민지 교육을 도모하였다. 일제는 한국인의 강한 교육열을 식민통치에 이용[3]하기도 하였다.

이 시기에 이루어진 일제의 식민지 교육의 기본 노선은 우민화 정책과 동화정책을 들 수 있다. 즉, 조선인의 학교수업 연한 단축과 조선인의 상급학교 진학억제를 통한 우민화 정책, 일본어 교육을 통한 조선인의 동화정책을 식민지 교육의 2대 노선으로 삼았다. 일제의 식민지 정책은 한반도를 일본의 영토로 유입하고, 한민족을 영원히 말살하기 위해 우리의 말과 글뿐만 아니라 민족혼까지 빼앗고 민족문화를 말살시켜 조선과 일본을 하나로 통합하려는 세계사에 유례없는 가장 잔혹하고 교활한 정책이었다. 그러나 우리 민족은 이에 굴하지 않고 남녀노소 신분계급을 초월하여 각계각층의 다양하고 치열한 항일 독립운동을 전개하여 나갔다.

2) 일본 제국주의 식민지교육의 전개

(1) 무단통치 교육정책기(1910~1919)

한일병탄으로 조선의 주권을 빼앗은 일제는 조선총독부를 설치하여 위압적인 무단통치로 식민지화 작업을 수행해 나갔다. 즉, 헌병이 경찰을 대신하고, 교원까지도 제복과 칼을 착용하였으며, 언론·출판·집회·결사의 자유를 박탈하

진주중안초등학교 졸업사진
일제는 전통적인 교사상을 말살하기 위해 교사들로 하여금 제복을 입고 군도를 차고 교실에 들어가도록 하였다.
출처: https://cafe.naver.com/transtas/1012

3 개화기부터 나타나기 시작한 학력 중시 현상이 일제 강점기에 들어와 더욱 확대되었다. 한국인들은 식민지 상황에서 자녀교육이 생존을 위한 유일한 탈출구임을 인식하여 학교교육에 대한 집착으로 나타나게 되었다. 일제는 한국인 자녀들의 입학을 미끼로 창씨개명을 유도하였으며, 관리임용 시 사립학교보다는 관·공립학교 출신을 우대함으로써 한국인 자녀들을 관·공립학교로 유인하여 반일사상을 제거하려고 하였다.

여 공포분위기를 조성하였다(신용하, 2001: 25).

1911년에 제1차 조선교육령을 발표하였다. 소위 시세와 민도에 적합한 교육을 실시한다는 명목 아래 주요내용은 일본어 교육의 강화와 충량한 신민양성, 그리고 노동력 착취를 위한 저급의 실업교육 장려 등이었다. 이에 따라 조선인과 일본인을 차별하는 복선형 교육제도를 수립하였다. 조선인의 학교를 보통학교, 고등보통학교, 여자고등보통학교라고 개칭하여 학교 명칭과 수업연한에 차등을 두었다. 일본인 학교의 수업연한보다 조선인 학교의 수업연한이 1~2년 정도 단축되었다. 그리고 조선인의 고등교육 기회를 봉쇄하는 대신 실업 기능인 양성에 주력하여 일본인의 지배를 정당화하려고 하였다.

또한, 사립학교규칙을 제정하여 사립학교의 설립 및 교원채용, 수업시수 및 교육과정 등 총독부의 허가를 받도록 하였으며 일제의 탄압으로 많은 사립학교가 폐쇄되었다. 이로써 우리의 교육을 탄압하였으며 각급 학교의 여러 규칙 등 수많은 법령과 통첩을 발하여 민족교육을 말살하려 하였다.

(2) 유화적 문화정치 교육정책기(1919~1938)

거족적인 3 · 1운동에 놀란 일제는 한민족의 민심을 수습하고 국제사회의 여론을 무마하기 위해 무단정치에서 소위 문화정치로의 전환이 불가피하게 되었다. 그러나 문화정치는 민족적 저항을 회피하기 위한 사실상의 기만책으로 그들의 식민정책 목적에는 변함이 없었다.

1922년 제2차 조선교육령을 공포하였다. 이는 일시동인(一視同人)[4], 내선일체(內鮮一體), 내선공학(內鮮共學), 일선융화(日鮮融和)라는 명목으로 자행된 식민지 교육정책이었다. 명목상 일본 학제와 동일한 학제를 사용하고 조선인과 일본인 간의 교육기회균등을 보장하고 있으나, 그 이면에는 일본식 교육을 강화하여 황국신민으로 동화시킴으로써 민족정신을 말살하고 항일투쟁을 무력화시키는 데 있었다. 실상은 일본어가 더욱 강화되었으며 민족적 차별대우와 고등교

4 모든 사람을 하나로 평등하게 보아 똑같이 사랑한다는 의미로, 정복자들이 피점령 지역 민족들을 차별하지 않는다는 표어로 사용되기도 하였다.

육의 기회가 봉쇄되었다.

(3) 전시 동원을 위한 황민화 교육 강행기(1938~1945)

마침내 일제는 제국주의적 야심을 드러내면서 군국주의 정책을 실시하였다. 만주침략에 이어 중국대륙에 대한 전면적 침공을 감행하고 끝내 태평양 전쟁을 일으킨 일제는 한반도를 그들의 전쟁 수행에 필요한 물자와 인력을 조달하기 위한 수단으로 생각하고 온갖 탄압과 수탈을 자행하였다.

1938년 국체명징(國體明徵)[5], 내선일체, 인고단련(忍苦鍛鍊)[6]의 3대 강령을 바탕으로 하는 제3차 조선교육령을 공포하였다. 이에 따라 각급 학교의 명칭이 일본인 학교와 동일하게 변경되었지만, 실질적으로 달라진 것은 없었다. 조선인의 황국신민화를 위한 교과목 강화로 일본어, 일본사, 수신(도덕), 체육 등의 비중을 높였다. 한국어를 선택과목으로 변경하였는데, 곧 폐지를 의미하는 것이었다. 결국 이 강령은 한민족의 문화적 · 정신적 전통을 말살하고 철저하게 황국신민으로 예속시키려는 민족말살정책이었다.

전쟁이 막바지에 달하면서 제4차 조선교육령이 1943년에 공포되었으며, 이후 교육에 관한 전시 비상조치령이 발표되었다. 이로써 교육은 전쟁 수행을 위한 도구로 전락하였으며, 일제는 유례없는 탄압정책을 강행하였다. 지원이란 명목하에 학도병의 강제 징집과 근로동원이란 명목으로 학생들의 노동력을 착취하고, 노무자를 강제징용하여 전쟁물자 생산에 동원하고, 금품과 미곡의 강제 징발, 창씨개명의 강요, 애국채권의 강매, 여자정신대 동원, 궁성요배, 신사참배 등을 강행하였다.

5 일본 천황제 국가의 정체를 분명히 하여 천황체제에 대한 충성을 강조하는 내용이다.
6 어떤 어려움도 이겨내고 극복하여 국가에 대한 충성을 다하겠다는 것이다. 지금 전쟁 중이라 힘들고 어렵지만, 이를 잘 견뎌내고 단련하여 일본제국이 승리할 수 있게 하자는 의도가 들어있다.

학생들의 신사참배 모습

3) 주권회복을 위한 민족교육운동

일제가 모든 수단과 방법을 가리지 않고 우리 민족을 말살시키려는 정책을 자행했음에도 불구하고 우리 민족은 사학을 중심으로 민족사상을 고취시켜 나갔으며, 국권회복을 위한 다양한 저항운동을 펼쳐나갔다.

(1) 3·1 독립운동

3 · 1 독립운동은 1919년 3월 1일이라는 특정일에 일어난 일시적인 운동이 아니다. 민족자결주의의 국제정세를 배경으로, 1919년 2월 8일 일본 동경유학생들을 중심으로 2 · 8 독립선언서가 발표되었다. 이어 3월 1일 민족대표 33인이 독립선언서를 낭독한 것을 시작으로 전국적으로 만세운동이 일어나고, 이에 자극을 받아 아동중심 혹은 인간본위의 교육사상이 주창되고, 대한민국 임시정부가 수립되는 계기를 마련하고, 여성의 참여의식과 남녀평등의식이 여성운동을 일으키는 계기가 되었다. 이러한 일련의 민족운동을 총칭하는 것으로 이해할 필요가 있다(박의수 외, 2009: 143).

민족적 거사는 일제 식민정책의 변화를 이끌기도 했지만, 우리 민족 스스로

도 잠재된 역량을 확인하는 계기가 되었으며, 항일민족운동사에도 중대한 영향을 미쳤다.

만세행진–종로거리로 나와 만세를 부르는 사람들(왼쪽)과 부녀자들의 만세행진(오른쪽)

(2) 조선 민립대학 설립운동

우민화 정책으로 조선인에게는 고등교육의 기회를 봉쇄하자 1920년대 초반 조선교육회에 의해 실력양성운동의 일환으로 고등교육기관인 민립대학 설립운동이 전개되었다. 이는 항일운동에 필요한 민족 지도자와 인재를 양성하기 위한 것이었다. 일제의 탄압과 교묘한 방해공작, 그리고 연이어 일어난 심각한 자연재해로 모금운동이 중단되어 좌절되고 말았다. 일제는 이를 무마하기 위하여 경성제국대학을 설치하였다.

(3) 항일 학생운동(항일 동맹휴학, 6·10 만세운동[7], 광주학생운동[8] 등)

학생운동은 주로 일제 식민지 교육의 차별적인 대우에 대한 불만과 언어와

7 1926년 6월 10일 대한제국의 마지막 황제이던 순종 황제의 장례식에 일어났던 학생중심의 민족독립만세운동이다. 3 · 1운동 이후 꾸준히 다져온 학생들의 결사 · 동맹휴학 · 계몽활동 등의 학생운동이 결집된 소산으로 나타난 항일운동이었다.

8 1929년 11월 3일 광주에서 시작되어 이듬해 3월까지 전국에서 벌어진 학생들의 시위운동이다. 1929년 10월 30일 광주에서 나주로 가는 호남선 통학열차 안에서 일본인 남학생이 한국인 여학생을 모욕한 것을 시작으로 광주고등보통학교 학생들과 일본인 학교인 광주중학교 학생들의 충돌이 본격적인 계기가 되었으며, 3 · 1 운동 이후 가장 큰 규모로 이루어진 항일운동이었다.

역사에 대한 왜곡된 교육방법 및 교과과정에 대한 불만이 원인이 되어 불만 개선과 학교시설의 확충, 학교의 승격 등에 대한 요구가 동맹휴학의 형태로 나타났다. 특히 6 · 10 만세운동과 광주학생운동은 항일 학생운동을 전국적으로 확산시켰다.

광주학생운동

(4) 브나로드 운동과 문자보급

브나로드[9] 운동은 1931년부터 1934년까지 동아일보사가 주축이 되어 일으킨 농촌계몽과 문맹타파 운동이다. 언론기관과 학생이 협력하여 문자보급과 민중계몽에 앞장서서 항일 민족의식을 고취시키고 민중의 지적 수준을 향상시킨 민중교육운동이었다.

동아일보사의 브나로드 운동 참가자 모집 광고(왼쪽)와 1930년대 농촌계몽운동(오른쪽)
출처: 한국민족문화대백과

9 러시아어로 '민중 속으로'란 뜻으로, 러시아 지식인들이 이상사회를 건설하려면 민중을 깨우쳐야 한다는 취지로 만든 구호이다. 지식인들이 노동자와 농민들과 같이 생활하며 계몽운동을 벌였는데, 이후부터 계몽운동의 별칭으로 사용되었다.

(5) 기타 사회교육운동(물산장려운동, 야학 등)

일제의 경제적 수탈정책에 항거하여 벌였던 범국민적 민족경제자립 실천운동으로 물산장려운동이 있었고, 야학은 애국계몽운동의 일환으로 주로 노동자, 농민, 부녀자 등 소외계층의 지식향상 및 의식화와 이를 통한 민족적 역량의 성장을 도모하면서 진행되었다. 이러한 사회교육운동은 민족자강과 독립정신 고취를 지향하는 넓은 의미의 민족독립운동의 일환으로 이루어졌다.

4) 교육사상가

도산 안창호

(1) 도산 안창호의 교육사상

안창호(1878~1938)의 호는 도산(島山)이다. 그는 민족선각자이며 정치가이자 교육자, 사상가이다. 17세에 구세학당에 입학하여 신학문을 배웠으며 기독교에 입교하였다. 이때 서구 자본주의를 접하고 힘을 길러야 함을 깨달았다. 19세에 독립협회에 가입하여 활발하게 독립운동을 전개하였으며 고향인 강서에 점진학교(1899)를 설립하였다. 이 학교는 지방에 설립된 최초의 사립 초등학교로서 남녀공학을 최초로 실시하였다.

또한 도산은 신민회라는 비밀결사 운동단체를 조직하여 구국운동과 독립사상을 고취시켰다. 그리고 신민회사업으로 평양에 대성학교(1907)를 설립하였다. 청년운동단체인 청년학우회(1909)를 결성하여 무실, 역행, 충의, 용감의 4대 정신을 바탕으로 한 자아혁신과 자기개조를 통한 민족혁신과 민족개조운동을 전개해 나갔다.

한편 미국으로 망명하여 흥사단(1913)을 창립하여 고국에서 이루지 못한 뜻을 실현시키고자 애썼다. 3·1운동 이후 중국 상하이로 건너가 임시정부에서 활약하는 등 평생을 조국의 독립을 위하여 매진하였다.

도산은 우리 민족이 독립을 이루려면 민족의 힘을 길러야 한다며 힘의 사상을 강조하였다. 그 힘은 정직과 성실을 바탕으로 건전한 인격을 형성하는 데서 나온다고 보았다. 그리고 인격형성은 무실, 역행, 충의, 용감의 4대 정신에 의해서 이루어질 수 있다고 보았다. 무실 · 역행은 참되도록 힘써 행하는 것으로써 부단한 자기 수양의 노력을 강조한다. 충의는 매사에 성심성의를 다하고 신의를 지키는 것이며, 용감은 정의를 실천하는 것을 말한다.

또한, 부강한 나라가 되기 위해서는 정직과 성실을 바탕으로 신용의 자본, 즉 인격을 쌓고, 전문적인 지식과 기술을 배워서 지식의 자본을 축적하고, 근검절약하여 경제적인 힘을 저축해야 한다고 주장하였다. 도산은 이를 3대 자본이라 하고, 이 중에서 인격의 힘이 가장 중요하고 원천적인 힘이라고 보았다. 나 하나가 건전한 인격이 되는 것이 곧 애국의 길이라며 나부터 자신을 건전한 인격으로 만드는 일이 민족을 강하게 하는 길이라고 주장하였다

도산의 교육사상은 교육을 통하여 민족혁신을 이루는 데 핵심이 있다. 민족의 혁신은 자아의 혁신에 의해서만 가능하며 자아혁신은 바로 인격혁신이라고 보았다. 개개인의 인격혁신으로서의 자아혁신은 곧 자기개조이며, 자기개조가 곧 민족개조로 이어지는 것이다. 그의 개조사상은 힘의 육성으로 곧 민족의 힘의 육성이다. 도산은 자아혁신과 자기개조는 점진적으로 이루어져야 하며 주인정신을 통해서 가능하다고 보았다. 따라서 도산의 민족개조사상은 민족의 힘을 육성하여 독립을 쟁취하고 부강한 민족으로 만들고자 하는 그의 염원의 표출이라고 볼 수 있다.

(2) 소파 방정환의 교육사상

소파 방정환

방정환(1899~1931)의 호는 소파(小波)이다. 그는 일제강점기 독립운동가이자 아동문학가이며 어린이 인권운동가 · 어린이 교육가이다. 전통사회에서 천대받고 억압받던 아이들의 인권을 보호하기 위해 어린이날을 제정하고 어린이 인권선언을 선포하는 등 소년운동을 주도하였으며, 학교를 통하여 교육활동을 전개한 것이 아니라 사회교육의 차원에서 아동문학의 창작이나 소년단체 등의 다양한 활동을 펼친 교육실천가이다.

1917년 천도교 3대 교주인 의암 손병희 선생의 딸과 결혼

하고 이듬해 보성전문학교에 입학하였다. 이후 전격적으로 천도교 문화운동에 뛰어들면서 영화잡지 『녹성』, 청년잡지 『신청년』 그리고 『어린이』, 『별건곤』, 『신여성』 등의 잡지를 점차적으로 발행해 나가는 가운데 아동존중의 교육운동을 전개해 나갔다. 3·1 운동 당시 독립신문을 발행하다 체포되어 수감되었다. 석방된 후 어린이운동을 결심하고 일본으로 건너가 도요대학에서 아동문학과 아동심리학을 공부하고, 귀국한 뒤에 천도교를 중심으로 사회운동을 시작하였다. '늙은이', '젊은이'라는 말과 대등한 의미로 사용하기 위해 '어린이'라는 말을 만들었으며, 천도교소년회를 결성하여 어린이에 대한 사회적 인식을 제고하기 위해 '어린이에게 존댓말쓰기' 운동을 전개하는 한편 식민지 교육에 세뇌되어 가는 어린이에게 민족의식을 고취시키는 것이 시급하다는 인식 아래 어린이날 제정을 추진하였다.

1923년 색동회를 조직하여 각종 강연과 동화구연대회, 아동예술강습회 등 다채로운 행사를 개최하여 어린이들에게 민족의식 함양과 독립정신을 고취시키는 활동을 전개해 나갔다. 1931년 건강악화로 "어린이를 두고 가니 잘 부탁한다."는 마지막 말을 남기고 33세의 짧은 생을 마감하였다.

소파는 어린이를 꽃과 같이 곱고 비둘기와 같이 착한 모습을 가지며 마음이 평화롭고 자유로운 하늘나라의 그림과 같이 착한 상태로 태어난다고 보았다. 아동을 성인의 축소판이나 부모의 예속물이 아니라 완전한 하나의 인격체로 보고, 부모의 일방적인 강요나 지시에서 벗어나 그들의 개성적인 성장을 도와주는 것이 바람직하다고 하였다.

최초의 아동잡지 『어린이』

그는 교육이란 아동이 스스로의 자율성에 따라 삶을 살아갈 수 있도록 도와주는 일로 보았다. 아동의 전인적 성장을 위한 어른의 역할은 아동의 인격을 존중하고 감성 해방을 돕는 조력자의 역할인 것이다. 따라서 소파의 아동교육 목적은 어린이의 성장을 돕는 것과 어린이의 성장발달에 방해가 되는 요인을 제거하는 것이다.

아동에게는 그들의 세계가 있고 그 세계에서 독자적인

삶을 영위해 갈 수 있는 잠재력을 가지고 있다. 따라서 교사나 부모로 대표되는 기성세대는 입신출세를 강요하거나 재촉해서도 안 되고, 기성세대가 옳다고 생각하는 것을 그대로 주입해서도 안 된다고 하였다. 아동이 바르게 성장하도록 도와주고 보호해 주는 안내자의 역할을 강조하였다.

소파는 정서적인 면을 특별히 강조하고 있지만, 언어 · 신체 · 인지 · 사회성 등도 모두 중시하였다. 따라서 교육내용으로 음악, 미술, 동화, 동극, 사진 등 예술분야를 망라하고 있지만, 비중 있게 다룬 구체적 내용은 동요이다. 동요 발굴과 보급에 힘썼는데, 이것은 식민지하의 경제적 빈곤과 억압에도 불구하고 심성만은 아름답게 가꾸고 희망을 갖게 하려는 의도 때문이었다. 그는 예술운동을 통해 애국심과 도덕성을 길러 사회 개화를 이루고자 하였으며 동시에 민족의 독립을 염원하였다.

소파는 교육방법으로 자발성과 흥미를 통한 교육이 가장 중요하다고 생각하였다. 흥미는 내적 동기유발의 기본적인 조건이고, 모든 활동의 효율성을 높이는 요인이고, 교육의 성과는 얼마나 능동적으로 참여하느냐의 여부에 따라 결정되기 때문이다. 그의 교육방법 중에 중요한 또 하나가 칭찬이다. 칭찬과 격려를 통해 자신감과 사회적응력을 높여주어야 한다고 하였다. 또한, 자기가 실제로 체험하는 것 이상으로 효과를 거둘 수 있는 좋은 교육적 방법은 없다고 보았다. 실물과 감각을 통한 교육, 견학을 통한 깨우치기를 중시하였다.

따라서 소파는 아동중심 교육사상의 원칙에 입각하여 아동의 흥미와 필요 그리고 그들의 결정을 존중하고 아동의 생활과 직접적으로 관련이 있는 교육이 되어야 한다고 주장하였다. 이러한 생각의 기저에는 아동들은 성인의 세계와는 다른 별도의 그들만의 세계가 있어서 아동의 생활은 그 자체로서 존중되어야 한다는 생각이 깔려 있다.

3. 해방 후의 교육

1) 미군정기의 교육

(1) 시대적 특징

1945년 8월 15일 일본이 연합군에 무조건 항복함으로써 제2차 세계대전이 끝나고 우리나라도 해방을 맞이하였다. 그러나 북위 38도선을 경계로 남한은 미군, 북한은 소련군에 의한 군정이 실시되었다. 미국과 소련의 이해관계로 인해 분단의 아픔을 겪을 수밖에 없었으며, 이념과 체제가 다른 각각 단독정부를 구성하였다.

해방 후 우리 교육의 최대 과제는 일제의 식민지 교육으로부터의 탈피였다. 대한민국 정부가 수립되기 전까지 3년간 미군정하에 민주국가를 수립하기 위한 노력이 전개되었다. 이 시기는 한국교육의 기틀이 마련된 시기로서, 국가 수준의 교육과정과 교육제도가 정비되기 전 과도기의 성격을 띤다. 미국의 진보주의 교육이 소개되었다.

(2) 미군정시대의 교육시책

미군정은 남한을 일제 식민지 교육의 잔재를 청산하고 민주주의 국가로 만든다는 방침아래 한국인 교육계 인사들의 협조를 얻어 대폭적인 교육개혁을 단행하였다.

- **교육이념의 제정**: "홍익인간의 건국이상에 기하여 인격이 완전하고 애국심이 투철한 민주국가의 공민을 양성함을 교육의 근본이념으로 함"으로써 홍익인간의 교육이념을 제정하였다.
- **단선형 학제의 도입**: 일제 통치하의 복선형에서 단선형의 6-3-3-4제를 채택하여 일원적인 교육제도 안에서 교육기회를 모든 국민에게 균등하게 부여하는 학제가 시행되었다.
- **초등의무교육의 실시**: 1946년 9월부터 초등의무교육을 실시하기로 의결하

어느 초등학교 입학식 전경

2부제 수업

출처: https://blog.naver.com/ltk20/130164437496

였다. 그러나 학교증설과 같은 물리적 투자없이 이루어진 교육기회 확대는 과밀학급과 2부제 수업을 낳게 되었고, 이후 심각한 취업난과 학력 인플레이션을 가져 왔다. 이는 입시경쟁을 부추기는 요인이 되었으며, 지나친 입시경쟁은 수많은 교육문제를 야기시켰다.

- **대규모의 교원양성과 재교육**: 교육기회의 확대와 교육열의 표출은 교육인구의 급속한 팽창을 가져와 심각한 교사부족 사태를 야기시켰으며, 이를 위한 대규모의 교원양성과 기존의 교사들을 대상으로 재교육을 실시하였다.
- **새교과서 편찬**: 일제의 잔재를 청산하고 진정한 민족교육을 실시하기 위해서 한글로 된 새로운 교과서를 편찬하고, 교수용어를 한국어로 사용하게 하였다.
- **성인교육 실시**: 문맹퇴치를 위해 전국적으로 국문 강습회를 벌이는 한편, 공민학교를 설치하여 학령을 초과한 아동을 대상으로 기초교육을 실시하였다.
- **새교육운동**: 미국 진보주의 교육의 영향을 받은 것으로 아동중심의 새교육운동이 전개되었다. 그러나 입시위주의 교육 때문에 학부모로부터 외면을 당했다.
- **대학의 설립과 국대안 파동**: 고등교육의 개혁방안으로 국립서울대학교 설립안이 발표되었다. 경성대학을 비롯한 기존의 관립 고등교육기관을 통폐합,

9개 단과대학의 국립종합대학을 만들기로 하였으나 해당 학교 교수와 학생들의 심한 반발은 전국적인 동맹휴학으로 번졌다. 국대안 파동은 1년 만에 진정되고 계획대로 추진되어 국립서울대학교의 설립을 보게 되었다.

2) 대한민국 정부수립 이후의 교육

(1) 시대적 특징

1948년 5월 10일 남한의 총선거를 통해 구성된 국회에서 7월 17일「헌법」을 제정하였다. 8월 15일 대한민국 정부가 수립되었으며, 1949년 12월 31일「교육법」이 제정 · 공포되었다. 이로써 교육의 의무와 권리 및 교육자치제에 관한 규정을 명문화함으로써 민주교육을 위한 법적 장치가 마련되었다.

그러나 1950년에 발발한 6 · 25 전쟁으로 인해 교육이 위기를 맞게 되었고, 전쟁의 피해는 인적 · 물적 피해뿐만 아니라 남과 북의 분단이 고착화되고 이데올로기적 대립과 갈등을 심화시켰다.

학교교육의 기본설계라고 할 수 있는 교육과정은 대한민국 정부수립 이후 여러 차례에 걸쳐 수정 · 보완되고 개정되면서 교육 발전의 기틀을 마련하는 데 많은 노력을 경주해 왔다. 그러나 교육은 백년대계여야 한다는 국민의 염원과 바람에 부응하지 못하고 교육정책은 조령모개식이라는 비판을 받아왔다. 이는 정치적 중립과 안정적인 재정을 기반으로 해야 할 교육정책이 혼란과 빈곤의 제약으로부터 탈피하지 못했기 때문이다.

따라서 우리의 교육은 급변하는 현대사회 속에서 양적인 성장과 질적인 개선을 위해 부단한 노력을 꾀하여 소기의 성과도 얻어 냈지만, 교육의 본질적인 면에 있어서 많은 문제를 안고 있다. 현실과 유리된 획일적인 교육정책, 열악한 교육환경, 무분별한 외국이론의 적용, 입시위주의 교육과 이로 인한 교육의 문제 등은 앞으로 해결해야 할 과제이다.

(2) 교육정책의 변화

① 정부수립 이후부터 1950년대의 교육

대한민국 정부의 수립과 더불어 출범한 제1공화국은 명실상부한 주권국가로서 출발하였다. 이는 곧 교육의 주권회복을 의미하기도 한다. 1949년 말 공포된 교육법에는 홍익인간의 교육이념을 위시하여 교육의 기회균등, 무상의 의무교육 등 교육제도 · 교원 · 교육기관에 대한 필요한 제반사항을 규정하고 있다.

6 · 25 전쟁으로 '전시하 교육특별조치령(1952)'을 제정 · 공포하여 피난학교 설치, 임시교재 및 교과서 발행, 전시연합대학 설치 등 가교실에서의 교육이 재개되었다. 그 후 휴전이 성립되자 교육 재건에 총력을 기울이는 가운데, 두드러진 교육정책은 반공 민주교육의 추진과 과학기술교육의 진흥이었다.

피난시절 학교수업 모습

교실이 부족하여 임시로 설치한 천막 학교

출처: https://terms.naver.com/entry.nhn?docId=3508860&cid=47322&categoryId=47322 (전쟁기념관)

1955년에는 제1차 교육과정이 공포되어 각급 학교의 교육과정이 개정되고 교육내용의 정비가 이루어졌다. 미국의 진보주의 교육철학을 반영한 것이었지만 실제 운영은 교과중심으로 이루어졌다.

4 · 19 혁명을 계기로 출범한 제2공화국은 학원 · 교육행정의 민주화, 교육의 질적 향상을 시책으로 내걸었으나 단기간의 집권으로 실행하지 못하였다.

중학교 입학시험
출처: https://blog.naver.com/alsn76/220327534628

② 1960·70년대의 교육

1961년 5·16 군사정변을 통해 집권한 정부는 학원 정상화를 통한 양질의 교육을 도모하려 한다는 명목하에 「교육에 관한 임시특례법」을 공포하였다. 이 법은 당시 군사정부에 대해 비판적인 교수와 대학생 및 대학을 통제하려는 정치적 의도에서 제정되었다.

1968년 중학교 평준화 시책에 따른 중학교 무시험 진학제도[10]가 시행되었다. 어린이의 정상적인 발달을 촉진하고 가열된 입시경쟁으로 인한 사회적·교육적 문제를 해결하기 위한 취지였다. 또한, 대학의 권위와 질적 향상을 꾀하고 지역 간의 격차 해소를 위해 대학입학 예비고사제가 채택되었다. 대학의 고유권한 침해와 이중의 입시라는 반대에도 불구하고 부분적인 개선과 "대학입학학력고사", "대학수학능력시험" 등의 명칭변경을 거치면서 현재까지 존속되고 있다. 한편 국가주의적 이념을 담은 국민교육헌장이 선포되고, 그 이념은 모든 교육활동에 반영되었다. 이후 10월 유신과 새마을교육 등의 이념적 토대가 되었다.

1972년 방송통신대학을, 1974년에는 방송통신고등학교를 설치하여 사회교육을 통한 고등교육의 기회가 확대되었으며, 1970년대 들어와 생활이 안정되면서 취학전교육과 특수교육이 크게 발전하였다.

1973년에는 입시로 파생되는 여러 가지 폐단을 없애고 중학교 교육을 정상화하기 위한 고교평준화 정책이 시행되었다. 또한, 대학교육을 개혁하기 위해 실험대학 제도와 특성화 정책이 도입되었다. 각 대학마다 자체적인 실험을 통하여 교육의 질을 자율적으로 관리하게 하려는 의도로 시작되었지만, 시행과

10 7·15 교육혁명이라고 불리는 중학교 무시험 진학정책은 2번의 파동, 즉 무즙파동과 창칼파동이 낳은 결과였다. 무즙파동은 1964년 12월 실시된 서울시 중학 입시문제의 정답시비를 말한다. 정답번복에 성난 학부모들이 무즙으로 엿을 만들어 항의 시위를 벌이고, 소송을 제기하여 5월에 입학하는 초유의 사태를 가져왔다. 창칼파동 또한 마찬가지로 1967년 12월에 치러진 중학 입시에서 야기된 복수정답사건이다. 복수정답을 인정한 경기중학교에 낙방한 학생의 학부모들이 교장과 교감을 연금하는 사태까지 발생하고, 대법원까지 상고했으나 패소하여 불합격 처리되었다.

정에서 정부의 간섭과 통제가 작용하여 대학의 획일화를 조장하는 결과를 가져다주었다.

또한 1975년에는 대학교육의 질적 향상과 연구 분위기 조성을 목적으로 대학교수 재임용제가 실시되었으나, 비판적인 지식인들을 통제하는 정치적 수단으로 악용되었다는 평가를 받고 있다.

③ 1980년대의 교육

신군부의 쿠데타로 출범한 제5공화국 정부는 국민들의 환심을 사기 위한 의도로 1980년 학교교육의 정상화 및 과열과외 해소를 기본취지로 하는 7 · 30 교육개혁을 발표하였다. 이 조치로 대학입학 본고사를 폐지하고, 고교 내신성적과 학력고사 성적으로 신입생을 선발하도록 하였으며, 초 · 중 · 고교 재학생들의 과외수업과 중 · 고교생들의 학원수강이 금지되었다. 또한, 대학입학정원을 확대하고 졸업정원제를 도입하였으나 많은 폐단이 지적되어 다시 입학정원제로 환원되었다.

7 · 30 교육개혁은 과열 과외의 완화와 재수생의 감소라는 부분적인 성과가 있긴 했지만, 대학교육인구의 팽창으로 대학의 질 저하를 가져다주었고, 졸업정원제 폐지에 따른 대졸자 취업난, 그리고 과외 대신 보충 · 자율학습으로 인한 고교생들의 수업부담 등 많은 부정적 결과를 초래하였다. 특히 과외금지로 인해 비밀과외를 성행하게 만들었으며 과외비의 상승효과도 가져왔다. 따라서 충분한 연구와 검토없이 이루어진 졸속 행정이라는 비판을 받았다.

大入 本考査 폐지·卒業定員制로
내일부터 課外 금지
公職者 指導層 어기면 肅正
豫試 50·內申 20 大學재량 30%
中高재학생 學院수강 못해
대통령 間選방식 選擧人團制 유력

7.30 교육개혁조치 신문 기사
출처: https://cafe.naver.com/jmp2/39

무력집권의 정통성과 도덕성의 부재를 보완하고자 교복 자율화 · 해외여행 자유화 등의 유화정책을 펼치기도 하였고, 평생교육진흥을 위해 「헌법」에 평생교육 관련 내용의 법 조항을 추가하였다. 교원의 지위 향상을 위해 2년제 교육대학을 4년제로 연장하고, 교육환경을 개선하고 안정적인 교육재정확보를 위해 목적세로 교육세를 신설하였다.

따라서 제3·제4공화국을 거쳐 제5공화국에 이르기까지 군사정부에 의해 민주화와 교육의 자율권은 왜곡되고 훼손되었으며, 교육은 생산력 향상과 체제유지를 위한 수단으로 전락되어 교육의 비인간화를 촉진시키는 결과를 가져왔다.

④ 1990년대의 교육

1991년 「지방자치제법」 공포 이후 지방교육자치제가 실시되었다. 교육의 민주화와 지방화를 실현하기 위한 것으로서 지방의 여건과 실정에 맞는 자율적이고 합리적인 운영을 도모하는 데 목적이 있다.

1995년 5·31 교육개혁안이 발표되었다. "세계화·정보화 시대를 주도하는 신교육체제 수립을 위한 교육개혁 방안"으로 시장경제원리에 입각한 수요자 중심의 교육체제를 기본방향으로 제시하였다. 그러나 국가의 경쟁력 확보를 위한 교육의 수월성 추구가 자칫 경쟁을 합리화시킬 수도 있다는 우려와 함께 교육을 수단화하고 경제 논리를 우위에 둠으로써 교육의 본질을 훼손할 수 있다는 강력한 비판을 받고 있다.

1997년 7차 교육과정을 수용하여 지식 정보화·세계화의 미래를 주도할 경쟁력 있는 인간을 준비하기 위한 과정에 돌입하였다. 1~10학년까지 국민 공통기본교육과정으로, 11~12학년은 선택중심 교육과정으로 구성되었다. 그 외에도 재량활동과 수준별 교육과정을 편성·운영하고, 학교운영위원회를 설치하여 학교 특성 및 지역사회의 실정에 맞게 운영할 수 있는 자율권을 행사하도록 하였다.

국민정부에서 공식화된 3불 정책[11]은 논란 속에서 재구성이 되는 가운데 우리나라 대학입시 및 공교육 제도의 근간이 되어 현재까지 유지되어 오고 있다.

11 교육 평등과 사교육비 경감이라는 취지로 대학입시에서 본고사와 고교등급제 그리고 기여입학제를 금지한다는 것이다.

⑤ 2000년 이후의 교육

2001년 학급당 학생 수를 35명 이하로 감축하는 교육여건 개선계획을 발표하고, 7차 교육과정 정착을 위한 지원체제를 구축하였다. 교육정보화 기반시설을 확충하고, 2002년부터 2004년에 걸쳐 단계적으로 중학교 의무교육을 무상으로 확대실시하였으며, 자립형 사립고를 시범 운영하였다.

참여정부는 학교교육 정상화를 위한 2008학년도 이후 대학입학제도 개혁방안을 확정하였다. 이 개혁안은 대학입시에서 내신을 주요 전형요소로 반영하고 수능시험은 등급제로 전환 · 반영하며, 단순 암기를 지양하고 사고력 증진을 위해 논술 도입을 골자로 하는 방안이다. 수능 · 내신 · 논술 어느 하나도 소홀히 할 수 없다는 점에서 당시 고교생들 사이에 '죽음의 트라이앵글'로 회자되었다. 이는 입시의 다양화가 얼마나 엄청난 부담을 안겨주었는지를 보여주는 단적인 예이다. 학교 간 학력 격차가 존재하고 있는 상황에서 내신에 대한 불신과 수능이 등급화되면 변별력을 지닐 수 없다는 점에서 비판을 받았다.

사교육비 경감을 목적으로 방과후학교와 EBS 수능방송을 시작하였다. 그러나 사교육비 부담과 질 낮은 공교육에 대한 불만으로 교육이민자와 초 · 중등생의 조기 유학인구가 급증하여 학교의 교육력을 약화하고, 외화유출과 가정해체라는 사회문제를 초래하였다.

MB정부의 교육정책은 자율성, 수월성, 책무성을 바탕으로 다양한 교육기회를 마련하고, 학교 간 경쟁을 통해 교육의 질을 향상시키고, 궁극적으로 공교육 정상화와 사교육비 절감에 중점을 두고 있다. 이전의 국민, 참여정부가 강조한 평등성보다는 수월성을 강조하면서 실용주의 입장을 취하고 있다.

고교다양화 300 프로젝트는 자율화, 다양화, 교육수요자의 선택권 보장, 교육공급자의 책무성 강화를 목표로 시행된 정책이다. 사교육을 줄이고 공교육의 내실화를 다지기 위해 자율형 사립고, 기숙형 공립고, 마이스터교 등 다양한 유형의 고등학교를 설립하여 추진하였다. 또한, 학생의 학교선택권을 확대한다는 측면에서 고교선택제를 시행하였으며, 학생들의 창의력과 다양성을 평가하고 영어능력을 증진시키기 위해서 입학사정관제[12]와 영어 공교육 프로젝트를 도입하였다.

그리고 사교육비를 경감한다는 취지로 2011년부터 수능 문제의 일정 비율을 EBS 수능 교재와 연계하여 출제하고 있다. 방과후학교, 교과교실제, 학교 정보 공시제는 성공한 정책이라 평가받고 있는 반면에, 입학사정관제와 대학 자율화는 사교육 시장의 활성화와 사교육비 상승을 가져올 수 있다는 평가를 받고 있다.

박근혜 정부의 교육정책 비전은 '꿈과 끼를 살리는 교육'이였다. 진로적성 교육의 강화를 통해 학생 개개인의 소질과 적성을 살리는 방향으로 전환시키는 것을 기본목표로 중학교에서의 자유학기제 시행과 고교 교육과정에서의 문이과 통합을 추진하였다.

자유학기제 연계 프로그램 실습
출처: http://www.ilyoseoul.co.kr/news/articleView.html?idxno=166274(일요서울)

2014년 「공교육정상화촉진특별법」이 제정되어 무분별한 선행학습에 대하여 규제하고, 정보 과목 등에서 소프트웨어 관련 내용을 주로 가르치도록 함으로써 교육현장에서 소프트웨어 교육을 강화하였다. 학령인구 감소추세에 따라 입학정원 미달사태를 예상하여 대학정원을 감축하기 위해 MB정부에서 추진했던 대학구조조정을 더욱 강력하게 추진하였다. 2017학년도부터 한국사를 수학능력시험 필수과목으로 정하였다.

해방 이후 오늘날까지 대한민국의 교육은 양적인 성장과 함께 질적인 개선을 위해 부단한 노력을 꾀하였지만, 교육의 본질적인 면에 있어서 많은 문제를 안고 있다. 교육의 본질적인 목적을 추구하기보다는 각 정권의 이해관계를 달성하기 위한 수단으로 이용되었다. 교육이 정치로부터 중립적이어야 한다

12 입학사정관이 자율성과 책임을 가지고 대학 특성에 따라 학생의 창의성, 소양, 잠재력 등을 종합적으로 평가하는 시스템이다.

는 것은 자율성을 갖는다는 의미이다. 공공의 정의를 위한 교육, 즉 공동체의 한 구성원으로서 공동체의 정의를 실현하는 인간다운 인간을 육성하는 교육으로 이루어져야 할 것이다.

입시제도에 대한 개선 또한 정부마다 시도되었다. 공교육을 정상화시키고 질높은 교육을 도모하려는 정부의 의도와 달리 새로운 방안들은 사교육을 더욱 조장하고 이는 교육불평등으로 이어졌다. 학교교육의 정상화라는 처방은 문제의 본질을 읽어내지 못함에서 비롯된 결과이다. 교육은 백년대계로서 속도가 아니라 방향이 중요하다. 섣부른 개혁보다는 시간이 걸리더라도 올바른 방향을 향해서 굳건하게 나아갈 수 있어야 한다. 그러기 위해서는 보다 철저한 분석과 성찰이 요구된다.

교육과정을 개정하려면, 먼저 교육과정의 준거 중 어떤 점이 부적절하고 문제가 있는지를 철저히 조사 · 분석하여, 개선하고자 하는 기준과 내용이 과연 교육현장에서 실제 수업으로 가능한지 현실적이고 정확한 판단이 필요하다. 그리고 국가수준의 교육과정은 모든 학교에서 학생들에게 반드시 성취시킨 수준이 아니고, 어느 학교에서도 최소한 수준에 미달되는 교육을 해서는 안 된다는 규정의 최소기준이어야 하며 점진적인 과정이어야 한다.

그러므로 교육문제 해결을 위해서는 우리 사회의 그릇된 관행과 의식을 바꾸는 것에서 시작되어야 한다. 제도만 바꾼다고 해서 결코 문제는 해결되지 않는다. 그 제도를 사용하는 사람들의 생각을 바꾸어야 한다. 사교육의 문제는 입시제도 개선을 통해서 해결점을 찾을 것이 아니라 사회제도의 개혁, 즉 고용시장의 개혁에서 시작되어야 한다. 학력 간의 임금 격차를 줄이고 학력과 학벌을 중시하는 관행에서 벗어나서 능력에 대한 사회적 인식을 변화시키는 일에서 실마리를 찾을 수 있을 것이다.

생각 나누기와 심화하기

13장 한국 근 · 현대교육의 형성과 전개

1. 한국교육의 역사적 흐름 속에서 행해져 왔던 인재선발방법을 고찰해 보고, 현대 더 나아가 미래 사회 인재선발의 기준에 대해서 논의해 보자.
2. 지금 우리 교육에 남아있는 일제 식민지 교육의 잔재들을 열거해 보고, 이를 극복하기 위해 어떻게 할 것인지를 토론해 보자.
3. 지금까지 우리 교육의 변화와 발전과정을 고찰해 볼 때, 미래 교육의 방향은 어떻게 이루어질지 생각해 보자.
4. 우리의 전통적인 교육에서 계승하고 싶은 부분이 있다면 무엇이라 생각하고, 그 이유는 무엇인가?

참고문헌

강기수(2000). J. A. Comenius의 아동교육론. 교육사상연구. 제9집. 157-175.

강기수 · 장사형(2013). **교육의 역사와 철학 탐구**. 경기: 양서원.

강인애(1998). 구성주의적 교수-학습의 원리와 적용, 교육이론과 실천 8(1). 경남대학교 교육문제연구소. pp. 22-44.

고려대 교육문제연구소 편(2007). **교육학 용어사전**.

고후순 · 김동일 · 조옥희(2003). **유아교육사상사**. 경기: 양서원.

곽노의(1996). **프뢰벨의 생애와 교육**. 경기: 양서원.

곽노의 · 홍순정(2000). **유아교육사상**. 서울: 문음사.

금장태(1987). **한국 실학사상 연구**. 서울: 집문당.

______(1996). **유학사상의 이해**. 서울: 집문당.

______(1998). **퇴계의 삶과 철학**. 서울: 서울대학교출판부.

김경용(2003). **과거제도와 한국근대교육의 재인식**. 서울: 교육과학사.

김교빈(2003). **한국철학 에세이**. 서울: 동녘.

김귀성 · 노상우(2002). **현대교육사상**. 서울: 학지사.

김기민(1992). **노작교육의 성격과 가치**. 서울대학교 대학원 박사학위논문.

김기수(2006). **교육의 역사와 철학 강의**. 서울: 태영출판사.

김대홍(2010). **생태주의 사상의 초등교육적 의미와 실천적 시사점 탐구**. 광주교육대학교 교육대학원 석사학위논문.

김민한(2001). **교육사 교육철학 강의**. 서울: 학문사.

김병희(2015). **교육의 역사와 철학**. 서울: 어가.

김숙이(2006). 코메니우스 유아교육론의 현대적 의의. 교육사상연구. 제18집. 55-79.

김영우 · 피정만(1995). **최신 한국교육사 연구**. 서울: 교육과학사.

김은산(1976). A.S 니일 연구 : 그의 사상과 서머힐학교의 교육사적 의의. 이화여자대학교 대학원 박사학위논문.

김정환(1974). **교육의 철학과 과제**. 서울: 박영사.

______(1974). **페스탈로치의 생애와 사상**. 서울: 박영사.

______(1988). **현대의 비판적 교육이론**. 서울: 박영사.

______(1997). 코메니우스 유아교육사상 연구. 유아교육연구. 17권 제2호. 5-26.

______(1998). **교육철학**. 서울: 박영사.

김춘경 공저(2016). **상담학 사전**. 서울: 학지사.

김형효 · 최진덕 · 정순우 · 손문호 · 심경호(1997). **퇴계의 사상과 그 현대적 의미**. 경기: 한국정신문화연구원.

남궁용권 외(2008). **교육철학 및 교육사**. 경기: 양서원.

노상우(2004). **교육의 역사와 사상**. 서울: 교육과학사.

대세계백과사전 편찬위원회 편(1973). **대세계백과사전**. 서울: 태극출판사.

명지원(2010). 방정환의 아동교육사상에 대한 연구. 열린유아교육연구 15(1). 한국열린유아교육학회. pp. 85-110.

목영해(1994). **후현대주의 교육학**. 서울: 교육과학사.

______(2009). **현대교육사상**. 서울: 문음사.

박영규(2011). **한권으로 읽는 고려왕조실록**. 서울: 웅진닷컴.

박영진 · 정성화(2012). **최신 교육학의 이해**. 서울: 동문사.

박용석(2003). 니일의 인간주의 아동교육사상. 열린유아교육연구. 8권 3호.

45-70. 열린유아교육학회.

박의수 · 강승규 · 정영수 · 강선보(2009). **교육의 역사와 철학**. 서울: 동문사.

박준영(1999). **교육의 철학적 이해**. 부산: 경성대학교출판부.

박찬수(2001). **고려시대 교육제도사 연구**. 서울: 경인문화사.

방선욱(2005). 인지적 구성주의와 사회적 구성주의에 대한 비교고찰. 한국사회과학연구 27(3). 청주대 사회과학연구소. pp. 181-198.

변태섭(1996). **한국사통론**. 서울: 삼영사.

서울대학교 교육연구소(1997). **한국교육사**. 서울: 교육과학사.

서재복(2009). 한국 개화기 근대학교의 교육이념 연구. 교육종합연구 7(2). 교육종합연구소. pp. 90-108.

서진원(2009). 교육방법으로서의 구성주의와 구조주의의 비교연구. 한국도서관 · 정보학회지 40(4). 한국도서관 · 정보학회. pp. 81-92.

성기산(1993). **서양고대의 교육사상**. 서울: 대은출판사.

______(1993). **서양교육사 연구**. 서울: 문음사.

손인수(1993). **한국교육사**. 서울: 문음사.

______(1996). **교육사 교육철의 이론과 실제**. 서울: 문음사.

신용하(2001). **일제강점기 한국민족사(상)**. 서울: 서울대학교출판부.

신차균 · 안경식 · 유재봉(2013). **교육철학 및 교육사의 이해**. 서울: 학지사.

신창호 · 서은숙(2003). **원전자료와 함께 살펴본 한국사상과 교육윤리**. 서울: 서현사.

신천식(1983). **고려교육제도사 연구**. 서울: 형설출판사.

신현석(2000). **한국의 교육개혁정책**. 서울: 학지사.

신형식(1997). **한국사의 새로운 이해**. 서울: 이화여자대학교출판부.

안경식(2006). 소파 방정환의 아동교육운동에 있어 근대와 전통. 교육사상연구 18. 한국교육사상연구회. pp. 39-53.

안상원(1985). **교육사 및 교육철학**. 서울: 재동문화사.

______(1989). **교육의 역사와 철학**. 서울: 재동문화사.

안인희(1990). **루소의 교육론: 에밀**. 경기: 양서원.

오인탁(1980). J.A. Comenius의 범교육 이론. 신학사상. 제29집.

______(1990). **현대교육철학**. 경기: 서광사.

______(1994). **고대 그리스의 교육사상**. 서울: 종로서적.

오천석(1979). **교육철학신강**. 서울: 교학사.

우용제(1995). 조선후기 교육개혁론 연구. 서울대학교 대학원 박사학위논문.

윌리엄 보이드 저, 이홍우 외 역(2008). **서양교육사**. 서울: 교육과학사.

유현옥(2004). **페미니즘 교육사상**. 서울: 학지사.

율곡학회(2006). **율곡 이이 사상과 철학의 이해**. 강원: 율곡학회.

이규호(1980). **현대철학의 이해**. 서울: 대영사.

이만규(2010). **다시 읽는 조선교육사**. 서울: 살림터.

이문원(1983). **실학사상의 현대교육적 의미**. 김인회 외. 한국교육사상연구. 서울: 집문당. pp. 138-149.

이병승(2006). **교육에 관한 철학적 담론**. 서울: 원미사.

이상신(1994). **역사학개론**. 서울: 신서원.

이성무(1994). **한국의 과거제도**. 서울: 집문당.

이숙종(1996). **코메니우스의 교육사상**. 서울: 교육과학사.

이원재(2016). **과거공부를 알아야 우리교육이 보인다**. 서울: 문음사.

이혜영(1997). 한국 근대 학교교육 100년사 연구(Ⅱ): 일제시대의 학교교육. 한국교육개발원 연구보고서.

임재택(2005). **생태유아교육개론**. 경기: 양서원.

임한영(1978). **존 듀이의 생애와 사상**. 서울: 배영사.

장대익(2008). **과학에는 뭔가 특별한 것이 있다**. 서울: 김영사

전일균(1995). 케르센슈타이너와 듀이의 노작교육적 비교연구. 고려대학교 대학원 박사학위논문.

정기섭(2006). **전원기숙사학교**. 서울: 문음사.

정세화(1997). **한국교육고전의 이해**. 경기: 양서원.

정영근 외(1999). **교육의 철학과 역사**. 서울: 문음사.

정영근 · 정혜영 · 이원재 · 김창환(2006). **교육학적 사유를 여는 교육의 철학과**

역사. 서울: 문음사.

정영희(1999). **개화기 종교계의 교육운동 연구**. 서울: 혜안.

정재걸(1994). 한국 근대 학교교육 100년사 연구(I): 개화기의 학교교육. 한국교육개발원 연구보고서.

정혜정(2005). **한국교육사상**. 서울: 문음사.

조경원(1997). 한국문화의 현대적 변용과 여성교육의 과제. 교육철학연구 18. 교육철학회. 125-146.

조경원 · 김미환 · 최양미 · 장선희 · 정광희(2004). **서양교육의 이해**. 서울: 교육과학사.

조경원 · 김미환 · 최양미 · 장선희(2009). **한국교육의 이해**. 서울: 교육과학사.

조혜진(2018). 대학입학정책의 정책가치 분석연구: 노무현 · 이명박 · 박근혜 정부 사례를 중심으로. 교육학연구 56(2). 한국교육학회. pp. 59-89.

주영흠 · 이승원 · 심승환(2010). **교육철학 및 교육사**. 서울: 신정.

철학사전(2009). 서울: 중원문화.

최관경 · 박준영 · 한상규 · 팽영일 · 안경식 · 천정미(2004). **교육사상의 이해**. 서울: 형설출판사.

최남선(1943). **고사통**. 서울: 삼중당.

태학지번역사업회(1994). **태학지**. 서울: 성균관.

한국교육사연구회편(1984). **한국교육사**. 서울: 교육출판사.

한국교육학회편(1971). **교육의 철학적 이해**. 서울: 배영사.

한국정신문화연구원 철학 · 종교연구실 편(1995). **율곡의 사상과 그 현대적 의미**. 경기: 한국정신문화연구원.

한명희 · 고진호(2005). **교육의 철학적 이해**. 서울: 문음사.

A. Reble(1967). *Geschichte der Pädagogik*. Stuttgart University Press.

BJydston J. A. ed.(1980), Dewey(1889). *School and Society*. Southern Illinoise University Press.

George F. Kneller 저, 안상원 · 정종진 · 이달우 역(1989). **교육의 철학과 사상**. 서울 : 학문사.

George F. Kneller(ed.)(1963). *Foundation of Education,*. N.Y. : John Wiley and Sons. Inc.

George F. Kneller(1971). *Introduction to the Philosophy of Education*(2ed. ed.) N.Y.: John Wiley and Sons. Inc.

George F. Kneller 저, 정건영 역(1986). **교육의 철학적 기초**. 서울: 교육출판사.

J. S. Brubacherw 저, 이원호 역(1990). **교육사(교육문제변천사)**. 서울: 문음사.

Martin J. R. 저, 유현옥 역(2002). **교육적 인간상과 여성**. 서울: 학지사.

Mary Wollstonecraft 저, 손영미 역(2014). **여권의 옹호**. 경기: 연암서가.

Monroe. P.(1928). *A Brief Course in the History of Education*. New York :The Macmillan Company.

Nel Noddings 저, 박찬영 역(2010). **넬 나딩스의 교육철학 2판**. 서울: 아카데미프레스.

Nigel Blake · Paul Smeyers · Richard Smith · Paul Standish 편집. 강선보 등 공역(2009). **현대 교육철학의 다양한 흐름Ⅱ**. 서울 : 학지사.

Orator Brutus. Cicero.

P. Monroe 저, 조종인 역(1994). **교육사 개설**. 서울: 교육과학사.

Philippe Ariès 저, 문지영 역(2003). **아동의 탄생**. 서울: 새물결.

Rex Gilbson. *Critical Theory and Education*. 이지헌 · 김희수 역(1989). **비판이론과 교육**. 서울: 성원사.

Robert Ulich 저, 한기언 역(2007). 교육사상사. 서울: 교육과학사.

Wendy Kohli 편저, 곽덕주 · 김상섭 · 나병현 · 유재봉 · 한기철 공역(2010). **다문화시대 대화와 소통의 교육철학**. 서울: 학지사.

William Boyd(1953). *The History of Western Education*(6th Edition). Adam & Charles Black.

William Boyd(1964). *The History of Western Education*(7th and Enlarged Edition). Adam & Charles Black.

기타 참고자료

『고려사』

『삼국사기』

『삼국유사』

『한서지리지』 28권

인명사전(2002). 서울 : 민중서관.

시사상식사전(2009). 박문각.

체육학대사전(2000), 민중서관.

INDEX

ㅇ

저자 소개

변호걸

연성대학교 유아특수재활과 교수

건국대학교 대학원(교육학박사/교육사철학)

저서 및 논문

『새로운 교육사』(공역), 『교육학개론』(공저), 『특수교육의 이해』(공저)

『정서행동장애의 이해와 교육』(공저)

「개화기 근대사상의 장애아교육론 고찰」 외 다수

심형진

성신여자대학교 교육학과 교수

중앙대학교 대학원(교육학박사/교육사철학)

저서 및 논문

『교육학개론』(공저), 『보육교사론』(공저), 『서양교육사』(공저)

「유학사상을 통해서 본 인성의 준거-퇴계와 다산의 사상을 중심으로-」 외 다수

앎과 잘 삶을 위한

교육철학 및 교육사

초판 1쇄 발행 / 2019년 8월 30일
초판 2쇄 발행 / 2024년 9월 10일

공저자 / 변호걸 · 심형진
발행인 / 이중수
발행처 / 동문사

서울특별시 서대문구 홍제원 1길 12(홍제동 137-8)
Tel : 02)736-3718(대), 736-3710, 3720
Fax : 02)736-3719
등록번호 : 1974.04.27. 제9-17호
가격 : 21,000원

ISBN : 979-11-6328-114-6 (93370)
E-mail : dong736@naver.com
www.dongmunsa.com